Gunter Lepschies

E-Commerce
und Hackerschutz

DuD-Fachbeiträge

herausgegeben von Andreas Pfitzmann, Helmut Reimer, Karl Rihaczek und Alexander Roßnagel

Die Buchreihe DuD-Fachbeiträge ergänzt die Zeitschrift DuD – Datenschutz und Datensicherheit in einem aktuellen und zukunftsträchtigen Gebiet, das für Wirtschaft, öffentliche Verwaltung und Hochschulen gleichermaßen wichtig ist. Die Thematik verbindet Informatik, Rechts-, Kommunikations- und Wirtschaftswissenschaften.

Den Lesern werden nicht nur fachlich ausgewiesene Beiträge der eigenen Disziplin geboten, sondern auch immer wieder Gelegenheit, Blicke über den fachlichen Zaun zu werfen. So steht die Buchreihe im Dienst eines interdisziplinären Dialogs, der die Kompetenz hinsichtlich eines sicheren und verantwortungsvollen Umgangs mit der Informationstechnik fördern möge.

Unter anderem sind erschienen:

Hans-Jürgen Seelos
Informationssysteme und Datenschutz im Krankenhaus

Wilfried Dankmeier
Codierung

Heinrich Rust
Zuverlässigkeit und Verantwortung

Albrecht Glade, Helmut Reimer und Bruno Struif (Hrsg.)
Digitale Signatur &
Sicherheitssensitive Anwendungen

Joachim Rieß
Regulierung und Datenschutz im europäischen Telekommunikationsrecht

Ulrich Seidel
Das Recht des elektronischen Geschäftsverkehrs

Rolf Oppliger
IT-Sicherheit

Hans H. Brüggemann
Spezifikation von objektorientierten Rechten

Günter Müller, Kai Rannenberg, Manfred Reitenspieß, Helmut Stiegler
Verläßliche IT-Systeme

Kai Rannenberg
Zertifizierung mehrseitiger IT-Sicherheit

Alexander Roßnagel, Reinhold Haux, Wolfgang Herzog (Hrsg.)
Mobile und sichere Kommunikation im Gesundheitswesen

Hannes Federrath
Sicherheit mobiler Kommunikation

Volker Hammer
Die 2. Dimension der IT-Sicherheit

Patrick Horster (Hrsg.)
Sicherheitsinfrastrukturen

Gunter Lepschies
E-Commerce und Hackerschutz

Gunter Lepschies

E-Commerce und Hackerschutz

Leitfaden für die Sicherheit elektronischer Zahlungssysteme

Die Deutsche Bibliothek - CIP-Einheitsaufnahme

Lepschies, Gunter:
E-Commerce und Hackerschutz: Leitfaden für die Sicherheit
elektronischer Zahlungssysteme/Gunter Lepschies. - Braunschweig;
Wiesbaden: Vieweg, 1999
  (DuD-Fachbeiträge)
  ISBN 3-528-05702-5

Alle Rechte vorbehalten
© Friedr. Vieweg & Sohn Verlagsgesellschaft mbH, Braunschweig/Wiesbaden, 1999

Der Verlag Vieweg ist ein Unternehmen der Bertelsmann Fachinformation GmbH.

Das Werk einschließlich aller seiner Teile ist urheberrechtlich geschützt. Jede Verwertung außerhalb der engen Grenzen des Urheberrechtsgesetzes ist ohne Zustimmung des Verlags unzulässig und strafbar. Das gilt insbesondere für Vervielfältigungen, Übersetzungen, Mikroverfilmungen und die Einspeicherung und Verarbeitung in elektronischen Systemen.

http://www.vieweg.de

Die Wiedergabe von Gebrauchsnamen, Handelsnamen, Warenbezeichnungen usw. in diesem Werk berechtigt auch ohne besondere Kennzeichnung nicht zu der Annahme, dass solche Namen im Sinne der Warenzeichen- und Markenschutz-Gesetzgebung als frei zu betrachten wären und daher von jedermann benutzt werden dürften.

Höchste inhaltliche und technische Qualität unserer Produkte ist unser Ziel. Bei der Produktion und Verbreitung unserer Bücher wollen wir die Umwelt schonen. Dieses Buch ist deshalb auf säurefreiem und chlorfrei gebleichtem Papier gedruckt. Die Einschweißfolie besteht aus Polyäthylen und damit aus organischen Grundstoffen, die weder bei der Herstellung noch bei Verbrennung Schadstoffe freisetzen.

Umschlaggestaltung: Ulrike Weigel, Niedernhausen
Satz: Gunter Lepschies mit LaTeX2_ϵ
Gesamtherstellung: Hubert & Co., Göttingen
Printed in Germany

ISBN 3-528-05702-5

Danksagung

Ich möchte mich ganz herzlich bei allen Personen bedanken, die durch ihre tatkräftige Unterstützung zum Gelingen des Werkes beitrugen; vor allem bei GUDRUN MOEDE von der Deutschen Bundesbank, die mir wertvolle fachliche Hinweise gab, und bei Dr. STEFAN BLOCHWITZ, ebenfalls von der Deutschen Bundesbank, der das Gesamtwerk ein zweites Mal kritisch unter die Lupe nahm. Nicht zuletzt darf ich den Namen Dr. REINALD KLOCKENBUSCH vom Vieweg Verlag nicht vergessen, der das Buch durch seinen motivierenden Zuspruch erst ermöglichte.

Inhaltsverzeichnis

1	**Einleitung**	**1**
1.1	Einige Vorbemerkungen	1
1.2	Aufbau des Buches	5
2	**Grundlagen**	**7**
2.1	Einführung	7
2.2	Bedrohungen	8
2.3	Verschlüsselungsverfahren	12
	2.3.1 Verschlüsselung	13
	2.3.2 Symmetrische Verfahren	13
	2.3.3 Asymmetrische Verfahren	14
	2.3.4 Vergleich	15
	2.3.5 Hybride Verfahren	16
	2.3.6 Schlüssellose Verfahren	18
2.4	Sicherheit von Verschlüsselungsverfahren	18
	2.4.1 Perfekte Sicherheit	19
	2.4.2 Praktische Sicherheit	21
	2.4.3 Schlüsselraum	25
	2.4.4 Schlüsselaufbewahrung	29
	2.4.5 Schlüsselvernichtung	30
2.5	Unveränderbarkeit von Daten mittels Hashfunktionen	30
2.6	Authentifizierung	33
	2.6.1 Authentifizierung allgemein	33
	2.6.2 TAN	36
	2.6.3 PIN	36
	2.6.4 Ein-Schritt-Authentifizierung	38
	2.6.5 Frage-Antwort-Schemen	40

	2.6.6 Gegenseitige Authentifizierung	40
	2.6.7 Schachgroßmeisterangriff (Man in the middle)	42
	2.6.8 Biometrische Verfahren	43
2.7	Elektronische Signaturen	47
2.8	Zeitstempel	52
2.9	Schlüsselverteilung	54
	2.9.1 Naive Schlüsselverteilung	54
	2.9.2 Schlüsseltausch mit Hashfunktion	55
	2.9.3 Schlüsselzertifikate	56
	2.9.4 Ticket basierter Schlüsseltausch	63
2.10	Das deutsche Signaturgesetz (SigG)	64
	2.10.1 Dienstleistungen einer Zertifizierungsstelle	66
	2.10.2 Technische Maßnahmen	69
2.11	Spezielle Themen im ECommerce	70
	2.11.1 Unleugbare Unterschriften	70
	2.11.2 Blinde Unterschriften	71
	2.11.3 Verhindern der Wiedereinspielbarkeit von Daten	73
	2.11.4 Schlüsselaufteilung	75
	2.11.5 Anonymität	78
	2.11.6 Elektronische Wasserzeichen mit Hilfe steganographischer Verfahren	81
2.12	Zusammenfassung	83

3 Klassifikation von eZahlungssystemen — **85**

3.1	Einführung	85
3.2	Marktplatzteilnehmer	88
3.3	Klassifikation	90
	3.3.1 Überweisungen	90
	3.3.2 Lastschriften	91
	3.3.3 Schecks	92
	3.3.4 Digitale Zahlungsmittel	93
	3.3.5 Verrechnungssysteme	95
	3.3.6 Kreditkarten	96
3.4	Vergleich	97
3.5	Sicherheitsaspekte	98
	3.5.1 Integrität	99
	3.5.2 Verfügbarkeit	99
	3.5.3 Vertraulichkeit	99

INHALTSVERZEICHNIS IX

    3.5.4 Vertrauensmodell 100
    3.5.5 Anonymität 100
    3.5.6 Einfachheit 101
3.6 Zusammenfassung 102

4 Sicherheitskonzepte verschiedener Zahlungssysteme 103
4.1 Einleitung 103
4.2 Internetbanking 103
    4.2.1 Internethomebanking verschiedener Banken 104
    4.2.2 Der HBCI Standard 105
    4.2.3 Fazit 108
4.3 Kreditkarten-Systeme 110
    4.3.1 First Virtual (FV) 111
    4.3.2 Das SET-Protokoll 113
    4.3.3 Anonyme Kreditkarten 120
    4.3.4 Zusammenfassung 122
4.4 Verrechnungssysteme 122
    4.4.1 PayWord 123
    4.4.2 MicroMint 127
    4.4.3 Millicent 129
    4.4.4 NetCash 132
    4.4.5 CyberCoin 133
    4.4.6 Fazit 134
4.5 Scheckähnliche Systeme 137
    4.5.1 ecash 137
    4.5.2 NetBill 140
    4.5.3 Zusammenfassung 142
4.6 Chipkarten-Systeme 142
    4.6.1 CAFE 142
    4.6.2 Mondex 143
    4.6.3 Die GeldKarte 145
    4.6.4 Weitere Chipkartensysteme 147
4.7 Zusammenfassung 150

5 Methoden den eMarktplatz abzusichern 153
5.1 Einführung 153
5.2 Pretty Good Privacy (PGP) 154
    5.2.1 Funktionsweise 155
    5.2.2 Schlüsselmanagement 156

		5.2.3	Einsatzmöglichkeiten	157
	5.3	PEM		158
		5.3.1	Verschlüsseln der Nachrichten	159
		5.3.2	Elektronische Unterschriften	160
		5.3.3	Schlüsseltausch	160
	5.4	MailTrusT		161
		5.4.1	Verschlüsseln von Daten	163
		5.4.2	Schlüsselmanagement	164
	5.5	PKCS		165
	5.6	S/MIME		166
	5.7	Das SSL-Protokoll		167
		5.7.1	Funktionsweise	168
		5.7.2	Zusammenfassung	171
	5.8	Das OTP-Protokoll		173
		5.8.1	Funktionsweise	173
	5.9	Zusammenfassung		177

6 Praktische Schutzmaßnahmen   **179**

6.1	Einführung		179
6.2	Ausgangssituation		179
6.3	Typische Angriffe und ihre Abwehr		181
	6.3.1	Reengineering von Chipkarten	182
	6.3.2	Fehlerangriffe auf symmetrische Verschlüsselungsverfahren	185
	6.3.3	Fehlerangriffe auf asymmetrische Verschlüsselungsverfahren	187
	6.3.4	Fehlerangriffe auf Zufallsgeneratoren	190
	6.3.5	Zeitanalyseangriffe	190
	6.3.6	Hintertüren in Verschlüsselungsprogrammen	191
	6.3.7	Aktive Angriffe durch DNS Spoofing	194
	6.3.8	Viren und trojanische Pferde	197
	6.3.9	Social Engineering (Bauernfängermethoden)	202
	6.3.10	Kompromittierte Passwörter	202
	6.3.11	Softwarefehler	203
	6.3.12	Denial of Service Attack	203
	6.3.13	Swap-Files und Virtueller Speicher	204
	6.3.14	Schlecht gelöschte Dateien, schlecht gelöschte Schlüssel	204

6.4 Fazit	205
7 Ausblicke	**207**
7.1 Die Zukunft des eCommerce	207
Anhang	**211**
Glossar	**211**
Literaturverzeichnis	**227**
Stichwortverzeichnis	**235**

Kapitel 1

Einleitung

1.1 Einige Vorbemerkungen

Überall dort wo sich Menschen längere Zeit aufhalten, in Kommunikation miteinander treten und Dinge austauschen entstehen neue Lebensräume. Solch ein entstandener neuer Lebensraum ist das gegenwärtig größte Rechnernetz, das Internet. Ursprünglich diente das Internet militärischen Interessen, dann Wissenschaftlern für ihre weltweite Kommunikation. Mit der Einführung des World Wide Web und einem darin benutzten, am kernphysikalischem Institut CERN entwickelten Protokoll für den Austausch von Hypertexten war der Siegeszug des Internet in den 90er Jahren nicht mehr aufzuhalten. Es vereinigt alle Industrienationen mit mehreren Millionen Nutzern in allen Teilen der Welt.

<small>Internet</small>

<small>World Wide Web</small>

Mit der Schaffung neuer elektronischer Werte innerhalb des Netzes, wozu Informationsangebote, Recherchedienste und vieles mehr gehört, entstand somit das Potential des elektronischen Handels in seiner ursprünglichsten Form, dem direkten Warenaustausch. Dass dieser Tauschhandel keinem mehr genügte, zeigt die Geschichte des Geldes, welche in den elektronischen Rechnernetzen heutzutage in noch abstrakterer Form weitergeht. Der gegenwärtige Kommerzialisierungstrend zeigt sich besonders deutlich innerhalb folgender Bereiche:

<small>Schaffung neuer elektronischer Werte</small>

Finanzdienstleistungen	• Finanzdienstleistungen sind durch ein starkes Anwachsen von preiswerten Internet-Banking Angeboten - der persönliche Kunde-Bank Kontakt ist für viele Aufgabengebiete, Überweisungen, Lastschriftenverkehr, Kontostandabfrage usw. entbehrlich - gekennzeichnet. Findet in Zukunft dann noch der Einsatz von elektronischem Geld verstärkt statt, wird selbst der Gang zu den vorhandenen Geldautomaten überflüssig. Jeder PC übernimmt mit spezieller Hardware diese Aufgabe und Chipkarten dienen neuerdings als Portemonnaie.
Informationsbroker	• Ein anderer Dienstleistungsbereich der ebenfalls mit dem Netz prosperiert, sind die Informationsbroker, die Informationen in Sekundenschnelle, aber nicht unbezahlt, auf Wunsch den Kunden zur Verfügung stellen. Dazu zählen die Verlage mit Online-Angeboten ihrer Zeitschriften, Börseninformationen, Recherchedienste. Weitere Dienstleistungen lassen sich aufzählen. Die Automatisierung bürokratischer Abläufe, Lotterien und Geldspiele, Werbung und das Bereitstellen von Informationsmaterial für Touristen, die sich in der Heimat vorab informieren, Hotels und Flüge buchen, um nur einige zu nennen. So ebenfalls Dienstleistungen die lediglich der Werbung dienen und Firmen mit ihren unterschiedlichen Profilen darstellen.
neue Vertriebsformen	• Andere sich gänzlich neu etablierende Industriezweige umfassen kleinere bis größere Softwareunternehmen die im Internet eine neue Form des Vertriebs finden. Der Vorteil: Bezog jemand aus dem Internet Software, besitzt er höchstwahrscheinlich einen Zugang. Die Software kann sich anschließend selbst bei dem Hersteller registrieren. Raubkopierern wird damit das Handwerk gelegt.
Versandhandel	• Der nächste Bereich der zunehmend seine Aktivität ins Netz verlagert, ist der Versandhandel. Der Versandhandel zeichnete sich ebenfalls durch eine Nichtpräsenz zwischen Kunde und Händler aus. Teure Kataloge und ein aufwendiger Briefwechsel werden im Internet durch das WWW und durch eMail ersetzt. Lediglich die physische Ware bleibt wohl in Zukunft weiterhin der Post anzuver-

trauen. Als neue Produkte für eine Vermarktung kommen günstigerweise CD's, Bücher, Software usw. in Frage. Diese Waren besitzen den Vorteil, nicht irgendwelchen Konfektionsgrößen der Kunden entsprechen zu müssen, dem Anbieter somit Garantieleistungen ersparen und zudem leicht reproduzierbar sind.

- Busines to Busines Geschäfte innerhalb einer bzw. zwischen unterschiedlichen Firmen profitieren ebenfalls von der billigen Internetstruktur. Mit relativ beschränktem Aufwand lassen sich Projekte global agierender Firmen koordinieren. Sie sparen Kommunikationskosten und sind in der Lage, arbeitsintensive Bereiche in Billiglohnländer auszulagern.   Business to Business Geschäfte

- Visionen vom papierlosen Büro sind für Firmen möglicherweise schneller umsetzbar, wenn es nicht mehr gefordert sein wird Quittungen, Verträge usw. aufgrund juristischer Bestimmungen in Papierform unterschrieben aufzubewahren. Elektronische Unterschriften helfen bei der elektronischen Archivierung und beim elektronischen Dokumentenaustausch. Firmen können unter diesen Voraussetzungen ihren Sitz gänzlich in das Internet verlegen.

  Ebenfalls ließe sich die Präsenz öffentlicher Einrichtungen in das Internet verlagern. Warum nicht in Zukunft die Steuererklärung, Bußgelder, Abrechnungen an die Stadtwerke etc. gänzlich elektronisch regeln. Die technischen Voraussetzungen jedenfalls sind bereits vorhanden.

- Arbeitsintensive Dienstleistungen erfolgen zunehmend im Ausland. In China tippen fleißige Menschen Telefonbücher ab. Wenn es gelingt auf Schiffen mit dem Internet verbundene Großrechner zu installieren, wäre es erstmals möglich, Arbeitsleistungen unabhängig irgendwelcher nationaler Gesetze zu erbringen. Die Arbeitsleistung könnte darin bestehen, Module zu einem großen Programmpaket zu kompilieren, um erst in dieser letzten Phase das Produkt zu schaffen. Der anschließende Verkauf geschieht   auslagern arbeitsintensiver Dienstleistungen dann natürlich ebenfalls zollfrei unabhängig irgendwelcher nationalen Regelungen über das Internet an den Endkunden.

eHandel befindet sich noch in den Anfängen

Doch Goldgräberstimmung im Einzelhandel ist trotz der vielen Vorteile des eHandels sehr zögerlich in dem Umfang ausgebrochen wie Presse und Trendforscher weis machen wollen. Sicherlich konnte die Neckermann Versand AG, Frankfurt am Main, bereits vier Prozent der Gesamteinnahmen 1997 von mehr als drei Milliarden Mark durch das Internet umsetzen, der Otto Versand lag mit 5,7 % etwas darüber, wohingegen die Quelle AG 1997 nur 1 % erzielte. Verglichen mit herkömmlichen Formen ist der Umsatz noch sehr gering.

Ein Disaster erlebten um Weihnachten gleichen Jahres Microsoft, Hewlett-Packard und United Parcel Service zusammen mit über 100 Unternehmen aus neun Ländern, die einen Web-Shop mit 1.800 Produkten in sechs Sprachen weltweit zum Online-Weihnachtseinkauf während des Internet-Projektes „E-Christmas" anboten[12]. Statt der erwarteten 500.000 Besucher wählten sich bloß halb so viele ein, und nur 500 von ihnen (d.h. 0,2 Prozent) rangen sich zu einer Bestellung durch. Nicht viel besser erging es weiteren Firmen zur Weihnachtszeit.

Sicherheit ist noch schwach ausgeprägt

Viele probieren sich vorsichtig in ersten Schritten mit bescheidenen Erfolgen. Ihnen ist nicht zuletzt das Medium „Internet" kaum vertraut, sie haben wenig Einfälle, Kunden zu gewinnen, oder Geschäfte kommen mangels Sicherheit oder mangels Standardisierung bestehender Verfahren nicht in dem großen Umfang zustande. Der allgemeine Trend gibt ihnen jedoch recht. Selbst im „sicherheitsbewussten" Deutschland wird immerhin mit einer Verdreifachung des elektronischen Geschäftsvolumens von 900 Millionen Mark im Jahre 1997 auf 2,7 Milliarden Mark, in fünf Jahren sogar mit 40 Milliarden Mark gerechnet.

Unabhängig wie genaue Zahlen lauten, die derzeitigen Nutzer des Netzes sind noch sehr jung, besitzen oft eine höhere Ausbildung und vielleicht vermag ihre Kaufkraft als künftige Arbeitnehmer in einer Zukunftsbranche - und natürlich die forcierte Investition in Internetsicherheitstechniken - dem eHandel zum entscheidenden Durchbruch verhelfen.

1.2 Aufbau des Buches

Das Buch besteht aus vier Hauptteilen. Der erste Teil, Kapitel 2, befasst sich mit Sicherheitstechniken, welche elektronische Zahlungssysteme absichern. Es werden kryptographische Verfahren vorgestellt, Methoden des Schlüsseltausches, der sicheren Authentifizierung von Teilnehmern und erklärt, was es mit dem deutschen Signaturgesetz auf sich hat.

Der zweite Teil informiert als Erstes über herkömmliche Zahlungsformen, um in den darauf folgenden Kapiteln, auf dieses Wissen zurückgreifend, konkrete elektronische Zahlungssysteme vorstellen zu können. Die einfachste Bezahlform, Kapitel 4.2, ist das Internetbanking. Anschließend, im Kapitel 4.3, werden unterschiedliche Kreditkartensysteme vorgestellt. Das Kapitel 4.4 stellt Verrechnungssysteme vor, in denen Verrechnungseinheiten für den Zahlungsausgleich sorgen. Zwei scheckähnliche Internet-Bezahlsysteme betrachtet Kapitel 4.5 genauer. Das Kapitel 4.6 gibt über Chipkarten-Bezahlsysteme einen Überblick.

Der dritte Teil des Buches, Kapitel 5 beinhaltet Methoden der praktischen Absicherung von elektronischen Bezahlsystemen. In den einzelnen Unterkapiteln geht es vorwiegend um verschiedene Verschlüsselungstechniken, d.h. wie kann ein elektronischer Mailaustausch bzw. die Verschlüsselung einer „Leitung" zwischen Sender und Empfänger über einheitliche Formate und Verfahren standardisiert werden. Ebenfalls klar wird, welches Restrisiko jedem Betreiber von Electronic-Commerce Lösungen bleibt.

Der letzte Teil, das Kapitel 6, beschäftigt sich damit, wie es Angreifern heutzutage gelingt, Bezahlsysteme trotz eingesetzter Sicherungsmaßnahmen durch Schwachstellen in ihrer Implementation zu überlisten. Thematisch wird so ein Bogen zum ersten Teil des Buches geschaffen.

Kapitel 2

Grundlagen

2.1 Einführung

Der elektronische Handel zeichnet sich durch eine Reihe von Besonderheiten gegenüber dem Präsenzhandel aus. Treffen Kunden und Händler in normalen Geschäften aufeinander, so unterliegen sie aufgrund ihrer physischen Anwesenheit gewissen kulturellen Regeln. Man denke nur daran, dass z.B. in Deutschland ein Feilschen um die Ware unüblich ist. Der Präsenzhandel zeichnet sich durch Zug-um-Zug-Geschäfte aus, d.h. die Ware wird unmittelbar gegen Bezahlung ausgehändigt. Stellt der Kunde nach dem Kauf zudem fest, dass die Ware nicht den vereinbarten Ansprüchen genügt, existieren nationale Regelungen, die dem Kunden ein Umtausch- oder Nachbesserungsrecht einräumen.

elektronischer Handel

Im Internet gelten viele dieser Regeln nicht mehr. Es besteht vielmehr eine gänzlich neue Situation. Informationen möchten die Nutzer am liebsten geschenkt bekommen, gerade wenn es sich um scheinbar kostenlose Software oder Informationsware handelt, während dem Händler oder Produzenten oft im Sinn steht, sie zu maximal Preisen zu verkaufen. Ohne einen Kompromiss käme kein Handel der Infoware zustande. Dessen ungeachtet findet der Internethandel international, d.h. zwischen verschiedenen Kulturkreisen mit mehreren Währungen und nicht von Angesicht zu Angesicht statt, so dass

Internethandel

entweder der Kunde vor Erhalt der vom Händler versprochenen Ware zahlt oder er dem Händler ein Zahlungsversprechen gibt. Einer muss hierbei dem anderen vertrauen, hingegen kann das Vertrauen zwischen sich blind gegenüberstehenden Teilnehmern mit eigenen sich widersprechenden finanziellen Interessen kann nicht erwartet werden. Internetzahlungssysteme sollten den Widerspruch in irgendeiner Weise so lösen, dass Schlichter, Kundendienste oder vertrauensvolle Dritte, in den meisten Fällen sind es Finanzdienstleister unter staatlicher Aufsicht, den Handel moderieren. Die Moderation geschieht in einer Weise, die es jeder Partei ermöglicht, ihre Rechte dank elektronischer Quittungen, abgesichert durch international anerkannte elektronische Unterschriften, geltend zu machen. Diese Unterschriften identifizieren die Teilnehmer im Internethandel. Im Präsenzhandel mit Bargeld ist eine Identifizierung gar nicht notwendig und er läuft in dieser Form völlig anonym ab.

Moderation des eHandels ist erforderlich

Das Verständnis der eben beschriebenen Probleme im Internethandel nimmt aus den obigen Gründen eine Schlüsselstellung ein und wird in diesem Kapitel thematisiert. Nach aufmerksamen Lesen der Kapitel 2.6, 2.7, 2.9 sind die Begriffe wie Authentisierung, Authentifizierung, digitale Unterschriften und Anonymität bekannt. Damit jedoch Angreifer über unsichere Netze ausgetauschte Nachrichten nicht einfach mitlesen, spielen Verschlüsselungs- sowie Entschlüsselungsverfahren, im Kapitel 2.3 vorgestellt, die Hauptrolle. Trotz starker Nähe stehen konkrete Methoden des elektronischen Handels dabei noch nicht im Vordergrund.

Angreifer

2.2 Bedrohungen

Die erste Gefahr geht von Kriminellen im Internet aus, im Folgenden nur noch Angreifer genannt, die unbefugt vertrauliche Daten des Zahlungspflichtigen wie Kreditkarteninformationen oder die Ware selbst - wie kostenpflichtige Informationen - mitlesen. Das ist relativ einfach möglich, da die meisten Übertragungswege nur schlecht oder nur mit hohem finanziellen Aufwand vor unberechtigten Zugriffen geschützt werden können.

2.2 Bedrohungen

Abbildung 2.1: Passiver Angriff

Unbefugtes Mitlesen der sensiblen übertragenen Daten wird in der Fachliteratur als passiver Angriff bezeichnet. Es dürfte bekannt sein, dass nicht Kriminelle allein zum Bedrohungspotential gehören. Naiv ist der, der glaubt, die ehemaligen Alliierten würden ihre Spionagetätigkeit von heute auf morgen in Europa beenden. Auf Anordnung höchster Stellen bildet vielmehr die Wirtschaftsspionage das Rückgrat amerikanischer und französicher geheimdienstlicher Tätigkeiten, die, unterstützt durch bereits bestehende Abhörinfrastruktur in Europa, verstärkt offene Kommunikationskanäle belauschen [35]. Sicher gibt der Internethandel ein verhältnismäßig unwichtiges Ziel ab, die Wirtschaft im Allgemeinen darf sich im Zuge des Einsatzes neuer Technologien jedoch nicht auf die einfache Art belauschen lassen.

_{passiver Angriff}

Aktive Angriffe sind anderer Natur. Der aktive Angreifer versucht sich direkt in die Kommunikation einzumischen, indem er die Nachrichtenverbindung auftrennt. Zwischen folgenden Varianten von aktiven Angriffen kann unterschieden werden:

aktive Angriffe

- Der Angreifer spielt eine abgefangene Nachricht verändert ein. Kunden und Händler können unter diesen Umständen im Internet gar nicht zusammenfinden, weil sie Fälschungen von Zahlungsanweisungen elektronischer Informationsware durch die weltweite Konkurrenz befürchten müssen.

Verändern von Nachrichten

Wiedereinspielen von Nachrichten	• Der Angreifer spielt abgefangene Nachrichten ohne den Inhalt zu verstehen zu einem späteren Zeitpunkt erneut ein. Elektronische Zahlungsanweisungen werden beispielsweise mehrfach verschickt und schädigen den Zahlungspflichtigen, wenn keine Gegenmaßnahmen getroffen werden. Sehr schlecht geschützt gegen Wiedereinspielen ist elektronisches Geld.
Vortäuschen falscher Identitäten	• Das Vortäuschen einer falschen Identität ermöglicht dem Angreifer Vertrauen zu erschleichen. Der Angreifer könnte sich z.b. als Händler ausgeben, um sensible Kreditkartennummern der Kunden einzusammeln.
Zurückhalten von Nachrichten	• Dem Zurückhalten von Nachrichten, beispielsweise von elektronischen Quittungen, ist dagegen leicht zu begegnen. Ausfälle werden schnell bemerkt, wenn dem Empfänger in regelmäßigen Abständen eine Testnachricht gesandt wird. Manche Provider bedienen sich solcher Methoden. Bestimmte Abläufe in Zahlungssystemen müssen deshalb bei Fehlen bestimmter Information die Kommunikation in einen definierten Zustand setzen und ohne Nachteil eines Teilnehmers wiederholen.
Verändern von Zeitangaben	• Zeitangaben in elektronischen Verträgen dürfen sich nicht verändern lassen. Ebenfalls sind korrekte Zeitangaben bei elektronischen Aktienkäufen notwendig. Zeitangriffe versuchen Zeitangaben elektronischer Daten zu manipulieren.
Aussperren zugelassener Nutzer	• Homebanking-Anwendungen sperren sinnvollerweise bei wiederholter fälschlicher Eingabe personenspezifischer Daten den Zugang. Angreifer sind durch einen derartig einfachen Angriff in der Lage, rechtmäßige Nutzer auszusperren (denial of service attack).

Ebenfalls sind Kunden und Händler den potentiellen Angreifern zuzurechnen!

- Leugnet der Händler den Erhalt einer Nachricht oder - noch schlimmer - streitet er die Gültigkeit eines eingezahlten Zahlungsmittels ab, kann er den Kunden schädigen.
- Umgekehrt kann der Kunde den Erhalt einer Ware abstreiten oder behaupten, einen Vertrag niemals unterschrieben zu haben.

2.2 Bedrohungen 11

Abbildung 2.2: Aktiver Angriff

Unschwer zu erkennen, haben aktive Angreifer gegenüber passiven deutlich mehr Chancen auf Erfolg. Selbst ohne technisches Spezialwissen reicht für aktive Angriffe oft aus, ein komplexes Sicherheitssystem hinsichtlich möglicher Fehlerquellen früher durchschaut zu haben als deren Betreiber. Deshalb: Nur in der Konzeption einfache Systeme können sehr sicher sein.

„gute" Sicherheitssysteme sind in ihrem Konzept einfach

Oft führen aber hohe Gewinne eines Systems für ihre Betreiber zu mangelnden Sicherheitsvorkehrungen. Anfang 1997 musste der Internetzugangsanbieter AOL in Rußland seine Zugänge aufgrund massiven Kreditkartenbetruges bereits wieder schließen [61]. Daran sind aber zum größten Teil die Kreditkartenbetreiber selbst schuld. In Zukunft sollten sie wohl deshalb verstärkt sichere Kreditkartenzahlungsmittel im Internet anbieten, die ein missbräuchliches Nutzen fremder Kreditkarten auszuschließen versuchen. Abhilfe verschafft das im Kapitel 4.3.2 vorgestellte SET Protokoll. An der Ausarbeitung waren namhafte internationale Firmen wie VISA, Mastercard, Microsoft und andere beteiligt.

Neben den vorgestellten passiven und aktiven Angriffen könnte der Angreifer auch gezielt das Kaufverhalten von Kunden nur anhand der Existenz gesandter Nachrichten beobachten, um neben Kaufprofilen ebenso Persönlichkeitsprofile für die gezielte Kundenwerbung zu erstellen. American Express betrachtet den Verkauf von Kundenprofilen bereits als ein Hauptgeschäftsfeld. Man hat derzeit Informationen über rund 40 Millionen Kunden gespeichert. Diese sollen jetzt an zahlungskräftige Interessenten verkauft werden. Nach den Worten von Vizechef BARRY HILL sammelt American Express alle Daten, die der Konzern bekommen kann. In Zukunft machen nicht länger Kreditkarten das Kerngeschäft aus, sondern die Vermarktung von zielgruppengerechten Daten an interessierte

Kundenprofile

Unternehmen aus Werbung, dem Versicherungswesen, der Tourismusbranche oder dem Versandhandel. Etwa 10.000 verschiedene Möglichkeiten pro Kartennummer, Informationen über Konsumgewohnheiten des Kunden zu speichern und abzufragen, ermöglicht laut der Zeitschrift „Computerwoche" inzwischen ein neuronales Computernetz.

Anonymität Absolute Anonymität läßt sich in elektronischen Zahlungssystemen nur schwer umsetzen. Daneben werden heutzutage vielfach Katalogeinkäufe, elektronische Scheckeinkäufe bzw. Kreditkarteneinkäufe in einem steigenden Maß für die Beteiligten, den Händlern sowie den Kreditkartenbetreibern transparent getätigt, ohne dass der Kunde dies bemängelt. Auf der anderen Seite verhindert absolute Anonymität ein effektives Aufdecken von Betrug. Jedes Zahlungssystem muss technische Sicherheitsmaßnahmen durch organisatorische Maßnahmen, d.h. durch das Mitprotokollieren von Geschäftsabläufen flankieren. Kryptologen, allen voran DAVID CHAUM, gelang es sogar, die scheinbare Unvereinbarkeit von Anonymität und Systemsicherheit zu meistern. Sie entwickelten Systeme, die dem Kunden im Normalfall absolute Anonymität gewährt, seine Identität aber im Betrugsfall aufdeckt. Die Systeme sind leider so kompliziert, dass dem Kunden in der Beurteilung der Sicherheit nur das Vertrauen auf Expertenmeinung bleibt. Außerdem gelingt derzeit kaum eine effektive Umsetzung der zugrunde liegenden Prinzipien in den verschiedensten Zahlungssystemen, nicht zuletzt aus patentrechlichen Gründen gegenüber den mathematischen Entdeckungen DAVID CHAUMs.

2.3 Verschlüsselungsverfahren

Nehmen wir uns zuerst dem Kampf gegen passive Angreifer an, denn es wäre doch nur zu ärgerlich, wenn es gewieften Angreifern gelänge, über das Internet übertragene Kreditkartennummern einfach mitzulesen.

2.3 Verschlüsselungsverfahren

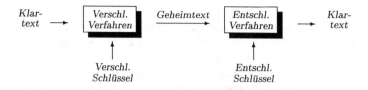

Abbildung 2.3: Verschlüsselung

2.3.1 Verschlüsselung

Mit der Verschlüsselung ist die Idee gemeint, für eine sichere Übertragung die sensible Information - im Folgenden als Klartext bezeichnet - für Uneingeweihte zwar lesbar aber unverständlich als Geheimtext darzustellen. Ohne uns in mathematischen Details grundlegender Dinge zu verstricken, wird gleich an den Anfang eine möglichst einfache Definition der vier gundlegenden Begriffe Verschlüsselungsverfahren, Entschlüsselungsverfahren, Verschlüsselungsschlüssel und Entschlüsselungsschlüssel gesetzt.

Geheimtext, Klartext

Eine Verschlüsselungsfunktion wandelt einen Klartext mit Hilfe eines Schlüssels in einen Geheimtext. Der verwandte Schlüssel wird Verschlüsselungsschlüssel genannt.

Verschlüsselung

Die Entschlüsselungsfunktion wandelt den Geheimtext mit Hilfe eines Schlüssels in den Klartext zurück. Der verwandte Schlüssel wird Entschlüsselungsschlüssel genannt.

Unter einem Verschlüsselungssystem wird ein System verstanden, welches dem Nutzer die Handhabung des Ver- bzw. Entschlüsselungsverfahren unter Nutzung des jeweiligen Schlüssel ermöglicht.

2.3.2 Symmetrische Verfahren

Sind Verschlüsselungsschlüssel und Entschlüsselungsschlüssel im zugrunde liegenden Verschlüsselungsverfahren gleich, nennt es sich symmetrisches Verschlüsselungsverfahren.

Data Encryption Standard

International Data Encryption Algorithm

Zu den beiden wichtigsten derzeit eingesetzten Vertretern gehört der 1977 in den USA entwickelte Data Encryption Standard (DES) und der im Jahre 1990 vorgeschlagene International Data Encryption Algorithm (IDEA). Daneben existieren Verschlüsselungsalgorithmen wie der im Jahre 1987 von RON RIVEST vorgestellte, jedoch geheimgehaltene RC4 - und der 1994 vorgestellte RC5 - Algorithmus, welche neben vielen weiteren von der Informationsindustrie häufig eingesetzt werden.

2.3.3 Asymmetrische Verfahren

Gleiche Schlüssel zum Ver- oder auch Entschlüsseln sind jedoch nicht zwingend. Der Sender kann die Nachricht auch mit einem sogenannten öffentlichen Schlüssel verschlüsseln, die der Empfänger, und nur dieser, mit seinem privaten Schlüssel entschlüsselt. Diese Verschlüsselungsverfahren, die unterschiedliche Schlüssel für den Ver- und Entschlüsselungsvorgang vorsehen, heißen asymmetrische Verschlüsselungsverfahren.

Die Idee der asymmetrischen Verschlüsselung publizierten erstmals[1] W. DIFFIE und M. HELLMAN in [29] im Jahre 1976. Sie läuteten damit die Ära der öffentlichen Verschlüsselungsverfahren ein. Wenig später (1977) schlugen RON RIVEST, ADI SHAMIR und LEONARD ADLEMAN ein im Februar 1978 in [48] publiziertes nach ihnen benanntes (RSA) asymmetrisches Verschlüsselungsverfahren vor. RSA wird derzeit bereits vielfach eingesetzt, trotz Mängeln hinsichtlich der erreichbaren Performance, Klartexte in hinreichend schneller Zeit auf Chipkarten verschlüsseln zu können. Diesen Engpass umgehen neu entwickelte Verfahren, die auf elliptischen Kurven basieren. Die zugrunde liegenden mathematischen Prinzipien wurden bereits von NEIL KOBLITZ [16] und VICTOR MILLER [17] unabhängig voneinander im Jahre 1985 als Verschlüsselungssystem vorgeschlagen. Doch erst 1998 ist man in

RSA

elliptische Kurven

---

[1] Für Bewegung dürften Erkenntnisse sorgen, nachdem J. H. Ellis die Idee der asymmetrischen Verschlüsselung bereits im Jahre 1970 in [32] veröffentlichte. Damals verschwand die Idee jedoch in den Schubladen der Geheimdienste.

dem Standardisierungskonsortium IEEE P1363 dabei, sie für praktische Anwendungen auszunutzen.

2.3.4 Vergleich

Warum asymmetrische Verschlüsselungsverfahren sich derart von symmetrischen Verschlüsselungsverfahren unterscheiden, dass sie gleich eine neue Ära in der Kryptographie einläuteten, wird beim Aufzeigen praktischer Anwendungen deutlich.

Angenommen jemand möchte mit einem Partner sicher kommunizieren, den er nicht kennt und nicht vertraut. Würden beide sich auf ein symmetrisches Verschlüsselungsverfahren einigen, könnte der Sender einer verschlüsselten Botschaft ebenfalls die verschlüsselte Nachricht des Empfängers entschlüsseln. Wenn dann noch der vermeintliche Sender einer Nachricht das Senden dergleichen abstreitet, sind Dritte nicht in der Lage, den Streit zu schlichten. Es könnte ja so gewesen sein. Daraus folgt, dass in einem symmetrischen Verfahren Sender und Empfänger zueinander in einem Vertrauensverhältnis stehen müssen. — Abstreitbarkeit

Asymmetrische Verschlüsselungsverfahren legen dagegen apriori kein Vertrauen zwischen Sender und Empfänger zugrunde. Denn derjenige, der verschlüsselt, ist nicht mehr in der Lage die Nachricht zu entschlüsseln. Ihm fehlt der private Schlüssel. Nun stellt sich die Frage, ob dies notwendig ist, denn die Person, welche die Nachricht verschlüsselt, braucht diese gar nicht noch einmal zu entschlüsseln, sie kennt den Inhalt schließlich bereits. Doch wie ist es, wenn Person A und Person B Nachrichten an eine Bank verschlüsseln? Bei dem Einsatz eines symmetrischen Verschlüsselungsverfahren wäre das fatal, denn A könnte die abgefangene Nachricht von B - und umgekehrt - entschlüsseln. Hingegen bleiben bei der asymmetrischen Verschlüsselung die verschlüsselte Nachricht von dem jeweils anderen unverstanden, auch wenn die Schlüssel sich nicht unterscheiden. Ebenfalls sind erst mit asymmetrischen Verfahren digitale Signaturen effektiv möglich, die ein Abstreiten gesandter Nachrichten verhindern. — Vertrauensverhältnis

Neben den unterschiedlichen Vertrauensverhältnissen, die den Verfahren zugrunde liegen, stellt sich die Anzahl der — Schlüsselanzahl infrage kommenden Schlüssel innerhalb einer Kommunikationsinfrastruktur als praktisch relevant heraus. Kommuniziert beispielsweise eine Bank mit all ihren Kunden sicher unter Anwendung symmetrischer Verschlüsselungsverfahren, dann benötigt sie für jeden Kunden einen speziellen Schlüssel. Bei 1.000 Kunden sind das immerhin 1.000 Schlüssel. Vorteile bietet hier wieder die asymmetrische Verschlüsselung. Die Bank braucht nicht jedem Kunden einen speziellen Schlüssel zu geben, sondern veröffentlicht nur den einen ihr zugeordneten öffentlichen Schlüssel. Damit wird insgesamt nur ein Schlüssel benötigt, was eine beträchtliche Einsparung gegenüber 1.000 Schlüssel bedeutet.

Verschlüsselungsgeschwindigkeit

Leider besitzen die derzeit bekannten asymmetrische Verfahren einen großen Nachteil. Hinsichtlich der Geschwindigkeit, große Datenmengen zu verschlüsseln, sind sie aufgrund der sehr schweren technischen Umsetzbarkeit, zwar einfacher mathematischer Rechenvorschriften, den symmetrischen Verfahren absolut unterlegen.

2.3.5 Hybride Verfahren

langsame Verschlüsselung wird mit schneller kombiniert

Hybride Verfahren kombinieren geschickt beide Verschlüsselungsverfahren miteinander. Der verhältnismäßig lange Klartext wird mit einem schnellen symmetrischen Verschlüsselungsverfahren verschlüsselt. Der relativ kurze und in seiner Länge konstante symmetrische Hilfsschlüssel wird anschließend asymmetrisch verschlüsselt. Beides, der verschlüsselte Text und der verschlüsselte Hilfsschlüssel, bilden zusammen den Geheimtext.

Um die verschlüsselte Nachricht zu lesen, entschlüsselt der Empfänger zunächst mit seinem privaten Schlüssel den verschlüsselten symmetrischen Hilfsschlüssel und kann anschließend den Text dechiffrieren.

Ein wichtiges eMail-Verschlüsselungsprogramm welches das hybride Prinzip ausnutzt, ist der de-facto Internet Verschlüsselungsstandard Pretty Good Privacy (PGP) von PHIL ZIMMERMANN. Das Programm verwendet den Internatio-

2.3 Verschlüsselungsverfahren

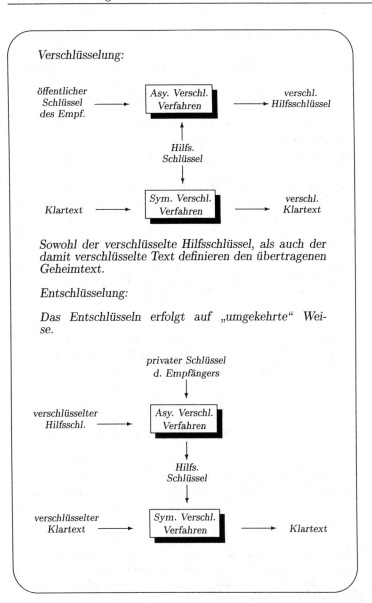

Abbildung 2.4: Hybride Verschlüsselung

nal Data Encryption Standard IDEA zur symmetrischen Verschlüsselung des Textes und das RSA-Verfahren zur asymmetrischen Verschlüsselung des symmetrischen Schlüssels.

2.3.6 Schlüssellose Verfahren

Außer den symmetrischen, asymmetrischen und hybriden gibt es Verschlüsselungsverfahren, die ohne Austausch eines Schlüssels auskommen: die schlüssellosen Verschlüsselungsverfahren.

Man stelle sich zur Veranschaulichung eine Kiste mit Geheimpapieren vor, die sicher den Empfänger erreichen soll. Der Sender hängt ein Schloss im ersten Schritt an die Kiste. Der Empfänger hängt seinerseits nach Empfang ein Schloss im zweiten Schritt an die Kiste und schickt sie zurück. Danach im Schritt drei entfernt der Sender sein Schloss, so dass nur das Schloss des Empfängers den Inhalt der Kiste sichert. Der kann sie anschließend ohne Probleme öffnen.

Die Methode ist sehr aufwendig, denn die Nachricht muss immerhin dreimal den Kommunikationskanal passieren, macht jedoch in der Wahrung der Anonymität von Nachrichten vor dem Sender[2] Sinn.

2.4 Sicherheit von Verschlüsselungsverfahren

Die beiden grundlegenden Verschlüsselungsverfahren sind bekannt und können miteinander verglichen werden. Doch wie sicher Verschlüsselungsverfahren im praktischen Einsatz sind, welche allgemeinen Sicherheitskriterien gelten müssen, steht noch als Antwort aus.

Behauptet jemand ein „absolut sicheres" Verschlüsselungssystem zu verkaufen, muss das System genauen Anforderungen unterliegen, die der Amerikaner CLAUDE SHANNON bereits in den 40er Jahren spezifizierte. Er unterschied in seinem berühmten und erst viel später unter kryptographischen

---

[2] Der Sender weiß in dem Fall nicht, welche Nachricht er sandte.

2.4 Sicherheit von Verschlüsselungsverfahren

Gesichtspunkten beachteten Artikel „Communication theory of secrecy systems" [56] von 1949 zwischen theoretischer und praktischer Sicherheit.

- Unter theoretischer (perfekter) Sicherheit verstand er: Wie sicher ist ein System gegen Angriffe, wenn dem Angreifer unbegrenzte Zeit und Ressourcen für das Entschlüsseln eines abgefangenen Geheimtextes zur Verfügung steht. *(theoretische Sicherheit)*

- Praktisch sicher bedeutet nach CLAUDE SHANNON: Ist das System gegen Angriffe sicher, wenn dem Angreifer nur begrenzte Zeit und Rechenleistung zur Verfügung stehen, einen abgefangenen Geheimtext zu entschlüsseln. *(praktische Sicherheit)*

In den folgenden Abschnitten sollen diese beiden Grundbegriffe im Vordergrund stehen. Wir werden sehen, dass sich aus ihnen wichtige Konsequenzen für die Implementation von Verschlüsselungsverfahren in eCommerce Lösungen ableiten. Dazu zählt vor allem die Auswahl der Größe eines angewandten Schlüssels (der Schlüsselraum), die Auswahl des Schlüssels selbst, seine Aufbewahrung und wirkungsvolle Vernichtung. *(Schlüsselraum)*

2.4.1 Perfekte Sicherheit

Gibt es perfekt sichere Verschlüsselungsverfahren? Vorweg beantwortet, es gibt sie. CLAUDE SHANNON lieferte das notwendige Kriterium der theoretischen (perfekten) Sicherheit, in der intuitiv einleuchtenden Aussage: Der Geheimtext darf keine Anhaltspunkte über den Klartext beinhalten. *(Kriterien perfekter Sicherheit)*

Anhand eines sehr einfachen Beispiels soll das Kriterium etwas anschaulicher erklärt werden. Sehr alt ist das nach JULIUS CÄSAR benannte Verschlüsselungsverfahren, welches Buchstaben des Klartextes zyklisch im lateinischen Alphabet (26 Buchstaben) um eine bestimmte Länge, dem Schlüssel, verschiebt. Bei einem Wert des Schlüssels von 2 wird der Buchstabe A zu C, Y zu A und Z zu B verschlüsselt. Das Wort „HALLO" dementsprechend zu „JCNNQ". Die Entschlüsselung des Geheimtextes besteht lediglich im Zurückschieben.

Ist das CÄSAR Verschlüsselungssystem nach CLAUDE SHANNON perfekt sicher? Bei mehr als einem Buchstaben pro

Klartext/Geheimtext wohl kaum. Denn erstens kommen nur 26 Schlüssel[3] infrage und zweitens lassen sich mit mehr als zwei Buchstaben im Klartext mindestens $26 \cdot 26$ Wörter konstruieren (künstliche Wörter wie „qwertz", „Nonsensibilitäet" sind erlaubt). Liegt nun ein verschlüsselter Text vor, kommen nur maximal 26 Klartexte (wegen der 26 Schlüsseln) infrage. Somit sind die restlichen möglichen Klartexte, mindestens $26 \cdot 26 - 26 (= 650)$, gänzlich unwahrscheinlich. Das System kann nicht theoretisch sicher sein, da der Angreifer Anhaltspunkte über mögliche oder unmögliche Klartexte gewinnt.

Anders, wenn der Klartext/Geheimtext aus nur einem Buchstaben besteht. Der untersuchte einbuchstabige Geheimtext ist für Unbekannte durch Entschlüsseln Resultat 26 möglicher Klartexte. 26 verschiedene Klartexte lassen sich aber auch durch einen Buchstaben darstellen. Hier ist das System theoretisch sicher, denn der Angreifer bekam durch den Geheimtext keine zusätzliche Information, welche ihm die Ausgangsmenge der Klartexte durch unterschiedliche Wahrscheinlichkeiten beschränkt.

one-time-pad

Schlüssellänge

Texte aus nur einem Buchstaben sind nicht sehr informativ. Die Hintereinanderausführung der buchstabenweisen Verschlüsselung mit einer zufällig gewählten Verschiebung liefert dagegen ein perfektes Verschlüsselungssystem beliebig langer Texte. Die Schlüssel dieses Verfahren dürfen nur einmal verwendet werden, weswegen man das Verfahren ebenfalls als one-time-pad bezeichnet. Nachteilig an ihm ist zweifelsfrei die Schlüssellänge, da jeder Buchstabe im Geheimtext um eine beliebige Position im Alphabet zufällig zu verschieben ist. Alle Verschiebungen definieren dann den Schlüssel, der gleich der Anzahl der Buchstaben des Klartextes ist.

CLAUDE SHANNON leitet aus der eben beschriebenen Bedingung eine weitere einfach zu handhabende Bedingung der perfekten Sicherheit ab: Die Länge des Schlüssels muss mindestens gleich der Länge des Klartextes sein. Gilt die Ungleichung

---

[3] Genau genommen nur 25, denn eine Verschiebung um 26 verändert den Klartext nicht. Der Einfachheit halber wird bei 26 verblieben. An den Aussagen ändert dies nichts.

2.4 Sicherheit von Verschlüsselungsverfahren

nicht, kann das Verschlüsselungssystem nicht perfekt sicher sein.

Interessanterweise setzten Spione in der Vergangenheit oft den On-Time-Pad für ihre Korrespondenz ein. Als Schlüssel dienten zufällige Zahlen auf einzelnen Blättern, die wie ein „Abreißkalender" Blatt über Blatt angeordnet waren. Verschlüsselte der Spion einen Buchstaben, riss er das obere Blatt anschließend heraus. Die Empfängerseite benutzte zum Entschlüsseln den gleichen „Abreißkalender".

Der große Nachteil an diesem Verfahren bleibt der Schlüsseltausch. Wenn der Schlüssel die gleiche Länge der Nachricht besitzt, ließe sich statt des Schlüssels auch die Nachricht auf sicherem Weg übermitteln. Der Vorteil ergibt sich lediglich aus den unterschiedlichen Zeitpunkten zwischen Schlüsseltausch und Verschlüsselung mit anschließender Nachrichtenübermittlung. Weiterhin ist sofort ersichtlich, für die Archivierung von wichtigen Daten sind perfekt sichere Verfahren ungeeignet. Warum den Schlüssel irgendwo sicher aufbewahren, wenn dort ebenfalls das Dokument liegen könnte.

Schlüsseltausch

2.4.2 Praktische Sicherheit

Als nächstes steht im Interesse, ob wenigstens ein theoretisch nicht sicheres Verfahren praktisch sicher ist. Wenn die Größe des verwendeten Schlüssels bedeutend kleiner als der verschlüsselte Klartext ist, um Verschlüsselungsverfahren in der Praxis überhaupt erst sinnvoll nutzen zu können, kann es trotzdem unter gewissen Bedingungen einem Angreifer praktisch nicht möglich sein, den Geheimtext zu entschlüsseln. Zwei notwendige Grundbedingungen werden sich in den folgenden Ausführungen herauskristallisieren.

Nun liege ein mit der bereits bekannten Cäsar-Verschlüsselung präparierter etwas längerer deutscher Text verschlüsselt vor. Jeder Buchstabe ist dabei um eine konstante Länge verschoben worden. Muss ein Angreifer wirklich alle 26 möglichen Verschiebungen ausprobieren? In deutschen Texten kommt das E (Groß- und Kleinschreibung unberücksichtigt) mit einer überdurchschnittlichen Häufigkeit von rund 17 % vor. Die Abbildung 2.5 zeigt den Sachverhalt deutlich an den relativen Häufigkeiten der Buchstaben des vorliegenden Buches.

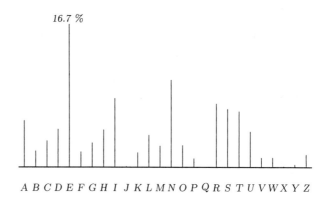

Abbildung 2.5: Häufigkeitsverteilung der Buchstaben im vorliegenden Buch

Häufigkeiten verraten den Klartext

Zählt der Angreifer alle Buchstaben des Geheimtextes, ergeben sich in der Näherung die selben Häufigkeiten; natürlich für andere Buchstaben. Betrachten wir folgenden kurzen Geheimtext:

„RSQDMFD UDQRBGKTDRRDKTMF LZBGS CHD VDKSRHBGDQDQ"

Das D kommt neun mal vor und ist damit auch der häufigste Buchstabe. Angenommen das E im unbekannten Klartext wurde durch ihn ersetzt, dann müsste die Verschiebung um einen Buchstaben (Buchstabenabstand zwischen D und E) den ursprünglichen Klartext liefern. Die Verschiebung liefert den Klartext.

„STRENGE VERSCHLUESSELUNG MACHT DIE WELT SICHERER"

Es ist leicht erkennbar, dass Angreifer bei verschieden wahrscheinlichen Klartextfragmenten, wie z.B. immer derselben

2.4 Sicherheit von Verschlüsselungsverfahren

Anrede, demselben Schluß, den Buchstaben „e" oder der Silbe „en", eventuell sehr leichtes Spiel haben. Ohne hier vom Thema abzuweichen sei am Rande erwähnt, dass es im Jahre 1775 dem erst 27 Jahre alten GEORG FRIEDRICH GROTEFRED gelang, die damals verschollene Keilschrift zu entziffern [25]. Er fand als wichtigsten Schritt zuerst die Schreibtechnik der Keilschrift heraus (sozusagen das Verschlüsselungsverfahren), und verwandte für sich die Tatsache, dass Könige nicht nur im Zweistromland ihre Grabinschriften der Art „X, Großkönig, König der Könige, König von A und B, Sohn von Y, Großkönig, König der Könige ... ", über Jahrhunderte immer gleich wählten. Ähnlich stellten es polnische Mathematiker im englischen Exil während des zweiten Weltkriegs an [39], [38], die immer gleiche Anreden, Dienstgrade etc., in verschlüsselt übertragenen Briefen der Nazis ausnutzten. Ihnen gelang es, mit der Enigma verschlüsselte Funknachrichten der deutschen Wehrmacht in hinreichend schneller Zeit zu entschlüsseln. Die Enigma war damals eines der ersten elektronischen Verschlüsselungsgeräte und erlaubte die Chiffrierung größerer Datenmengen.

Gleich wahrscheinliche Klartexte, also Texte, in denen bestimmte Wörter, Buchstaben und Buchstabenkombinationen nicht häufiger als andere vorkommen, sind die erste Bedingung der praktischen Sicherheit.

<small>gleich wahrscheinliche Klartexte</small>

Nur kommen in natürlichen Sprachen keine gleichverteilten Texte vor. Wäre in einem solchen „."ext, nur ein Buchstabe falsch geschrieben bzw. falsch übertragen, könnte der Empfänger nicht mehr den Sinn der Nachricht erkennen. Der vorherige Satz war trotz des verloren gegangen Buchstabens „." zu verstehen. Natürliche Sprachen besitzen als Grundlage der flüssigen Kommunikation zurecht Überflüssiges, Redundanz. Ebenso werden im elektronischen Handel oft nur Formulare in Browsern mit einer für den Angreifer vorhersagbaren Struktur ausgefüllt. Wenn die Formulare zudem lediglich geringe Textvariationen in den freien Feldern zulassen, probiert ein Angreifer alle Möglichkeiten aus, verschlüsselt diese mit dem bekannten öffentlichen Verschlüsselungsschlüssel der Bank und vergleicht den erzeugten Geheimtext mit dem abgefangenen. Unter Umständen reicht weniges Probieren. In der Kryptanalyse, dem

Angriff mit ausgewählten Klartexten

Teilgebiet der Kryptographie welches sich mit der Entzifferung von Geheimtexten befasst, wird dieser Angriff auch als „Angriff mit ausgewählten Klartexten" bezeichnet. Aus diesem Grund sind vor dem Verschlüsseln zu erwartende Häufigkeiten aufzulösen. Dazu eignen sich Kompressionsverfahren[4], die zudem das Datenvolumen verringern. Unter Umständen hilft eine Mehrfachverschlüsselung.

zufällige Schlüssel

Die zweite Bedingung praktisch sicherer Verfahren fordert den Einsatz absolut zufälliger Schlüssel. Sonst könnte in dem Fall wieder der Angreifer durch geschicktes Raten wahrscheinlicher oder wenig wahrscheinlicher Schlüssel den Klartext entschlüsseln. Die Schwäche von Passwörtern liegt genau in diesem Punkt. Viele Nutzer geben sich als Passwort gebräuchliche Namen. Für Angreifer mit technischen Hilfsmitteln und elektronischen Wörterbüchern kein Problem. Gefährlich wird es, wenn diese Mängel in Systemen vorkommen, die eine breite Akzeptanz in der Bevölkerung erfahren.

Erfüllt ein Kryptosystem beide Bedingungen, d.h.

1. es verwendet für den Angreifer nicht vorhersagbare Klartexte

2. und es verwendet zufällige Schlüssel,

bleibt dem Angreifer nichts anderes mehr übrig, als alle in Frage kommenden Schlüssel eines Verschlüsselungsverfahrens, den sogenannten Schlüsselraum, durchzuprobieren (brute force attack). Bei sehr großen Schlüsselräumen gelingt die Suche nicht mehr in akzeptabler Zeit und das Verschlüsselungsverfahren ist praktisch sicher.

Schlüsselraum muß groß sein

---

[4]Kompressionsverfahren verringern die Häufigkeiten oft auftretender Wörter und Buchstaben durch die Generierung dynamisch erzeugter Codetabellen häufig benutzter Buchstaben, Silben, Teilwörter, Wörter usw. Entstammt der Text einer natürlichen Sprache mit bekannten Buchstaben-Silbenhäufigkeiten, sind diese Tabellen durch Angreifer leicht zu erraten. Kompression unkorrigiert angewandt, erhöht nicht unbedingt die Sicherheit!

2.4 Sicherheit von Verschlüsselungsverfahren

2.4.3 Schlüsselraum

Die Größe des Schlüsselraumes und zufällige Schlüsselauswahl bilden einen Grundpfeiler des sicheren Einsatzes praktisch sicherer Verschlüsselungsverfahren. Vier Beispiele sollen diesen Fakt unterstreichen.

1. Die EC-Geldkarte wird durch eine 4-stellige PIN geschützt. Der maximale Schlüsselraum beträgt somit theoretisch 10.000. Aufgrund des Weglassens von führenden Nullen im PIN reduziert sich der Schlüsselraum auf 9.000. FRANK GRÜNBERG zeigte in einem Artikel der Zeitung „Rheinischer Merkur" vom 17. April 1997, dass der effektive wahrscheinliche Schlüsselraum nach einem Gutachten von ANSGAR HEUSER vom Bundesamt für Sicherheit in der Informationstechnik (BSI) aufgrund unverständlicher technischer Besonderheiten nur einen Bruchteil des oben genannten maximal möglichen Schlüsselraumes ausmacht. Die Chance für technisch versierte Angreifer soll immerhin weniger als 1:150 betragen. Mit einer gewissen Anzahl gestohlener Karten könnte sich dann schon ein Probieren rentieren. Die Chance erhöht sich sogar noch durch die Einführung der Geldkarte. Der Chip gibt dem Angreifer zu den drei vorhandenen Versuchen der ec-Karte drei Versuche hinzu.

2. Um die Einfachheit der Bestimmung relativ kurzer Schlüssel vorzuführen, lobte die Firma RSA, Hersteller von Verschlüsselungssystemen, einen Preis für das Brechen des für den Export außerhalb der USA zugelassene 40 Bit RC4-Verschlüsselungsverfahren aus. Innerhalb von nur vier Stunden gelang es mit 5.000 zusammengeschlossenen Internet-Rechnern den Schlüssel, einer von $1.09 \cdot 10^{12}$ maximal möglichen, zu knacken. Dennoch dürfen Verschlüsselungsverfahren mit Schlüsseln länger als 40 Bit derzeit die USA nicht ohne Sonderregelung verlassen. Ausnahme hiervon bilden lediglich Spezialanwendungen für Behörden und Banken. Damit US-amerikanische Behörden, denen sehr schnelle Großrechner zur Verfügung stehen, ihre Lauschfähigkeiten in der internationalen Kommunikation nicht einbüßen, wählten sie mit Bedacht nur einen solch kurzen Schlüsselraum!

Inzwischen hat sich ein richtig gut eingespieltes Team um den Initiator und Koordinator GERMANO CARONNI gebildet. Innerhalb des Internets kamen neue Rechner hinzu, die alle zusammen nach möglichen Schlüsseln suchen. Ihnen gelang es in nur 13 Tagen einen 48 Bit großen Schlüssel, einen von immerhin 281'474'976'710'656 möglichen, zu knacken. Nach diesen Erfolgen ging die Herausforderung[5] an die „Kryptoanalalytiker" durch die RSA Inc. weiter. Sie lobte als nächstes einen Preis von \$10000 für das Brechen eines 56-Bit (d.h. einer von $7.2 \cdot 10^{16}$) DES Schlüssels aus. Tatsächlich gelang es auch, nach immerhin 4,5 Monaten den richtigen Schlüssel (hexadezimal aufgeschrieben 8558 891A B0C8 51B6) der verschlüsselten Nachricht „The unkwon message is: Strong encryption makes the world a safer place" zu finden. An der Suche waren ungefähr 78000 Rechner beteiligt. Davon zu Spitzenzeiten 14000 Rechner am Tag. Ein einfacher Pentium mit 16MB RAM auf einem FreeBSD 2.2.1 (UNIX) Betriebssystem fand den Schlüssel. Der Rechner gehörte MICHALE K. SANDERS. 250.000 Schlüssel pro Sekunde gelang es ihm durchzusuchen, wobei er den tatsächlich Schlüssel mit einer gehörigen Portion Zufall fand. Fünf Monate mag für manche sehr lang erscheinen, doch innerhalb dieser Zeit wird selten die PIN einer EC-Karte gewechselt, die mit DES verschlüsselt den Geldautomaten zur Authentisierung bei einer Zentrale verläßt.

3. Die Firma RSA ließ es nicht dabei bewenden und forderte die freien Kryptoanalytiker mit einer zweiten Herausforderung bei gleichem Preisgeld heraus. Nur drei Tage benötigte im zweiten Angriff die Electronic Frontier Foundation (EFF) um mit einem von ihn gebauten Spezialsupercomputer den 56 Bit DES Schlüssel zu brechen. Die Vorbereitungen für den Bau dieser Schlüsselsuchmaschine begannen bereits im Jahre 1997 und kosteten rund \$250000 Dollar. Die Idee geht dabei auf MICHAEL J. WIENER zurück, der bereits eine solche Maschine bis

---

[5]http://www.frii.com/fcv/deschall.html

2.4 Sicherheit von Verschlüsselungsverfahren

Abbildung 2.6: Auf der linken Seite ist der DES-Suchschaltkreis zu sehen, rechts die Schlüsselsuchmaschine. In den großen „Kisten" befinden sich die 1800 zusammengeschalteten Schaltkreise, der abgebildete Rechner steuert diese.

in das letzte Detail einschließlich der Organisation der Entwicklerteams beschrieb [62]. Herz der Maschine bildet ein speziell entwickelter DES-Schlüsselsuchschaltkreis mit einer Schlüsselsuchgeschwindigkeit von rund 92 Millionen Schlüsseln pro Sekunde. 1'800 dieser Schaltkreise befinden sich im Supercomputer und berechnen die stolze Menge von immerhin 92 Millarden Schlüsseln pro Sekunde. Im schlechtesten Fall werden für einen Schlüssel rund 4,5 Tage benötigt. Durch Hinzufügen weiterer Schaltkreise ließe sich dies kontinuierlich verringern. Die Initiatoren rechnen damit, daß der Preis dieses spezialisierten Supercomputers bei mehrfachem Nachbau bis auf 50.000 Dollar zu drücken ist.

DES verschlüsselte Nachrichten sind nicht mehr sicher

Der Sinn solch eines Nachbaus für den EFF bleibt neben dem praktischen Beweis der praktischen Unsicherheit von DES fraglich. Kritiker könnten sogar meinen, dass die dargestellte Maschine gar nicht existiert und das Ganze auf einen Werbegag der RSA Laboratoris beläuft. Geheimdieste sehen das freilich viel pragmatischer, bleibt ihnen durch exportbedingte Verhinderung des Einsatzes starker Verschlüsselungsprogramme kein Geheimnis im legalen internationalen Verkehr verborgen.

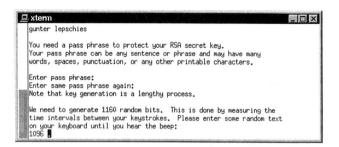

Abbildung 2.7: PGP fordert den Nutzer heraus, irgendwelche Zeichen einzugeben. Die unterschiedlichen Zeitabstände bestimmen den Schlüssel.

4. DAVID WAGNER, ein damaliger Berkley-Student, erkannte zusammen mit einem anderen Studenten, dem Kanadier IAN GOLDBERG, Schwachstellen in der Schlüsselerzeugung der SSL-Implementierung des populären Netscape-Browsers. Bei dem SSL-Protokoll handelt es sich um eine verschlüsselte Kommunikation zwischen einem Server und einem Client mit Browser und es ist im Homebanking und im eCommerce allgemein sehr häufig anzutreffen. Hätte die Firma Netscape nichts unternommen, wäre es mit den Erkenntnissen der beiden Studenten ein leichtes Spiel gewesen, verwendete Schlüssel ohne großen Aufwand herauszufinden.

> Implementierung von Verschlüsselungsverfahren muß sauber erfolgen
>
> in Rechnern gibt es keinen Zufall

An den Beispielen ist die Wichtigkeit großer, gleich wahrscheinlicher Schlüssel und der Stellenwert einer sauberen Implementierung von Verschlüsselungsverfahren deutlich erkennbar. Leider lassen sich mit klassischen Rechnern ohne äußere Einwirkungen keine echten Zufallsereignisse produzieren. Denn jeder Zustand eines Rechners definiert in eindeutiger Weise durch ein Programm den nächsten Zustand. Eine Ausnahme bilden lediglich Quantencomputer die sich noch in den Laboren der Physiker, der Militärs und in den großen Telekommunikationsfirmen befinden[6]. Um trotzdem an den notwendigen Zufall heranzu-

---

[6] Quanteneffekte für echten Zufall heranzuziehen ist heutzutage schon problemlos möglich. Aber streng genommen entstehen aus diesen Anwendungen noch keine neuartigen Rechner.

2.4 Sicherheit von Verschlüsselungsverfahren

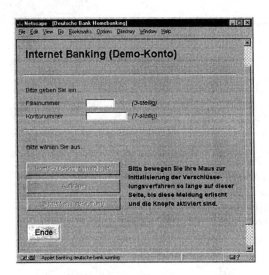

Abbildung 2.8: Im Homebanking wird die Mausspur für die Generierung sicherer Schlüssel herangezogen.

kommen, wird beispielsweise der zufällige Zeitabstand zwischen manuellen Tastendrücken im PGP Verschlüsselungsprogramm angewandt. Homebanking Anwendungen wiederum nutzen die nutzergenerierte Mausspur auf dem Bildschirm zur Zufallszahlenerzeugung.

2.4.4 Schlüsselaufbewahrung

Neben der sicheren Schlüsselerzeugung spielt die Schlüsselaufbewahrung eine weitere Hauptrolle. Gespeicherte Schlüssel im Klartext können nicht die Lösung sein. Fremde Nutzer, Viren oder eingeschleuste kleine Programme sind in der Lage, diese Schlüssel einfach zu lesen.

Technisch relativ sichere Lösungen bieten Chipkarten. Rechner-   Chipkarten
Tastaturen mit Chipkartenleser existieren bereits. Um den Mißbrauch der Karte auszuschließen sind diese zusätzlich durch PINs, den Personal Identifikations Nummern, geschützt. Doch für die Schlüsselaufbewahrung allein eignen sie sich nur

bedingt. Befindet sich die Verschlüsselung im Rechner, muss der Schlüssel das sichere Chipkartenmedium verlassen. Im Speicher des Rechners ist er dann für Unbefugte auslesbar. Sehr hohe Sicherheit gewährleistet die Kombination der Speicherung von Schlüsseln mit der Berechnung sensibler Funktionen in einem Chip (intelligente Chipkarten). Nicht der Schlüssel verläßt die Chipkarte, sondern nur noch der Geheimtext.

intelligente Chipkarten

2.4.5 Schlüsselvernichtung

Ebenfalls stellt das wirkungsvolle Vernichten nicht mehr gebrauchter Schlüssel ein zentrales Problem dar. Geschieht dies nicht, entschlüsselt der Angreifer früher abgefangene Nachrichten. Wer Telefonbanking betreibt, sollte zumindest immer dann, wenn er zuletzt seine PIN in die Wahltasten eingab, die Wahlwiederholung löschen.

2.5 Unveränderbarkeit von Daten mittels Hashfunktionen

Dank moderner Verschlüsselungsverfahren sind passive Angriffe bei korrekter Implementation auszuschließen. Im Text wird deshalb von sicheren Verschlüsselungsverfahren ausgegangen. Trotzdem ist es in vielen Fällen gerade im eCommerce lediglich notwendig, Daten durch einfache Sicherheitsmechanismen vor Veränderung zu schützen.

1. Es macht keinen Sinn, den öffentlichen Schlüssel einer Homebanking-Bank an den Kunden verschlüsselt zu übertragen. Vielmehr reicht eine unveränderte Übertragung, um Fälschungen zu begegnen.

2. Wenig sinnvoll ist die Verschlüsselung eines öffentlichen Angebotes im Internet. Es ist vielmehr für die Unversehrtheit des Angebotes zu sorgen.

Computerviren

3. Eine Homebankinganwendung im Rechner kann Interesse neuartiger Computerviren wecken. Sie verändern die befallene Anwendung und fangen vom Opfer wichtige

2.5 Unveränderbarkeit von Daten mittels Hashfunktionen

Abbildung 2.9: Naiver Schlüsseltausch mit anschließender Kontrolle

Passwörter oder Zugangscodes ab. Die Programme zu verschlüsseln und somit vor Viren zu schützen ist mehr als kontraproduktiv. Der Nutzer selbst könnte dann nicht mehr arbeiten.

Die Unveränderbarkeit der Daten, ihre Integrität, wird mit sogenannten Hashfunktionen erreicht. Bei der Hashfunktion handelt es sich um eine mathematische Funktion, die einem beliebig langen Text eine eindeutige Zahl eines endlichen Zahlenbereiches zuordnet und darüber hinaus zwei wichtige Eigenschaften besitzen muss: Integrität

- Es ist praktisch nicht möglich, zwei Texte mit dem gleichen Hashwert zu erzeugen. Lassen sich wider Erwarten zwei Texte mit dem gleichen Hashwert finden, so wird dies als Hashkollision bezeichnet. Theoretisch existieren immer Hashkollisionen.

- Es ist praktisch nicht möglich, aus einem gegebenen Hashwert den zugehörigen Text zu ermitteln.

Der Schutz der Daten vor Veränderung geschieht jetzt folgendermaßen: Der Sender berechnet lediglich den Hashwert der zu übertragenden Daten und teilt diesen, sehr wichtig, über einen sicheren Kommunikationskanal dem Empfänger mit. Der Empfänger überprüft die Nachricht auf Veränderung durch die Probe. D.h. er berechnet aus der empfangenen Nachricht ebenfalls einen Hashwert und vergleicht ihn mit dem empfangenen. Stimmen beide überein, blieb der übertragene Text unverändert. Denn einem Angreifer würde es nicht gelingen, den Text so zu verändern, daß der Hashwert entgegen obiger erster Bedingung unverändert bleibt. Schutz der Daten vor Veränderung

Schlüsseltausch	Ein möglicher Einsatz dieser sehr einfachen Variante liegt im erstmaligen Schlüsseltausch öffentlicher Schlüssel in asymmetrischen Verschlüsselungsverfahren. Dabei überträgt der Sender den öffentlichen Schlüssel an seinen zukünftigen Kommunikationspartner über einen unsicheren Kommunikationskanal. Nachdem der Empfänger im vermeintlichen Besitz des echten öffentlichen Schlüssels ist, ruft er bei dem Besitzer an und beide überprüfen den verhältnismäßig kurzen Hashwert (oft als Fingerprint des Schlüssels bezeichnet) des Schlüssels.
Ini-Brief	Im Internetbanking ist ein ähnliches Verfahren einsetzbar. Die Bank veröffentlicht ihren öffentlichen Schlüssel im Internet, sorgt aber gleichzeitig dafür, dass der Hashwert per Post ihren Kunden mitgeteilt wird. Abbildung 2.9 zeigt, wie diese Idee im neuen Homebanking-Standard HBCI aufgegriffen wurde. Möchte der Kunde seinen neuen öffentlichen Schlüssel der Bank mitteilen, so ist er verpflichtet den „naiv" übertragenen Schlüssel durch einen sogenannten Ini-Brief zu begleiten. Bei dem Ini-Brief handelt es sich dabei um ein Formular, mit Hashwert und manueller Unterschrift. Der Empfänger, die Bank, kann sich dann anhand der Unterschrift von der Echtheit des empfangenen öffentlichen Schlüssels überzeugen, wenn er die manuelle Unterschrift akzeptiert und der Hashwert im Brief mit dem des naiv übermittelten Schlüssels übereinstimmt.
sichere Kommunikationskanäle	Die Existenz eines sicheren Kommunikationskanals ist aber nicht immer gegeben und behindert die spontane Kommunikation. Den Hashwert an die Nachricht direkt anzufügen, wäre in dieser einfachen Form nicht besonders intelligent. Nur diesen braucht der Angreifer mit dem Text zu ersetzen. Digitale Unterschriften, im Abschnitt 2.7 vorgestellt, lösen das Problem auf unterschiedliche Weise. Doch vorher ist noch zu klären, wie sich Kommunikationspartner in elektronischen Netzen zweifelsfrei erkennen.

2.6 Authentifizierung

Weist sich der unrechtmäßige Nutzer an einem Geldautomaten unter einer falschen Identität aus oder verschickt unter anderen Namen wichtige Daten im Internet, muss er anhand von bestimmten eindeutigen Merkmalen zugelassen oder abgelehnt werden. Authentisierung meint das Sich-Ausweisen im weitesten Sinne. Eine Person kann sich auf verschiedene Arten authentisieren.

- Der sich Ausweisende ist im Besitz einer bestimmten Fähigkeit, die ihn zweifelsfrei identifiziert, z. B. er leistet eine Unterschrift,

- der sich Ausweisende präsentiert ein unübertragbares persönliches Merkmal (Fingerabdruk, Stimme, die Iris der Augen etc.),

- der sich Ausweisende beweist die Kenntnis eines nur ihm bekannten Geheimnisses (Passwörter)

- oder kombiniert ein Geheimnis mit einem persönlichen Besitz, beispielsweise einer Chipkarte.

Nach der Authentisierung erfolgt die Authentifizierung. Sie beinhaltet den Vorgang des Überprüfens einer vorgegebenen Identität. In den seltensten Fällen wird es im Buch erforderlich sein, diesen Unterschied explizit herauszuheben und wird, wo es nicht notwendig ist, auch nicht mehr getan.

2.6.1 Authentifizierung allgemein

Authentifizierungsverfahren sind weniger technisch komplizierte Verfahren, als vielmehr von organisatorischen Begleitmaßnahmen abhängig. Ohne hier schon genau die Funktionsweise der allseits bekannten PIN und TAN des Online-Banking einzugehen, vergleicht dieser Abschnitt die bereits vorgestellten vier unterschiedlichen Authentifizierungsarten kurz miteinander.

Wird eine Fähigkeit oder ein persönliches Merkmal zur Identifizierung herangezogen, muss der Überprüfende die eingegebenen Daten mit einem Referenzwert abgleichen. Gibt

Fähigkeit bzw. Merkmal

es bis zu gewissen Toleranzen Übereinstimmungen, wird der sich Ausweisende einer bekannten Person zugeordnet, sonst abgelehnt. Hierbei - und das ist an dieser Art der Authentifizierung bezeichnend - muss der Überprüfende für die korrekte Identifizierung sorgen. Banken, die demnach einen Geldautomaten mit solchen Systemen ausstatten, sind im Zweifelsfalle gezwungen die Funktionsweise ihrer Geräte zu beweisen, wenn Kunden unrechtmäßige Abbuchungen beklagen. Für Banken kann dies neben dem technischen Aufwand eine schlechtere rechtliche Position bedeuten. Wegen der hohen erreichbaren Sicherheit ist jedoch früher oder später mit einem Durchbruch dieser Technologie zu rechnen.

In England wurden bereits erste Geldautomaten mit dieser neuen Technik versehen. Neben der zu erwartenden sehr hohen Sicherheit spielt vielmehr die nicht zu unterbietende Einfachheit solcher Geldautomaten eine sehr große Rolle. Registrierte Kunden benötigen weder eine Kundenkarte noch sind sie gezwungen, sich eine PIN zu merken. Bei einigen Geräten stellt sich die sich ausweisende Person davor, schaut in ein schwaches Licht und wird durch seinen unverwechselbaren Augenhintergrund erkannt. Besitzt er ein gedecktes Konto, bekommt er ohne weiteres sein Geld.

Für den eCommerce eignen sich diese Geräte nicht, da Kunden mit teurer Hardware in einem unsicheren Umfeld zu versorgen sind. Die Hardware muss in einem einbruchsicheren Gerät die spezifischen Merkmale (Fingerabdruck, Gesicht, Augenhintergrund etc.) erkennen und die gewonnenen Daten verschlüsselt, zumindest jedoch unverändert und nicht manipulierbar weitergeben. Der Angreifer ändert sonst zu seinen Gunsten die gewonnenen Referenzdaten.

<small>Geheimnisse</small>

<small>Rahmenvertrag</small>

Online-Banking praktiziert heutzutage die Kundenauthentifizierung noch mit Hilfe eines Geheimnisses. Damit dies funktionieren kann, muss jeder Kunde einen Rahmenvertrag mit der Bank über deren sogfältige Nutzung abschließen. Für den zukünftigen Kunden einer Internetbank bedeutet dies das Unterschreiben eines Konto-/Depoteröffnungsantrags und gleichzeitige Identifizierung bei einem Vertragspartner der

2.6 Authentifizierung

Internetbank (Postfiliale, Mutterbank etc.) anhand persönlicher Dokumente (Personalausweis, Reisepass). Die Bestätigung zwischen wirklicher und vorgegebener Person bekommt der Internetbankbetreiber, der daraufhin alle Transaktionen im Internet der darin festgelegten Person zugeordnet, die sich durch vereinbarte Geheimnisse authentifizierte. Der Rahmenvertrag legt weiterhin genaue Richtlinien für die Benutzung vereinbarter Geheimnisse fest (PIN nicht mit einer EC-Karte zusammen aufbewahren, PIN nicht weitergeben etc.).

Wer also seine EC-Karte verlor und danach Geldabhebungen vorkamen, hat nach Ansicht der Bank gegen den Vertrag verstoßen und muss bei Schadensersatzansprüchen mit einer Gegenklage rechnen. Denn woher kennt der Betrüger die PIN, wenn nicht durch den rechtmäßigen Besitzer der EC-Karte.

Die vierte hier vorgestellte Art der Authentifizierung koppelt das Geheimis an den Besitz einer Chipkarte. Damit das System im eCommerce funktioniert, sind neben Rahmenverträgen internationale technische Standards für die Anwendung solcher Chipkarten notwendig. Das deutsche Signaturgesetz machte innerhalb Deutschlands einen Anfang, rechtliche und technische Aspekte miteinander zu vereinen. Für die Hersteller von eCommerce Lösungen bietet sich somit eine große Chance auf eine einheitliche Regelung für ihr Hardware bzw. Softwaredesign zurückzugreifen. Der deutsche Standard für Homebanking (HBCI) dürfte neben dem Signaturgesetz ebenfalls eine Vorreiterrolle im eBanking spielen.

Homebankingstandard

Wenden wir uns im Folgenden einigen einfachen und häufig in der Praxis eingesetzten Authentifizierungsverfahren zu. Sie sind allesamt recht einfach zu erklären und basieren vorwiegend auf speziellen Antwort- bzw. Frage-und-Antwort-Verfahren, welche Betrüger entlarven und die rechtmäßigen Inhaber eines Geheimnisses erkennen.

2.6.2 TAN

Möchte sich Person A im einfachsten Falle gegenüber Person B (Geräte sind ebenso möglich) in einem Schritt durch ein vorher vereinbartes Geheimnis ausweisen, geschieht dies durch Mitteilen. B prüft das Geheimnis, gemerkt oder irgendwo sicher abgespeichert. Auf der Hand liegt der entscheidende Nachteil. Geheimnisse können von passiven Angreifern mitgehört und zu einem späteren Zeitpunkt eingespielt werden. Das Geheimnis darf demnach nur einmal benutzt werden.

Im Online-Banking sind die sogenannten TANs (Transaktionsnummern) solche nur einmalig verwendbaren Geheimnisse. Bei ihnen handelt es sich meist um fünf oder sechsstellige Zahlen, die zu mehreren sich auf einem Zettel, den der Kunde durch die Bank erhielt, befinden und für jede Online-Authorisation bei der ausgebenden Bank nur einmal zur Anwendung kommen dürfen. TANs sind unter diesen Bedingungen eine einfache und robuste Authentifizierungsmethode.

2.6.3 PIN

Für die Authorisation an Zugangsgeräten sind die TANs eine schlechte Alternative. Niemand kann einen Zettel mit solchen Nummern ständig bei sich führen, um am Geldautomaten Geld abzuheben. Das Diebstahlrisiko wäre viel zu hoch.

Hashfunktionen zum Schutz der Geheimnisse

ROGER NEEDHAM von der Cambridge Universität [63] löste elegant mit Hilfe von Hashfunktionen das grundlegende Problem mehrmals benutzter gespeicherter Geheimnisse. Nach ihm teilt A dem verifizierenden Gerät das Geheimnis, die Personen-Identifikations-Nummer - PIN - mit, aus der das Gerät einen Hashwert berechnet. Der Hashwert wird anschließend mit einem Wert in einer Tabelle, bestehend aus den Personen aller Zugangsberechtigten und den zugehörigen Hashwerten, verglichen. Befindet sich der Ausweisende in der Tabelle und stimmt der Hashwert seines gerade berechneten Geheimnisses mit dem Hashwert in der Tabelle überein, dann hat sich A richtig ausgewiesen. Andernfalls wurde ein falsches Geheimnis verwandt. Die Hashfunktion, die den Hashwert berechnet, genügt hier einer bereits in Abschnitt 2.5 erwähnten

2.6 Authentifizierung

wichtigen Eigenschaft, dass aus einem Hashwert nicht der ursprüngliche Text (PIN) rekonstruiert werden kann.

Dank dieser einfachen Technik, brauchen die Verifizierenden keine Geheimnisse mehr abzuspeichern. Die Tabelle mit den Hashwerten ist aber vor fremdem Zugriff zu verwahren. Der Angreifer könnte sonst den Hashwert eines anderen Nutzers gegen den Hashwert seines Geheimnisses austauschen, um sich so unter falscher Identität Zugang zu verschaffen.

Windows NT benutzt dieses Verfahren zur Nutzerauthentifizierung

Scheckkarten benutzen ein ähnliches Sicherheitsverfahren zur Kontrolle und Speicherung von PINs. Nur kommen keine Tabellen für jeden Geldautomaten zur Anwendung. Das ist für den flächendeckenden Einsatz nicht praktikabel. Statt einer Hashfunktion wird auf ähnliche Art und Weise im PIN-Verfahren das symmetrische DES-Verschlüsselungsverfahren mit einem streng geheimen Institutsschlüssel (auch PIN-Key genannt) angewandt. Das gesamte Verfahren funktioniert im Überblick folgendermaßen: Die Bank nimmt die vier letzten Ziffern der Bankleitzahl, die auf 10 Stellen aufgefüllte Kontonummer des Kunden und eine einstellige Kartenfolgenummer. Diese Angaben werden mit DES und dem Institutsschlüssel verschlüsselt. Aus zwei Bytes des Chiffrates bildet die Bank in deterministischer Weise die PIN. Weist sich ein Kunde am Bankautomaten aus, wird er in Deutschland online mit einer Zentrale verbunden. Die berechnet mit Hilfe der öffentlichen Angaben eine PIN und vergleicht diese mit der eingegebenen. Stimmen beide überein, lag kein Betrug vor. Weist sich der Kunde dagegen im Ausland aus, ist der Bankautomat in der Regel in der Lage, ohne Online-Verbindung die PIN zu berechnen. Hierzu dienen drei von der Bank generierte Poolschlüssel. Mit diesen werden drei weitere PINs erzeugt. Die Differenz zur ursprünglichen PIN, d.h. der mit dem Poolschlüssel berechneten, befindet sich im Magnetstreifen der Karte. Dem ausländischen Geldautomaten ist einer der Poolschlüssel bekannt, und so kann der Kunde ohne Verbindung mit einer Zentrale authentifiziert werden.

Die Sicherheit der einfachen Technik ist schon beachtlich. Fällt die Karte Angreifern in die Hände, können sie diese nicht missbrauchen, da die PIN unbekannt ist. Sie lässt sich auch nicht aus den Angaben des Magnetstreifens berechnen. Dem Angreifer bleibt allein der Versuch, mit Hilfe einer bekannten PIN und ec-Karte den Institutsschlüssel durch ein „brute force attack", siehe Kapitel 2.4, zu ermitteln. Eine Karte mit bekannter Geheimnummer wird dafür nicht ausreichen. Weil die PIN nicht aus dem vollständigen Chiffrat besteht, gibt es nach einem erfolgreichen Angriff mehrere Möglichkeiten. Mit weiteren Karten sind Mehrdeutigkeiten auszuschließen. Wenn es aber jemals jemanden gelingen sollte, den Institutsschlüssel zu ermitteln, kann derjenige ohne Probleme jeder gestohlenen Karte die Geheimzahl entlocken. Er simuliert auf einem PC den Geldautomaten und spielt alle 9.000 Varianten in Sekundenschnelle durch.

2.6.4 Ein-Schritt-Authentifizierung

Vereinbaren eines Geheimnisses

Bei der Anwendung symmetrischer Verschlüsselungsverfahren vereinbaren der sich Authentisierende A mit dem Verifizierenden B ein Geheimnis. Wenn A sich zu einem späteren Zeitpunkt bei B ausweist, sendet er ihm dessen Kennung (z.B. der Name von B oder seine Nutzeridentifikationsnummer) mit einer Zeitmarke verschlüsselt zu. B ist mit dem gemeinsamen Geheimschlüssel in der Lage, die Nachricht zu entschlüsseln. Liegt eine falsche Zeitmarke oder falsche Kennung vor, wird A abgewiesen. Denn dann benutzt ein Angreifer entweder eine früher abgefangene Nachricht, um sich unter falschen Namen bei B auszuweisen, oder er leitete eine ursprünglich für C vorgesehene Nachricht an B weiter.

Vor- und Nachteile

Vor- und Nachteile dieser einfachen Art der Authentifizierung resultieren direkt aus der symmetrischen Verschlüsselung. Da gleiche Schlüssel auf beiden Seiten Verwendung finden, könnte der Verifizierende B sich jederzeit als A ausgeben.

Besser eignen sich asymmetrische Verschlüsselungsverfahren. Die Kennung von A zusammen mit einer Zeitmarke verschlüsselt, sendet A an B. A verwendet zum Verschlüsseln den eigenen Geheimschlüssel und jeder im Besitz des zugehörigen öffentlichen Schlüssels erkennt die Zeitmarke und Kennung. In

2.6 Authentifizierung

Abbildung 2.10: Ein-Schritt-Authentifizierung

diesem Verfahren ist B auch nicht mehr in der Lage, sich als A auszugeben.

Beide Verfahren übertragen kein Geheimnis im Klartext, verhindern durch Zeitmarken ein Wiedereinspielen und durch eine Kennung eine missbräuchliche Nutzung. Die Umsetzung scheitert jedoch im weltweiten Internethandel an sehr banalen Dingen.

Zeitmarken

1. Der sich Ausweisende benötigt eine abgesicherte Uhr und Uhren erfordern eine eigene Stromversorgung. Preiswerte Chipkarten sind in ihrer Bauform nicht geeignet, eine eigene Stromversorgung zu bergen. Für die meisten Chipkartenanwendungen ist diese Art der Authentifizierung auszuschließen.

2. Ein Verifizieren kann nur bei synchronisierten Uhren geschehen. Das ist im Internet eine nicht praktisch durchführbare Bedingung. Die Uhren in jedem Rechner müßten vor Manipulationen hinreichend geschützt an eine Weltzeit gekoppelt werden.

synchrone Uhren sind erforderlich

3. Angenommen obige Bedingungen ließen sich erfüllen. Dann ist es immer noch erforderlich, dass eine von A gesandte Nachricht innerhalb einer festgelegten Zeitspanne B erreicht. Da der Weg zwischen A und B im Internet variiert und die Übertragung über „schnelle" oder „weniger schnelle" Datenleitungen erfolgt, bleibt diese Zeitspanne in der Praxis unvorhersagbar.

Für die Authentifizierung in lokalen Rechnernetzwerken, sind beide vorgestellte Verfahren geeignet. Die Zeit der angeschlossenen Rechner wird durch vorhandene Synchronisationsmechanismen angeglichen; der Weg der ausgetauschten Nachricht ist vorgegeben und verhältnismäßig kurz. Die maximale Verzögerung

Authentifizierung in lokalen Rechnernetzwerken

der Nachricht ist somit, zumal die Bandbreite nicht variiert, mit sehr hoher Wahrscheinlichkeit vorhersagbar.

2.6.5 Frage-Antwort-Schemen

Das Frage-Antwort-Schema (Challenge Response) deutet im Namen das nächste Prinzip an. Sich Ausweisende sind einer Frage ausgesetzt die für jede Anmeldung neu gewählt wird. Der Ausweisende kann sich nur dann richtig ausweisen, wenn er die passende Antwort kennt.

symmetrische Verschlüsselungsverfahren

Das Frage-Anwort-Schema läuft mit symmetrischen Verschlüsselungsverfahren nach drei Schritten ab.

1. Der Kontrollierende B sendet an den sich ausweisenden A eine zufällige Zahl.

2. Diese und die Kennung von B verschlüsselt A und sendet das Chiffrat mit seiner Kennung zurück.

3. B kann sich nach Entschlüsseln von As Identität überzeugen.

Beide kennen auch hier wieder den gleichen Geheimschlüssel.

asymmetrische Verschlüsselung

Das Verfahren mit asymmetrischer Verschlüsselung ist ähnlich einfach.

1. Der Kontrollierende B sendet an A eine mit dem öffentlichen Schlüssel von A verschlüsselte zufällige Zahl.

2. A muss die Zahl mit seinem Geheimschlüssel entschlüsseln und an B zurücksenden. Gelingt ihm das, konnte A sich richtig ausweisen.

d.h. sie benötigen keine Uhren

Beide Verfahren kommen ohne Zeitmarken aus. Sie sind deshalb für Internet- bzw. Chipkartenanwendungen geeignet und werden dort auch im ECommerce eingesetzt.

2.6.6 Gegenseitige Authentifizierung

Wenn A einen Einkauf im eHandel tätigten möchte, muss sich der Kunde für den Empfang einer teuren Informationsware ausweisen. Bezahlt der Kunde diese Ware, muss sich der Händler

2.6 Authentifizierung

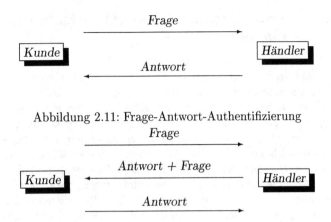

Abbildung 2.11: Frage-Antwort-Authentifizierung

Abbildung 2.12: Gegenseitige Authentifizierung

B bei dem Kunden ausweisen. Ebensolches gilt, wenn der Kunde einer Internetbank deren Dienste nutzt. Eine bekannte Bank in ihrem Aussehen im Internet nur vorzutäuschen und die Kundenanfragen auf diese Seite zu lenken, ist sehr einfach. Deswegen muss sich in offenen Kommunikationsnetzen immer der Kunde und der Anbieter einer Leistung gegenseitig vor Beginn einer Kommunikation ausweisen.

Die einfachste Variante ist wieder die Kontrolle mit Hilfe der Ein-Schritt-Authentifizierung eines jeden Partners. Dies funktioniert allerdings nur in lokalen Netzwerken und scheidet damit für den weltweiten eHandel aus.   **Ein-Schritt-Authentifizierung**

Einfach geht es mit einem etwas modifizierten „Frage-Antwort-Schema". Der Kunde „fordert" den Bankrechner durch eine Frage heraus, welcher mit der gewünschten Antwort und Herausforderung seinerseits reagiert. Nach richtiger Antwort konnte der Händler sich von einem korrekt ausgewiesenen Kunden überzeugen. Gleichzeitig ist sich der Kunde eines autorisierten Händlers sicher.   **Frage-Antwort-Schema**

2.6.7 Schachgroßmeisterangriff (Man in the middle)

Nehmen wir einmal an, dass der böse C einen Infoladen im Internet eröffnet, um Kunden darin einzufangen. Er bietet als Köder beispielsweise Informationen billig an, an denen Kunde A Gefallen findet. Nachdem der Kunde A seine Kaufabsicht gegenüber C bekundet, leitet der Angreifer C wiederum einen Kauf bei einem „teuren" Händler B unter der fälschlichen Identität A ein. Um den Warenwert korrekt abzubuchen, versucht B seinen Kunden als A zu identifizieren. Der Händler B sendet deshalb eine Herausforderung an C, die er wiederum nicht korrekt beantworten kann. Er leitet sie als eigene Herausforderung deswegen an A weiter, da er A gegenüber zu diesem Zeitpunkt als Händler fungiert. In der falschen Annahme eines billigen Einkaufs antwortet A korrekt. Diese wiederum übermittelt dann C sofort dem Händler B weiter, der fälschlicherweise A um den Betrag der gewünschten Ware belastet. Die Ware gelangt natürlich zu C, der ohne Geld auf Kosten As einkaufte!

Angriff ist einfach und gefährlich

Der eben vorgestellte Angriff ist verblüffend einfach und kommt ohne langwierige Entschlüsselung unbekannter Nachrichten, Verfälschung, Wiedereinspielen, Zurückhalten etc. aus. In der Praxis wurde er bereits im Online-Banking durchgeführt [69]. Er funktionierte auf beschriebene Weise und das Opfer übergab unwissentlich dem Angreifer wichtige PINs und TANs. Anschließend hob dieser eine nicht unbeträchtliche Geldsumme ab.

Betrug ist erkennbar

Trotzdem merkt der aufmerksame Händler sofort den Betrug, denn die Zieladresse der Ware differiert von der Adresse desjenigen, der die Kosten des Handels trägt. Offen bleibt allerdings, ob sich der Händler von diesem nicht zu übersehenden Widerspruch vor dem Verkauf seiner gewinnbringenden Ware abhalten lässt. Ebenfalls ließe sich der Angriff vereiteln, indem Kunde und Händler eine verschlüsselte Kommunikation mit vorher nicht übertragenen Geheimnissen nach der Authentifizierung aufbauen. Der Angreifer bekommt keine geheimen Informationen mehr und würde sich bei aktiver Einmischung verraten.

2.6.8 Biometrische Verfahren

Bei biometrischen Authentifizierungsverfahren reicht lediglich die Präsenz der Personen aus; man identifiziert die Person durch ihre charakteristischen biometrischen Merkmale und nicht durch ein Geheimnis. Für ein breites Nutzerspektrum führt die Einfachheit der Authentifizierung in vielen Fällen zu einer sehr hohen Akzeptanz.

Geheimnisse entfallen

Grundlagen

Biometrische Identifizierungsverfahren funktionieren auf Grundlage physiologischer oder verhaltensbasierter Merkmale der sich ausweisenden Person. Unter physiologischen Merkmalen wird das Aussehen des Gesichtes, der Hand, der Fingerkuppen (Fingerabdruck), das Aussehen der Regenbogenhaut oder die Netzhaut neben anderen verstanden. Zu den verhaltensbasierten Merkmalen zählt man Stimmcharakteristika, den Tastaturrhythmus, die Stimme sowie die Schreibbewegung. Verschiedene im Handel erhältliche Systeme verwenden auf die unterschiedlichste Art und Weise die vorgestellten Merkmale, wobei jedes Merkmal

physiologische Merkmale

Regenbogenhaut, Stimme, Tastaturrhythmus, Schreibbewegung

- eindeutig einer Person zuzuordnen ist,

- sich nicht in betrügerischer Absicht verändern lassen darf,

- sich mit der Zeit nicht wesentlich ändert

- und einfach festzustellen ist.

Arbeitsweise

Vor jeder Authentifizierung sind die charakteristischen Merkmale einer Person durch ein Meßverfahren aufzunehmen und durch ein Abstraktionsmodell auf einen Referenzwert zu reduzieren. Beides definiert das biometrische Authentifizierungsverfahren. Der Referenzwert ist anschließend durch Ausweiskontrolle oder ähnliche Verfahren dieser bestimmten Person zuzuordnen.

Merkmal wird auf einen Referenzwert reduziert

Während den nachfolgenden Authentifizierungen erfolgt die Messung besagter biometrischer Merkmale mit geeigneten technischen Mitteln. Der nach Anwendung des Abstraktionsmodells gewonnene Referenzwert lässt sich anschließend auf zwei Arten vergleichen.

1. Der Wert wird mit verschiedenen Referenzwerten in einer zentralen Datenbank verglichen. Liegt ein gültiger Eintrag vor, identifiziert der zugehörige Eintrag die sich ausweisende Person.

Chipkarte eignet sich zur Speicherung des Referenzwertes

2. Die sich ausweisende Person trägt den Referenzwert auf einer Chipkarte bei sich. Das Gerät welches die Messung der biometrischen Parameter vornimmt, vergleicht den gemessenen Wert mit dem auf der eingegebenen Chipkarte. Stimmen beide überein, wird die als A auf der Chipkarte ausgewiesene Person als A erkannt. Damit in dieser Variante keine Fälschungen möglich sind, darf sich der Referenzwert durch einfache elektronische Signaturen der Systemberteiber nicht verändern lassen.

Folgende physiologische Merkmale werden in der Praxis herangezogen:

Gesicht: Charakteristika von Gesichtern bleiben bei erwachsenen Menschen über längere Zeiträume unverändert. Trotzdem kann für Menschen eine Identifizierung Schwierigkeiten hervorrufen, wenn Brillen, Bartwuchs, unterschiedliche Haarlänge oder -farbe das Aussehen beeinflussen. Technische Verfahren verwenden deswegen in ihren Abstraktionsmodellen nur den von solchen Varianten unabhängigen Gesichtsbereich.

Netzhaut: Die Ausprägung der Netzhaut ist für alle Menschen ein charakteristisches Merkmal. Unterschiedliche Verzweigungen der Blutbahnen und Flecken werden zur Identifizierung herangezogen.

Regenbogenhaut: Die Regenbogenhaut (Iris) wird wie die Netzhaut mit einem Lichtstrahl abgetastet und per CCD-Kamera aufgenommen. Die Regenbogenhaut kann bei Messungen sehr gut erkannt werden, womit größere Abstände zu dem messenden Gerät möglich sind.

2.6 Authentifizierung

Geometrie der Hand: Die Hand wird schon seit den 70er Jahren für Identifizierungssysteme eingesetzt. Bei der Abtastung der Hand reichen minimal fünf Punkte um einen einzigartigen Referenzwert zu erstellen.

Fingerabdruck: Bei dieser Methode werden die charakteristischen Linien der Finger herangezogen. Einige Systeme nutzen zudem noch tiefer liegende Gewebestrukturen für ihre Analyse.

Für einen großflächigen Einsatz kann diese Methode jedoch zu einigen Problemen führen. Bauarbeiter, Tischler, Maler, Handwerker etc. haben oft arbeitsbedingt sehr schmutzige, oft leicht verletzte Fingerkuppen. Diese geringfügigen Änderungen können bei diesen Berufsgruppen zu einer fehleranfälligen Erkennung führen.

biometrische Verfahren sind nicht ohne Probleme

Zu den verhaltensbasierten Merkmalen zählen:

Schreibrhythmus: Zwischen verschiedenen Personen bestehen messbare Unterschiede in der Tastatureingabe gleicher Texte. Diese Unterschiede lassen sich zu Identifizierungszwecken heranziehen. Das Verfahren kann am Schreibtisch Anwendung finden, zumal zusätzlich Hardware nicht notwendig ist.

Stimmcharakteristik: Die Stimme einer Person ist ein charakteristisches Merkmal, hat jedoch den großen Nachteil, sich je nach Zustand der sich ausweisenden Person zu variieren. Damit einfache Tonbandaufzeichnungen nicht funktionieren, dürfen benutzte Sätze sich niemals gleichen.

Dynamische Unterschrift: Bei dynamischen Unterschriften wird nicht das Resultat sondern der Schreibvorgang eines bestimmten Wortes für die Identifizierung herangezogen. Die zu messenden Parameter können beispielsweise Gestalt der Unterschrift, Geschwindigkeit, Beschleunigung, Anpresskräfte des Stifts auf den Schreibuntergrund und die Zeitdauer sein. Zur Messung müssen in der Regel spezielle Stifte verwendet werden oder eine für die zu messenden Parameter sensitive Schreibunterlage.

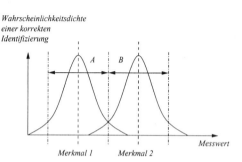

Obere Kurve zeigt qualitativ die Verteilung der Messwerte für die Merkmale „Merkmal 1" und „Merkmal 2" zweier Personen. Überlappen sich diese Verteilungen, kann die gemessene Merkmalsausprägung nur in gewissen Bereichen einer Person zugeordnet werden. Für Person 1 führen Messungen im Bereich A zu einer korrekten Erkennung, und im Bereich B zu einer falschen Erkennung; für Person 2 stellt sich die Lage umgekehrt dar. Ist Person 1 autorisiert, den Raum zu betreten und Person 2 nicht, dann führt die Messung im Bereich B für Person 1 zu einer falschen Zurückweisung und für Person 2 im Bereich A zu einer falschen Akzeptanz.

Abbildung 2.13: Falsche Akzeptanz und falsche Abweisung in biometrischen Authentifizierungs-Verfahren

2.7 Elektronische Signaturen

Falsche Akzeptanz und falsche Abweisung

Messungen biometrischer Merkmale erfolgen immer unter den unterschiedlichsten Bedingungen. Die gewonnenen Werte unterliegen somit statistischen Gestzmäßigkeiten und lassen nie einen 100 % Schluss auf die identifizierte Person zu. So führen Streuungen während des Messens zu Abweichungen, die wiederum mit gewisser Wahrscheinlichkeit zu fehlerhaften Identifizierungen führen.

In Abbildung 2.13 ist der mögliche Messverlauf eines Merkmals eingezeichnet. Wird innerhalb der Toleranzzone gemessen, wird die Person akzeptiert. Da mehrere Personen zu erkennen sind, gibt es verschiedene Überlappungsbereiche dieser Zonen, die entweder zu einer fehlerhaften Identifizierung (false acceptance) oder zu einer fehlerhaften Abweisung (false rejection) führen. Die Überlappungen in Abbildung 2.13 geben die Häufigkeiten dieser Fehler wieder, die in der Praxis durch die eingesetzten Messmethoden und ausgefeilte Abstraktionsmodelle auf für Betreiber und Nutzer akzeptable Werte zu bringen sind. false acceptance
false rejection

2.7 Elektronische Signaturen

Die im vorhergehenden Kapitel vorgestellten Authentifizierungsverfahren eignen sich für eine interaktive Überprüfung einer vorgegebenen Identität. Empfängt die Internetbank eine elektronische Überweisung per eMail, funktionieren diese interaktiven Mechanismen nicht mehr. Der Bank muss die Möglichkeit gegeben werden, lediglich an der empfangenen Nachricht den „wahren" Absender zu erkennen. Das ist mit Hilfe elektronischer Signaturen möglich.

Schauen wir uns zuerst die Merkmale einer eigenhändigen Unterschrift am Beispiel eines fiktiven schriftlichen Kaufvertrages zwischen Person A und Person B an. Dieser Vertrag besteht aus seinem Inhalt, mit einem Wertgegenstand, dem Verkaufspreis sowie Vertragsort und -datum. Da der Vertrag zwischen den Personen A und B ausgehandelt wurde, kommen die Identitäts- und Ortsangaben notwendigerweise hinzu. Die angegebenen Identitäten werden durch die eigenhändige Unterschrift authentisch. Merkmale
händischer
Unterschriften

Die manuelle Unterschrift besitzt somit idealerweise folgende Qualitäten:

Identität

- Der Unterschreibende bringt durch seine individuelle Unterschrift die angegebene Identität mit seiner Person in Verbindung (die Identität wird wie erwähnt authentisch) und

Unterschriftsbildung

- bekräftigt durch diese Handlung des Unterschreibens (Unterschriftsbildung) sein Einverständnis zum formulierten Vertrag, insbesondere bezüglich des Vertragsgegenstands und der Korrekheit, d.h. des Orts, des Datums usw.

Echtheit von Verträgen

Diejenige Person, die den Vertrag prüft, erkennt anhand der bekannten Unterschrift die angegebenen Identitäten als Person A und Person B an. Die beiden Signierer können dies nicht abstreiten, da ihre Unterschriften individuell sind. Die Unterschriften sichern idealerweise zudem die Echtheit des Vertrages und erlauben dem Überprüfer zwischen Originaldokument und Kopie zu unterscheiden.

Können elektronische Unterschriften diese Qualitäten mindestens erfüllen? Um die Frage zu beantworten, wird zuerst die Funktionsweise digitaler Unterschriftsverfahren vorgestellt.

Die denkbar einfachste elektronische Unterschrift ergibt der mit dem Geheimschlüssel des Unterzeichners asymmetrisch verschlüsselte Vertrag selbst. D.h. der Unterzeichner verknüpft durch sein Geheimnis den Text mit seiner Identität. Weiterhin ist der Text vor Veränderung geschützt, da ein Angreifer keine korrekte Signatur erzeugen könnte. Theoretisch wäre es in der Form durchführbar, zumal alle, die den zugehörigen öffentlichen Schlüssels kennen, in der Lage sind, dem Vertrag durch Entschlüsseln der Unterschrift einer Identität zuzuordnen.

Praktisch verbergen sich noch einige Tücken. Die Länge der Unterschrift ist gleich der Länge des Dokumentes, womit unterschriebene Dokumente unnötig das Datenaufkommen in Internet und Festplatte verdoppeln.

2.7 Elektronische Signaturen

In elektronischen Signaturverfahren wird deshalb nicht der gesamte Text, sondern der Hashwert des Textes mit dem privaten Schlüssel des Unterzeichners verschlüsselt. Beides, verschlüsselter Hashwert und der Vertragstext, ergeben ein unterschriebenes Dokument, das der Empfänger auf umgekehrte Weise verifiziert. Er entschlüsselt den Hashwert mit dem allgemein bekannten öffentlichen Schlüssel des Unterzeichners und vergleicht ihn mit dem aus dem Vertrag berechneten Hashwert. Stimmen beide überein, stammt das Dokument wirklich von demjenigen, der den passenden Geheimschlüssel besaß.

elektronische Signaturverfahren

Wir wiederholen jetzt obige Frage: Erfüllt das vorgestellte Verfahren in gleicher Weise die Qualitäten manueller Unterschriften?

Geht man davon aus, dass der Geheimschlüssel des Unterzeichners nicht in falsche Hände gerät (ein Angreifer ist sonst in der Lage Dokumente unter dem Namen des Opfers auszugeben), sind elektronische Unterschriften sogar strenger. Mit ihnen unterschreibt eine Person unterschiedliche Dokumente immer verschieden. Nachträgliche Änderungen innerhalb des Dokumentes lassen sich an der Unterschrift zudem zweifelsfrei feststellen. Herkömmliche Unterschriften können diese Eigenschaft nicht erfüllen, in ihnen sieht die Unterschrift für jeden Text gleich aus. Darüber hinaus kann die Überprüfung einer digitalen Signatur völlig automatisch und somit äußerst billig erfolgen. Die Bank spart bei elektronisch vorgenommenen Überweisungen einen erheblichen Kontrollaufwand.

das Dokument ist direkt mit der Unterschrift verbunden

Trotz dieser Vorteile besitzen digitale Signaturen in ihrer Anwendung auch Nachteile.

- Ist dem Unterzeichner eines Dokumentes sein Handeln, also die Tatsache, dass er ein Dokument mit einem bestimmten Inhalt unterschreibt, immer bewußt? In der Rechentechnik genügt ein Knopfdruck und schon sind wichtige Verträge unterschrieben. Andererseits könnte auch ein Angreifer mit Hilfe eines Viruses gesteuert diesen Knopf tätigen. Der Signiervorgang ist dem Nutzer deshalb unmittelbar anzuzeigen und darf nur durch ihn, beispielsweise passwortgeschützt, durchgeführt werden.

Bewußtmachen des Unterschreibens

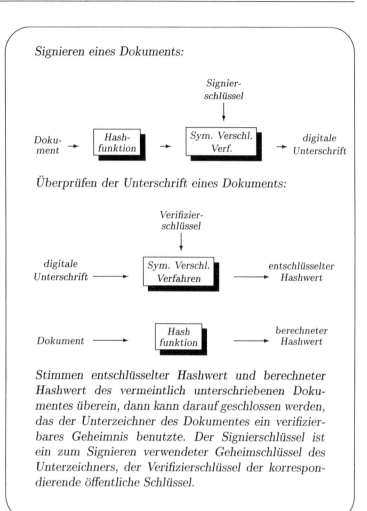

Abbildung 2.14: Digitale Signatur

2.7 Elektronische Signaturen

- Bekommt der Unterzeichner wirklich das zweifelsfrei auf seinem Monitor angezeigt, was er glaubt zu unterschreiben? Das kann ein Problem darstellen, wenn in Textverarbeitungen Macros, verborgene Textergänzungen, automatisch eingeblendete Hilfen u.ä. den Inhalt verstellen, Bedeutungen verbergen oder hervorheben. Auch kann eine Farbdarstellung am Monitor erheblich von einer Schwarz/Weiß-Darstellung auf Papier differieren. Textverarbeitungen sind deswegen unter diesen Gesichtspunkten von unabhändigen Prüfern auf „Signaturtauglichkeit" zu zertifizieren. Aus gleichem Grund darf die eingesetzte Software nur mit einem offen definierten Format für den Klartext als Ausgangsbasis der Signaturbildung arbeiten. — Korrekte Anzeige des Dokuments

Praktisch sehr sicher dürften Chipkartenlesegeräte mit eingebauter Anzeige und Minimaltastatur sein. Vom ZKA werden solche Chipkartenlesegeräte für Geldkartenzahlungen im Internet gefordert.

- Kann der Empfänger ein digital signiertes Dokument verifizieren, wenn der Unterzeichner ein anderes Textverarbeitungssystem benutzte? In der Praxis wird sich deswegen im breiten Umfeld eine Vereinheitlichung der Software und Datenformate nicht vermeiden lassen. — Verifizieren

- Andere Nachteile resultieren aus der in immer kürzeren Zeitabständen wechselnden Hard- und Software. Sind manuelle Unterschriften noch über Jahrhunderte unverkennbar, wird das wohl keine digitale Unterschrift erfüllen können. Mit jedem elektronisch abgespeicherten Dokument müssten die Textverarbeitung und das zugehörige IT-System aufbewahrt sowie verstanden[7] werden. Anderenfalls müssen mit jedem Versionswechsel in der Rechentechnik ständig wachsende Datenbestände auf neue Trägertechniken umkopiert werden. Weiterhin sind über Jahre hinaus stabile Datenformate notwendig. Mit dem — Hard- und Software veraltet schnell

  zeitlich stabile Datenformate

---

[7] Manche IT-Systeme tauscht man nicht aus Kostengründen aus, sondern weil sie keiner mehr versteht. Geschultes Personal zu finden, würde in diesen Fällen jede Neuanschaffung übersteigen.

Veralten der Rechentechnik veraltet diesbezügliches Wissen. Langfristig geschlossene Verträge müssen dem Rechnung tragen. Weiterhin sind digitale Signaturen mit realistischen Verfallsdaten zu versehen.

<small>Identifizierung erfolgt implizit</small>

- Ebenso ist die Annahme der zweifelsfreien Identifizierung der Kommunikationspartner im Internet bereits schon problematisiert worden. Streng genommen wird das Dokument nicht mit einer Identität, wie am Anfang behauptet, verknüpft, sondern der die Unterschrift Überprüfende kann lediglich darauf schließen, dass der Unterzeichner ein nur für ihn nachvollziehbares Geheimnis während des Unterschreibens verwandte. Erst miteinander ausgehandelte Rahmenverträge zwischen Unterzeichner und dem Überprüfenden und bestehende rechtliche Rahmenbedingungen (wie das deutsche Signaturgesetz), müssen die Verbindung zwischen Identität und überprüfbarem persönlichen Geheimnis der unterschriftleistenden Person durch Schlüsselzertifikate zweifelsfrei absichern. Der Unterzeichner könnte auch anfangs schriftlich bei einer Internetbank dafür bürgen, dass seine verwendeten elektronischen Geheimnisse (Schlüssel, TANs, PINs etc.) wie seine eigenhändige Unterschrift zählen.

<small>Signaturgesetz</small>

2.8 Zeitstempel

Aktienkäufe, Verträge, Regressanforderungen etc. benötigen neben digitalen Unterschriften eine zweifelsfreie Zeitangabe. Diese ist deswegen unmittelbar während des Vertragsabschlusses anzufügen. Die manipulationssichere Zeitangabe ist durch eine spezielle Hardware realisierbar, welche

<small>manipulationssichere Zeitangaben</small>

- die Zeit, bezogen auf eine weltweite Standardzeit, korrekt in festgelegten Toleranzen wiedergibt,

- unmanipulierbar und immer verfügbar in der Zeitangabe ist und

- zudem in der Lage ist, eingegebene digitale Daten zu signieren.

2.8 Zeitstempel

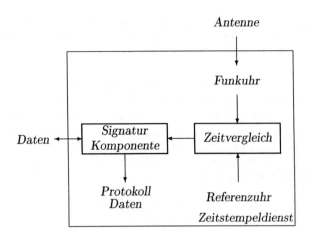

Abbildung 2.15: Zeitstempeldienst nach dem Maßnahmenkatalog für digitale Signaturen [13]

Aus der allgemeinen Beschreibung ergeben sich konkrete technische Hardwareanforderungen. Eine interne Uhr ist in regelmäßigen Intervallen durch eine Funkuhr zu synchronisieren. Alternativ kann zur Bestimmung der Referenzzeit auch ein GPS-Empfänger benutzt werden.   Funkuhr

Die Unmanipulierbarkeit lässt sich nur durch das Hardwaredesign und durch physikalische Schutzvorkehrungen erreichen.   unmanipulierbare Hardware

Da das Gerät ebenfalls in der Lage sein muss Daten zu signieren, gilt es neben dem Schutz der Uhr den verwendeten Signierschlüssel vor Veränderung und Missbrauch zu schützen.

Die resultierende Hardware und die Bereitstellung aktueller Signierschlüssel führt zu nicht unerheblichem technischen und organisatorischen Aufwand, der effektiv nur zentral den Nutzern in einem sicheren Umfeld von unabhängigen Betreibern via Internet bereitgestellt werden kann. Aus dem Grund verpflichtet das später im Buch noch vorgestellte Signaturgesetz   organisatorische Maßnahmen unabhängige Dritte (sogenante Zertifizierungsinstanzen) auf Verlangen, digitale Dokumente mit einem Zeitstempel zu versehen.

<small>Signaturgesetz</small>

Unter einem Zeitstempel versteht das deutsche Signaturgesetz (§ 2 Abs.(4)) eine mit einer digitalen Signatur versehene digitale Bescheinigung einer Zertifizierungsstelle, dass ihr bestimmte Daten zu einem bestimmten Zeitpunkt vorgelegen haben. Das Gesetz entlässt den Nutzer nicht aus der Pflicht, die Zeitangaben auf Plausibilität hin zu überprüfen.

<small>Zeitstempeldienst</small>

Genaue Vorschläge für die gesetzeskonforme Bereitstellung eines Zeitstempeldienstes ist dem Maßnahmenkatalog für digitale Signaturen des Bundesamtes für Sicherheit in der Informationstechnik zu entnehmen.

2.9 Schlüsselverteilung

Die wichtigen Grundbedrohungen wie dem unbefugten Lesen von Nachrichten, der Unterwanderung der Kommunikationsbeziehung und der Verfälschung elektronischer Nachrichten lassen sich dank der in den vorangegangenen Kapiteln vorgestellten Verfahren erfolgreich abwehren. Indirekt wurde aber fast immer davon ausgegangen, dass im Bedarfsfalle alle Teilnehmer die benötigten Schlüssel der Kommunikationspartner bereits kennen. Wie realistisch ist diese Annahme, wenn Nutzer neu in die vernetzte Rechnerwelt hinzukommen?

2.9.1 Naive Schlüsselverteilung

<small>vor der ersten Kommunikation steht der Schlüsseltausch</small>

Ein Nutzer möchte das erste Mal an einer verschlüsselten Kommunikation teilnehmen, ein Dokument unterschreiben oder sich irgendwo anderen gegenüber im Internet ausweisen. Naiv wäre es die erforderlichen Schlüssel über einen unsicheren Kommunikationskanal auszutauschen. Ziehen beide Partner einen symmetrischen Schlüssel für ihre verschlüsselte Kommunikation in Betracht, reicht ein Abhören der Leitung, um mit den aufgezeichneten Schlüsseln jede spätere Nachricht zu entschlüsseln.

Genauso naiv wäre der Einwand, statt dessen ein asymmetrisches Verschlüsselungsverfahren anzuwenden und den öffentlichen Schlüssel über den unsicheren Kommunikationskanal zu übertragen. Ein passiver Angriff bringt zwar in dem Fall wenig, aber mit einem aktiven Angriff könnte der Angreifer sich unter einer falschen Identität in die Kommunikation einmischen und fälschlicherweise an ihn addressierte Nachrichten mitlesen.

aktiver Angriff

Die Vorgehensweise des Angreifers sei an einem kleinen Beispiel gezeigt. Angenommen die Person A möchte mit Person B kommunizieren und versendet deshalb seinen öffentlichen Schlüssel. C ist A zuvorgekommen und fängt den öffentlichen Schlüssel nach Auftrennen der Kommunikationsbeziehung ab, erzeugt anschließend einen neuen öffentlichen Schlüssel - dessen Geheimschlüssel er kennt - und sendet ihn deklariert als As an B. Eine von B an A gesandte Nachricht kann C mit seinem Geheimschlüssel entschlüsseln, anschließend lesen und zum Schluss mit As abgefangenem öffentlichen Schlüssel verschlüsseln. Person B und Person A würden nichts vom Angriff und dem „Mann in der Mitte" C bemerken.

Vorgehensweise von Angreifern im Schlüsseltausch

Beide Verfahren des Schlüsseltausches schlagen fehl. Das erste schlägt trivialerweise fehl. Das zweite schlägt fehl, weil B nicht in der Lage ist, den Schlüssel zweifelsfrei einer Person zuzuordnen.

Somit bleibt vor der ersten verschlüsselten Kommunikation immer nur der Schlüsseltausch über einen Kommunikationskanal mit eindeutiger persönlicher Identifizierung. Einfacher kann kein Schlüsseltausch erfolgen.

Identifizierung ist notwendig

2.9.2 Schlüsseltausch mit Hashfunktion

Die Übertragung eines öffentlichen Schlüssels über offene Kommunikationsnetze erfordert die Unversehrtheit der ausgetauschten Daten gekoppelt mit der eindeutigen Identifizierung seines Absenders und lässt sich auf das Einfachste mit den bereits bekannten Hashfunktionen erreichen. Im Abschnitt 2.5 wurde bereits der integere Schlüsseltausch beschrieben, er soll jedoch noch einmal in zwei kurzen Schritten unter die Lupe genommen werden.

Unversehrtheit ausgetauschter Daten, eindeutige Identifizierung

1. Der Sender berechnet den Hashwert des öffentlichen Schlüssels und teilt diesen über einen sicheren Kommunikationskanal dem Empfänger mit.
2. Der Empfänger überprüft den Empfang auf Veränderung durch die Probe. D.h. er berechnet aus dem öffentlichen Schlüssel seinerseits einen Hashwert und vergleicht ihn mit dem empfangenen Hashwert. Stimmen beide überein, ist der übertragene Text mit großer Wahrscheinlichkeit nicht verändert worden. Die Nachricht so zu verändern, dass der Hashwert unverändert bleibt, darf einem Angreifer bei einer sicheren Hashfunktion nach Abschnitt 2.5 nicht gelingen.

Die Übertragung des Hashwertes statt des öffentlichen Schlüssels hat rein pragmatische Gründe. Er ist erheblich kürzer, besitzt eine konstante, für den Empfänger vorhersagbare Länge und ist dank dieser Eigenschaften sehr gut für den Austausch über ein sicheres Transportmedium geeignet. Es wurde bereits im Buch erwähnt, dass der Homebanking-Standard diese einfache Variante des Schlüsseltausches unterstützt. Publizierte Hashwerte in Zeitungen sind ebenfalls schon anzutreffen. In der Computerzeitschrift „Computertechnik (c't)" ist dieser im Impressum zu finden.

publizierte Hashwerte

2.9.3 Schlüsselzertifikate

die Verbindung von Identität mit Schlüssel

Schlüsselzertifikate sind einfache Unterschriften öffentlicher Schlüssel, in denen der Aussteller der Unterschrift dafür bürgt, dass der gerade unterschriebene Schlüssel einer bestimmten Person gehört. Die Unterscheidung, wie diese Unterschriften vorgenommen werden, teilt Schlüsselzertifikate in

- zentrale bzw. hierarchische Schlüsselzertifikate und
- dezentrale Schlüsselzertifikate.

Zentrale Zertifikate

certification authority

Zentrale Schlüsselzertifikate stellen Zertifizierungsautoritäten (CAs Certification Authority) aus, die es sich zur Aufgabe

2.9 Schlüsselverteilung

Abbildung 2.16: Hashwert eines naiv übertragenen Schlüssels

gemacht haben, Nutzern ihre öffentlichen Schlüssel zu zertifizieren (unterschreiben), nachdem sie sich von deren Identität überzeugten. Das kann am Anfang nur auf persönlichem Weg, durch Kontrolle der Personalien wie Paß, Fahrerlaubnis, notarielle Beglaubigung, Vertrag usw. geschehen. Ist der öffentliche Schlüssel unterschrieben, besteht das Schlüsselzertifikat mindestens aus

- dem dazugehörigen öffentlichen Schlüssel
- der Unterschrift
- einem Verfallsdatum
- und dem weltweit eindeutigen Namen (die eMailadresse oder die Postanschrift gepaart mit dem Namen) des Schlüsselinhabers.

Weiterhin bleibt der private Schlüssel nur dem Besitzer bekannt, denn er wird für die Zertifizierung nicht gebraucht. Benutzt also jemand den vermeintlichen Schlüssel einer Person,

Gebrauchswert von Schlüsseln

kann er sich im Vertrauen der CA gegenüber von der Identität des Schlüsselbesitzers überzeugen. Doch der Gebrauchswert ist, wie oben erwähnt, direkt mit der Art und Weise der Identitätskontrolle der CA verknüpft. Der Nutzer muss selbst entscheiden, ob ihm das als Sicherheit ausreicht. Nachdem er sich von der vermeintlichen Sicherheit des Zertifikates überzeugte, bleibt die Frage, inwieweit die CA selbst vertrauenswürdig ist.

Zertifizierungsrichtlinien

Eine CA muss aus diesem Grund ihre Zertifizierungsrichtlinien genau dokumentieren und offen legen. Folgende Schwerpunkte sind dabei zu beantworten: Werden die Identitäten der Nutzer durch persönliche Kontrolle, Briefkontakt mit Unterschrift oder auf sonstige Weise überprüft? Was unternehmen Mitarbeiter der CA um dies umzusetzen? Wie sicher ist die Hardware, die die Unterschriften produziert? Wo und wie speichert die CA ihre Signierschlüssel, die während der Zertifizierung zur Anwendung kommen und wie gelangt der Nutzer an den Verifikationsschlüssel? Damit Nutzer den Versprechungen der CA nicht glauben müssen, wachen übergeordnete CA über die Einhaltung der Richtlinien. Der Nutzer sollte deswegen überprüfen, ob eine CA auch selbst für sich ein Zertifikat einer übergeordneten CA vorweisen kann, das sie berechtigt, Zertifikate auszustellen. Diese Hierarchie ließe sich weiter fortführen, und die Zertifizierungsinstanz welche ohne CA auskommt, wird Wurzel CA genannt. Unterliegt die Wurzel CA akzeptablen Interessen, sind mit dieser Zertifizierungshierarchie aktive Angriffe wirkungsvoll in der so geschaffenen Sicherheitsinfrastruktur auszuschließen.

Zertifizierungshierarchie

certificate revocation list

Gelingt es jedoch unerwartet einem Angreifer, den privaten Schlüssel eines Nutzers zu erfahren, sind alle Teilnehmer vor dem Gebrauch des zugehörigen öffentlichen Schlüssels zu warnen. Diese Aufgabe übernehmen wieder die CAs, welche eine Liste (CRL certificate revocation list) aller vor Ende der regulären Gültigkeit ungültig gewordener Zertifikate, öffentlich durch Bereitstellen dafür vorgesehener Dienste, den sogenannten Verzeichnisdiensten,führen. Die Nutzer sind dementsprechend neben dem Überprüfen des Schlüsselzertifikates gezwungen zu kontrollieren, ob dieser sich eventuell in einer solchen Liste befindet.

2.9 Schlüsselverteilung

Zusammengefasst ergeben sich folgende Vorteile zentral ausgestellter Schlüsselzertifikate:

- Nutzer mit widerstrebenden Interessen können spontan miteinander kommunizieren, wenn sie ein entsprechendes Schlüsselzertifikat besitzen. Der Aussteller des Zertifikates bürgt für die Übereinstimmung der im öffentlichen Schlüssel vorgegebenen Identität mit der Identität des Schlüsselbesitzers.

- Nutzer die sich ihren öffentlichen Schlüssel von einer CA unterschreiben lassen, unterliegen vorgegebenen Richtlinien. Verletzen sie diese, können sie aus der sicheren Kommunikation ausgeschlossen werden. Die CA führt den ungültigen Schlüssel in einer CRL auf, die durch spezielle Dienste bereitgestellt werden. *(Ausschließen von Nutzern)*

- Nutzer werden durch CRLs vor dem Gebrauch ungültiger Zertifikate vor möglichen betrügerischen Absichten gewarnt. Ebenfalls lassen sich Schlüssel einfach zurückrufen. *(Schlüsselrückruf)*

- Zertifizierungsinstanzen unterliegen selbst Richtlinien, die übergeordnete Zertifizierungsinstanzen überwachen. Die Nutzer müssen aus dem Grund nur der Wurzelzertifizierungsinstanz vertrauen. *(Zertifizierungsrichtlinien)*

Folgende Nachteile lassen sich finden:

- Zertifizierungshierarchien sind relativ aufwendig in der Praxis umzusetzen. Jede Zertifizierungsinstanz ist gezwungen die persönliche Kontrolle aller zertifizierten Teilnehmer vorzunehmen. Innerhalb offener elektronischer Netze ist das weltweit sehr schwer möglich, aber nicht unmöglich[8]. Daneben sind rechtliche Vereinbarungen über die Spielregeln der Zertifikate unumgänglich.

- Zertifizierungsinstanzen müssen den Nutzern einen freien Zugang zu den geführten CRLs verschaffen, gleichzeitig aber verhindern, dass ihr privater Schlüssel unbefugt gelesen wird. Das ist nur mit zusätzlicher einbruchsicherer

---

[8] In der „realen" Welt wurden z.B. Reisepässe für die weltweite Identifizierung von Personen geschaffen.

Hardware, den „Tamper resits devices" erreichbar. Unter Umständen führt dies zu nicht unerheblichen Hardwarekosten für die Bereitstellung der nötigen Sicherheit.

- Kommunikationsbeziehungen zwischen Nutzern mit gleichen oder durch Vertrag geregelten Interessen benötigen keine aufwendige hierarchische Zertifizierungsinfrastruktur. Sie können ihre Schlüssel viel einfacher dezentral zertifizieren oder auf eine Zertifizierung verzichten. Homebanking kommt von der Sache her ohne Schlüsselzertifikate aus.

Dezentrale Zertifikate

Personen zertifizieren sich Schlüssel gegenseitig

Anstatt sich Schlüssel von allgemein anerkannten Zentralen zertifizieren zu lassen, kann dies ebenfalls von Personen dezentral, bei der sogenannten „dezentralen Schlüsselzertifizierung", geschehen, die einem hinsichtlich der Identität vertrauen. D.h. nicht eine Zentrale übernimmt den Abgleich zwischen im Zertifikat vorgegebener und wirklicher Identität, sondern ein Bekannter. Jeder der dann das Zertifikat anerkennt, ist so in die sichere Kommunikation eingeschlossen. Allerdings glauben nicht alle demjenigen, der diesen öffentlichen Schlüssel zertifizierte, weil der Betreffende möglicherweise von dezentraler Schlüsselzertifizierung nichts versteht, und alles zertifiziert, was in seinen Rechner kommt. Aus dem Grund sollte der Besitzer eines öffentlichen Schlüssels sich am besten seinen öffentlichen Schlüssel von vielen verschiedenen Leuten, die ihn kennen und denen andere Vertrauen entgegenbringen, unterschreiben lassen. Bekommt umgekehrt jemand einen mehrmals unterschriebenen öffentlichen Schlüssel, überprüft er zuerst alle Unterschriften mit den bereits vorhandenen vertrauenswürdigen öffentlichen Schlüsseln der Unterzeichner. Ist mindestens eine Unterschrift im Zertifikat dabei, die von jemandem geleistet wurde, dem er eine ordnungsgemäße Zertifizierung zutraut (mehrere Varianten sind denkbar), erkennt er den Schlüssel als authentisch an. An-

Vertrauensverhältnis

dernfalls lehnt er ab. Das Vertrauensverhältnis wird in einer Tabelle jedem Besitzer des zur Überprüfung herangezogenen Schlüssels dokumentiert. Die Tabellen ersetzen somit auf sehr individuelle Weise die Zertifizierungsrichtlinien des zentralen Zertifizierungskonzeptes.

2.9 Schlüsselverteilung

Zum großen Nachteil des dezentralen Konzepts tragen die schwer handhabbaren, ungültig gewordenen Schlüsselzertifikate bei. Konnten diese über die Zertifizierungsautoritäten in Schlüsselrückruflisten den CRLs schnell allen Teilnehmern mitgeteilt werden, gelingt es nun nicht mehr. Der Besitzer eines ungültigen Zertifikates kann nur selbst für die Benachrichtigung aller Teilnehmer sorgen. Er stellt einen Schlüsselrückruf an alle möglichen Kommunikationspartner aus, den er selbst unterschreibt. Hat er sogar seinen privaten Schlüssel verloren, gelingt auch das nicht mehr. Andere stellen dann das für ihn benötige Zertifikat aus. Praktisch dürfte diese Variante aber schwer durchführbar sein. Sie birgt die Gefahr, dass Angreifer einen Schlüsselrückruf des öffentlichen Schlüssels ihres Opfers selbst generieren, um ihn vom sicheren Nachrichtenempfang auszuschließen („denial of service attack").

Schlüsselrückruf ist schwer durchführbar

Zusammengefasst ergeben sich folgende Vorteile dezentraler Schlüsselzertifikate:

- Es wird keine zusätzliche Zertifizierungsinfrastruktur im Internet benötigt, womit keine Zertifizierungsautoritäten notwendig sind. Des weiteren entfallen der damit einhergehende Aufwand der Schlüsselverteilung und die notwendigen zentralisierten Kontrollmechanismen der Identitätsprüfung aller Kommunikationsteilnehmer. Vertraglich bestehende Zweierbeziehungen nutzen am besten diese Variante.

Folgende Nachteile lassen sich finden:

- Es ist nicht möglich Zertifizierungsrichtlinien festzulegen, an die sich Aussteller von Schlüsselzertifikaten halten müssen. Wenn dies möglich sein sollte, entsteht das nächste Problem in deren Überwachung; zentrale Komponenten einzuführen würde das dezentrale Konzept konterkarieren. Unter diesen Bedingungen ist der elektronische Handel über mehrere Teilnehmer nicht möglich, schon gar nicht weltweit.

Zertifizierungsrichtlinien

- Ein Rückruf ungültiger öffentlicher Schlüssel durch CRLs ist nicht zentral möglich. Öffentliche Schlüssel sind

Schlüsselrückruf

ungültig, wenn der zugehörige private Schlüssel kompromittiert wurde oder die Angaben des Besitzers des öffentlichen Schlüssels sich geändert haben (Namensänderung, Änderung der eMail usw.). Angreifer könnten zudem selbst Schlüsselrückrufe vornehmen.

Ausschließen von Nutzern

- Es nicht möglich, Nutzer aus der Kommunikation zentral auszuschließen. Nutzer müssen aber aus der sicheren Kommunikation ausgeschlossen werden, wenn sie sich nicht an bestimmte vorgegebene Richtlinien halten, wenn möglicherweise ihr Arbeitsverhältnis beendet ist oder andere Gründe dafür sprechen.

Anwendung dezentraler/zentraler Zertifikate

Die vorgestellten Vor- und Nachteile dezentraler und zentraler Schlüsselzertifikate bestimmen in direkter Weise mögliche Anwendungen. So wählen Personen in konspirativen Kreisen ohne hierarchische Struktur und mit weitgehend gleichen Interessen für die Absicherung ihrer Kommunikation am besten dezentrale Schlüsselzertifikate. Ihnen bleibt somit der Aufwand der Schaffung einer zusätzlichen Zertifizierungsinfrastruktur erspart. Ein anderes mögliches Einsatzgebiet wäre die Kunde-Bank-Kommunikation. Kunde und Bank stehen in einem klaren Vertrauensverhältnis. Da der Kunde sich den Regeln der Bank durch einen Vertrag unterwirft, bedarf es keines zusätzlichen Dritten. Somit können für die Bereitstellung der abgesicherten Kommunikation dezentrale Schlüsselzertifikate genutzt werden, die sich persönlich während des Vertragsabschlusses, am besten per Chipkarte, austauschen lassen.

Zertifizierungsinstanzen moderieren

Hierachische Zertifikate finden bevorzugt Anwendung, wenn sich Kommunikationspartner mit ungeklärtem Vertrauensverhältnis oder widersprüchlichen Interessen gegenüberstehen. Die Zertifizierungsinstanzen fungieren in diesem Beziehungsverhältnis als interesselose Dritte, die zwischen beiden in Identitätsfragen vermitteln. Später vorgestellte Kunden- und Händlerbeziehungen in weltweiten Kreditkartensystemen sind auf die Weise einfach moderierbar. Andere Einsatzgebiete lassen sich dort finden, wo bestehende Hierarchien in einem elektronischen Schlüsselmanagement abgebildet werden sollen.

2.9 Schlüsselverteilung

Anwendungen lassen sich in Betrieben, Behörden, Universitäten und anderswo finden.

2.9.4 Ticket basierter Schlüsseltausch

Der ticketbasierte Schlüsseltausch unterscheidet sich grundlegend von den bis hierher vorgestellten Arten des sicheren Schlüsseltausches. Vorwiegend werden damit symmetrische Schlüssel an die Nutzer bestimmter Ressourcen verteilt. Dies ist mit den elementaren Vorbereitungen eines Theaterbesuchs vergleichbar. Der Besucher kauft sich an einer Theaterkasse eine Eintrittskarte (Ticket), die er vor der Veranstaltung gegen die anschließend gebotene Dienstleistung eintauscht. Im Internet ist die Vorgehensweise äquivalent.

1. Möchte ein Kunde K mit einem bestimmten Händler H sicher kommunizieren oder sich bei ihm für die Inanspruchnahme besonderer Dienste ausweisen, fordert er im ersten Schritt bei der Ticket-Zentrale ein Ticket für einen bestimmten Händler an. Die Zentrale verschlüsselt für den Kunden lesbar zwei Einträge. Das Ticket sowie den für Kunde und Händler gemeinsamen Schlüssel S_{KH}. Das Ticket selbst kann nur der Händler entschlüsseln. Es befinden sich Daten darin, die den Kunden gegenüber dem Händler zweifelsfrei ausweisen sowie ebenfalls der Schlüssel S_{KH}.

2. Im zweiten Schritt entschlüsselt der Kunde die empfangene Nachricht. Er ist im Besitz des für ihn unentschlüsselbaren Tickets und des Schlüssels S_{KH}.

3. Das Ticket bekommt im dritten Schritt der Händler, der sich nach dem Entschlüsseln von der Identität des Kunden anhand der vorgefundenen Daten überzeugt. Weiterhin findet er den Schlüssel S_{KH} vor. Kunde und Händler sind anschließend in der Lage eine verschlüsselte Kommunikation aufzubauen.

Im vorgestellten Verfahren vertrauen Kunde und Händler gemeinsam der Seriosität und der Sicherheit der Ticket-Zentrale, der jeder Schlüssel bekannt ist. Ihr kommt somit eine wichtige Stellung zu, die für Kunden in Abonnentenbeziehungen mit

Ticket-Zentrale

Händlern nicht geheimer Information (Aktienkurse, Zeitungsartikel etc.) akzeptabel sein kann. Ist die Ticket-Zentrale verwundbar, d.h. gelingt es einem Angreifer bei ihr befindliche Schlüssel auszuspähen (sie muss bekanntlich mit jedem Kunden und Händler für die Ticketverschlüsselung einen Schlüssel, abgespeichert in den jeweiligen Nutzerkonten, teilen), kann er heimlich eine Ticketgenerierung für eigene Zwecke durchführen. Die Anforderungen an die Sicherheit sind demnach sehr hoch.

Kerberos

Aufgrund der Einfachheit und der Anwendung schneller symmetrischer Verschlüsselungsverfahren benutzen viele, meist lokale Rechnernetze den ticketbasierten Schlüsseltausch für die Bereitstellung zentraler Dienste. Es hat die Aufgaben Authentifikation der Nutzer und Schlüsselverteilung zu übernehmen. Das unter dem Namen Kerberos bekannte Ticketverfahren wurde am MIT als Teil des Athena-Projekts [44] entwickelt.

2.10 Das deutsche Signaturgesetz (SigG)

rechtsverbindliche Signatur

Dank der Regelungswut deutscher Behörden entstand in Deutschland - immerhin als erstem Land der Welt - im Jahre 1997 ein Gesetz zur rechtsverbindlichen Signatur. Die Bedeutung dieses Schrittes im Kontext des zunehmenden elektronischen Handels darf wiederholt erwähnt werden, stellt dieses Gesetz auf das günstigste die notwendigen organisatorischen Maßnahmen einer sicheren Authentifizierung der Handelspartner bereit.

Das Signaturgesetz ist im Artikel 3 des Gesetzes zur Regelung der Rahmenbedingungen für Informations- und Kommunikationsdienste (IUKDG) formuliert. Vorrangiger darin definierter Zweck ist es, eine Sicherheitsinfrastruktur aufzubauen, durch die eine Zuordnung von öffentlichen Signaturschlüsseln zu ihren Besitzern möglich wird und die Grundlage für die elektronische Unterschrift von Dokumenten bildet. Es stellt genau die Dinge durch organisatorische Begleitmaßnahmen sicher, die technisch derzeit unerfüllbar blieben.

2.10 Das deutsche Signaturgesetz (SigG)

Eine Gleichsetzung der digitalen Unterschrift mit der herkömmlichen Unterschrift wurde nicht vorgenommen, vielmehr soll durch tatsächliche Sicherheit Vertrauen in die digitale Signatur geschaffen werden. In den Begriffsbestimmungen in § 2 wird unter digitaler Signatur „ ... ein mit einem privaten Schlüssel erzeugtes Siegel zu digitalen Daten, das mit Hilfe eines zugehörigen öffentlichen Schlüssels, der mit einem Signaturschlüssel-Zertifikat einer Zertifizierungsstelle oder der Behörde nach § 3 versehen ist, den Inhaber des Signaturschlüssel und die Unverfälschbarkeit der Daten erkennen läßt ... " verstanden. Das Zertifikat im Sinne des Gesetzes ist eine für andere nachvollziehbare Bescheinigung über Zuordnung zwischen Nutzer und natürlicher Person. Die Zuordnung nimmt die Zertifizierungsstelle für die Nutzer bzw. die zuständige Behörde für die Zertifizierungsstellen vor. Die festgelegte Infrastruktur ist somit eine hierarchische zweistufige Zertifizierungsinfrastruktur und klammert in der Gesetzgebung dezentrale Mechanismen aus. Der im Buch vorgenommene Vergleich zwischen beiden Zertifizierungsarten gibt Gründe dafür.
<small>keine Gleichsetzung digitaler Unterschriften mit herkömmlichen Unterschriften</small>
<small>Behörde</small>

Damit eine Zertifizierungsstelle Zertifikate ausstellen darf, muss die zuständige Behörde, die gleichzeitig Wurzelzertifizierungsinstanz ist, ihr eine Genemigung erteilen. Der Behörde kommt in dieser Position eine vertrauensvolle Aufgabe zu und ihr obliegen nach § 3 des SigG die Erteilung von Genehmigungen und die Ausstellung von Zertifikaten, die zum Signieren eingesetzt werden, sowie die Überwachung der Einhaltung des Signaturgesetzes und der Rechtsverordnung (Signaturverordnung) nach § 16 des SigG.
<small>Zertifizierungsstelle</small>
<small>Signaturverordnung</small>

In der Rechtsverordnung nach § 16 des SigG wird die Bundesregierung ermächtigt, Rechtsvorschriften zu erlassen, die nähere Einzelheiten des Verfahrens der Erteilung, Rücknahme und des Widerrufs einer Genehmigung sowie des Verfahrens bei Einstellung des Betriebes einer Zertifizierungsstelle, Gebühren, Pflichten der Zertifizierungsstelle, die Gültigkeitsdauer von Signaturschlüsselzertifikaten, die Kontrolle der Zertifizierungsstelle, Anforderungen an technische Komponenten sowie den Zeitraum, das Verfahren, nach dem eine digitale Signatur angebracht werden sollte, bestimmen. Die in der Signaturverordnung festgelegten Rechtsvorschriften traten durch § 19 (Signaturverordnung, SigV) am 1. November 1997 in Kraft. Neben der Behandlung obiger Punkte führt die zuständige Behörde zwei Kataloge von Sicherheitsmaßnahmen, die nach Angaben des BSI erstellt werden.

Maßnahmenkatalog — Im Maßnahmenkatalog zu § 12 werden Sicherheitsmaßnahmen formuliert, die bei der Erstellung eines Sicherheitskonzeptes für eine Zertifizierungsstelle berücksichtigt werden sollen. Das Sicherheitskonzept nach § 4 Abs. 3 des SigG hat alle Sicherheitsmaßnahmen sowie insbesondere eine Übersicht über die eingesetzten technischen Komponenten und eine Darstellung der Ablauforganisation der Zertifizierungstätigkeit zu enthalten.

Der zweite Maßnahmenkatalog nach § 16 des SigV beschreibt Anforderungen an die technischen Komponenten.

2.10.1 Dienstleistungen einer Zertifizierungsstelle

zweistufige Hierarchie von Zertifizierungsstellen — Nach dem Gesetz wird eine zweistufige Hierarchie von Zertifizierungsstellen etabliert. Die „zuständige Behörde" übernimmt die Rolle der Wurzelinstanz und zertifiziert ausschließlich bestimmte öffentliche Signaturschlüssel genehmigter Zertifizierungsstellen. Diese wiederum zertifizieren ausschließlich die öffentlichen Signaturschlüssel der angeschlossenen Teilnehmer. Grundsätzlich stellt die Zertifizierungsstelle die folgenden Dienstleistungen bereit. Diese beinhalten das Generieren eigener Schlüssel, die Identitätsfeststellung (einschließlich Registrierung) der Teilnehmer, die Zertifizierung öffentlicher Teilnehmerschlüssel, die Personalisierung der Signierkomponenten bei Teilnehmerschlüsselgenerierung durch die Zertifizierungsstelle, den Verzeichnisdienst, den Zeitstempeldienst und bei Bedarf die Schlüsselgenerierung für die Teilnehmer.

2.10 Das deutsche Signaturgesetz (SigG)

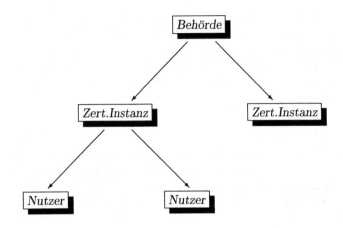

Abbildung 2.17: Zertifizierungsinstanz nach deutschem Signaturgesetz

Schlüsselgenerierung für die Zertifizierungsstellen

Die Zertifizierungsstelle muss ein Schlüsselpaar erzeugen, welches für die Zertifizierung der öffentlichen Schlüssel der Teilnehmer benötigt wird. Das kann nur innerhalb einer sicheren Umgebung stattfinden. Die Aufgabe der Schlüsselerzeugung wird vom Schlüsselerzeugungsdienst wahrgenommen.

Identitätsfeststellung

Alle Teilnehmer müssen sich gegenüber der Zertifizierungsstelle ausweisen. Bei positiver Identitätsfeststellung wird ihm ein eindeutiger Name zugewiesen, unter dem er später dann seine digitalen Signaturen erzeugt. Der Name kann gegebenenfalls auf Wunsch in Form eines Pseudonyms zugeteilt werden. Die Aufgabe der Identitätsfeststellung wird von der Registrierungsstelle wahrgenommen.

Ausweisen gegenüber der Zertifizierungsstelle

Zertifizierung öffentlicher Teilnehmerschlüssel

Die Zertifizierungsstelle hat für jeden Teilnehmer ein Schlüsselzertifikat zu erzeugen, das unter anderen ein Identifizierungs-

Schlüsselzertifikat

merkmal, den öffentlichen Schlüssel des Teilnehmers und einen Gültigkeitszeitraum beinhaltet. Diese Inhalte werden authentisch und unverfälschbar durch die digitale Signatur, die mittels des privaten Schlüssels der Zertifizierungsstelle gebildet wird, miteinander verknüpft. Der Zertifizierungsdienst nimmt diese Aufgabe wahr.

Personalisierung

Wenn der private Schlüssel des Teilnehmers durch die Zertifizierungsstelle generiert wird, muss er auf einer geeigneten Signierkomponente (z.B. Chipkarte) gespeichert werden (Personalisierung). Zusätzlich muss das Benutzer-Authentisierungsverfahren der Signierkomponente (z.B. Passwort oder biometrische Merkmale) aktiviert werden. Der Personalisierungsdienst nimmt diese Aufgabe wahr.

Verzeichnisdienst

Ein Verzeichnis muss authentisch und integer alle Schlüsselzertifikate aller Teilnehmer dieser Zertifizierungsstelle enthalten. Eine Sperrliste beinhaltet alle gesperrten Zertifikate und erhält Auskunft über den Zeitpunkt des Eintretens der Sperrung. Die Sperrinformation sind jederzeit für jeden abrufbar zu halten.

Zeitstempeldienst

Verknüpfen von Daten mit Zeitangaben

Wie bereits in Abschnitt 2.8 beschrieben, verknüpft der Zeitstempeldienst die digitalen Daten mit der aktuellen Zeit und das Ergebnis wird anschließend von diesen digital signiert. Die so unterschriebenen Daten werden an den Teilnehmer zurückgeschickt.

Schlüsselgenerierung für die Teilnehmer

Verfügen Teilnehmer nicht über selbst generierte Schlüsselpaare, ist von der Zertifizierungsstelle ein Schlüsselpaar aus öffentlichen und privaten Schlüssel bereitzustellen. Den privaten Schlüssel nutzt der Teilnehmer für die Bildung digitaler Signaturen.

2.10 Das deutsche Signaturgesetz (SigG)

Der öffentliche Schlüssel wird für die Verifikation der Signatur benötigt. Der private Schlüssel ist nach der Übergabe an den Teilnehmer wirkungsvoll zu löschen. Trivialerweise darf jedes erzeugte Schlüsselpaar nur einmal vorkommen. Eine Zuordnung des Schlüsselpaares zu dem Teilnehmer kann ebenfalls nur in authentischer Weise erfolgen. Diese Aufgabe nimmt der Schlüsselerzeugungsdienst wahr.

2.10.2 Technische Maßnahmen

Technische Komponenten müssen nach § 16 SigV Absatz 1 einmalige Signaturschlüssel bereitstellen und eine sichere Abspeicherung und deren Geheimhaltung gewähren. Nach Absatz 2 müssen die technischen Komponenten zur Erzeugung oder Prüfung digitaler Signaturen so beschaffen sein, dass aus der Signatur nicht der private Schlüssel errechnet oder die Signatur auf andere Weise gefälscht werden kann. Zusätzlich darf der private Signaturschlüssel erst nach Identifikation des Inhabers durch Besitz und Wissen angewendet werden können und bei der Anwendung nicht preisgegeben werden.

einmalige Signaturschlüssel

Im dritten Absatz § 16 wird auf die technischen Komponenten eingegangen, die für die Darstellung zu signierender Daten erforderlich sind. Uns als Problem bereits bekannt, muss die signierende Person die Daten, auf die sich die Signatur erstrecken soll, eindeutig bestimmen können, das Signieren darf nur auf Veranlassung hin erfolgen und dieser Vorgang ist eindeutig anzuzeigen (d.h. kein Virus bzw. trojanisches Pferd beispielsweise eine Signierung einleitet, bzw. den Inhalt verstellt anzeigt). Technische Komponenten, in denen Zertifikate (nach § 4 Abs. 5 Satz 3 oder § 5 Abs. 1 Satz 2 SigG) bzw. Zeitstempel erzeugt werden, unterliegen nach § 16 ebenso besonderen Anforderungen (Absatz 4 und Absatz 5).

Als kryptographische Verfahren werden Verfahren vorgeschlagen, die für die kommenden sechs Jahre (ab 1997) als geeignet anzusehen sind. Man stützte sich dabei auf die am wichtigsten praxisrelevanten Algorithmen, deren kryptographische Eigenschaften aufgrund der heute vorliegenden Ergebnisse langjähriger Diskussionen und Analysen am besten eingeschätzt

kryptographische Verfahren

werden können. Andere Verfahren sind denkbar, wenn deren Eignung durch das BSI von der zuständigen Behörde festgestellt wird. Die kryptographischen Verfahren beziehen sich auf Hashverfahren, von denen die Hashfunktionen RIPEMD 160 und SHA-1 als ausreichend sicher gelten.

Zufallszahlen

Als Signaturalgorithmen werden RSA, DSA und DSA Varianten (basierend auf elliptischen Kurven) vorgeschlagen. Als Grundlage sicherer Schlüssel dient entweder vor jeder Schlüsselberechnung ein „echter" Zufallswert oder wenn dies nicht zu realisieren ist, eine pseudozufällige Zahlenfolge, generiert aus einem „echten" zufälligen Startwert. Verschlüsselungsverfahren werden nicht vorgeschlagen, da sie beim Signieren von Daten keine Rolle spielen.

2.11 Spezielle Themen im ECommerce

2.11.1 Unleugbare Unterschriften

Kooperation mit Unterschreibenden ist notwendig

Die Idee der Unleugbaren Unterschriften geht auf DAVID CHAUM [26] zurück. Diese besondere Form der elektronischen Signatur hängt wie die herkömmliche digitale Unterschrift von der unterschriebenen Nachricht sowie zusätzlich von einem Schlüssel ab. Anders als bei den digitalen Unterschriften kann die unleugbare Unterschrift nicht ohne Kooperation des Unterschreibenden überprüft werden.

Der praktische Nutzen unleugbarer Unterschriften ist demnach offensichtlich. Möchte jemand große Einnahmen elektronischen Geldes an der Steuer vorbei auf einem anonymen Konto in steuerfreien Internetwelten deponieren, braucht er nur noch seine unleugbare Unterschrift der Internetbank hergeben.

Bestätigungs-/Ablehnungsprotokolle

Zur Festellung der Gültigkeit oder Ungültigkeit werden sogenannte „Bestätigungs"-Protokolle bzw. „Ablehnungs"-Protokolle herangezogen, unter, wie schon eingangs erwähnt, notwendiger Kooperation des Unterschreibenden. „Bestätigungs"-Protokolle geben mit sehr hoher (praktisch ausreichend hoher) Wahrscheinlichkeit dem Überprüfenden Gewißheit, dass die Unterschrift mit der Nachricht und dem Schlüssel des Unterschreibenden korrespondiert. Im „Ablehnungs"-Protokoll gibt der Kontrollierte dem Überprüfer eine sehr hohe Gewißheit, dass die Unterschrift nicht mit der Nachricht und dem öffentlichen Schlüssel des Unterschreibenden korrespondiert.

2.11.2 Blinde Unterschriften

Wenn Person B ein ihm unbekanntes Dokument für Person A unterschreibt, leistet er blind eine Unterschrift. Das Schema zur Erzeugung blinder Unterschriften wurde ebenfalls von DAVID CHAUM vorgestellt und patentiert und lässt sich recht einfach auf sehr anschauliche Weise erklären.

<small>David Chaum</small>

Die Person A legt ein Dokument N mit Blaupapier in einen Briefumschlag. Nach Erhalt des Briefumschlages stempelt ihn Person B mit seinem persönlichen Stempel „kräftig" ab (er sieht das Dokument nicht). Aufgrund des Blaupapiers befindet sich nun der Stempelabdruck (Bs Unterschrift) durchgedrückt auf dem Dokument. Nachdem A im Anschluss den Briefumschlag entfernte, liegt das Dokument mit Bs Stempel unterschrieben vor.

In der eben vorgestellten Variante scheint das Verfahren wenig sinvoll zu sein. Das unterschriebene Dokument könnte im Nachhinein alles von B verlangen. Sinvolle Anwendungen lassen sich trotzdem finden. Die einfachste Anwendung nutzt die elektronische Unterschrift als Empfangsbestätigung elektronischer Waren im Internet. Der Empfänger unterschreibt dabei blind die empfangenen noch verschlüsselten Daten, kopiert sie sich anschließend und sendet die blinde Unterschrift zurück. Nachdem der Händler sich von der Unterschrift überzeugte, bekommt der Kunde die Möglichkeit die Nachricht zu entschlüsseln. Unabhängig vom Inhalt bestätigte der Kunde bereits den Empfang, kann ihn nicht abstreiten und der Händler besitzt somit ein Recht, eine vereinbarte Gegenleistung zu erhalten.

<small>Empfangsbestätigung elektronischer Waren</small>

elektronische Schecks

Komplizierter sieht es dagegen bei blind unterschriebenen gedeckten Schecks einer Bank aus. Der Scheckaussteller, im elektronischen Handel der Kunde, möchte nicht, dass die Bank den Scheck sieht, denn verbündet sie sich mit Händlern, lässt sich genau der Weg des „Geldes" verfolgen. Ohne Frage sollte die Bank, die den Scheck unterschreibt, vorher wissen, ob es sich um die vereinbarten hundert Mark oder, betrügerischerweise, tausend Mark handelt. Einmalig sollte der Scheck auch sein, um doppelte Einspielungen nach Kopieren der Daten zu vermeiden. Etwas erweitert erfüllt obiges blindes Signaturverfahren auch diese Ansprüche.

1. Der Kunde erzeugt eine bestimmte Anzahl von Schecks (z. B. 10) die er einzeln mit gleichem Geldbetrag und einer zufälligen Seriennummer versieht. Nach Verschließen in Briefumschlägen mit eingelegtem Blaupapier bekommt die Bank die Briefe.

2. Die Bank greift sich wahllos aus zehn Briefen einen heraus, der geschlossen bleibt. Befindet sich in allen restlichen neun Briefen immer der gleiche Geldbetrag, ist anzunehmen, dass auch im verschlossenen Brief der darin enthaltene Scheck mit einer Wahrscheinlichkeit von 90 % auf den selben Betrag lautet. Abgestempelt von der Bank wird er anschließend zurückgesandt.

3. Der Scheck ist seit dem Zeitpunkt des Abstempelns gültig und durch Abheben des Gegenwertes vom Kundenkonto gedeckt. Bezahlt der Kunde später mit dem Scheck bei einem Händler, der den empfangenen Scheck bei der Bank einreicht, gelingt ihr kein Zurückverfolgen des Weges des „Geldes" mehr. Alle Schecks sehen gleich aus und die Seriennummer ist ihr unbekannt. Die Gültigkeit des Schecks wiederum beweist die blind geleistete Unterschrift der Bank, die Seriennummer verhindert doppelte Einzahlungen.

ecash

Einzusehen ist natürlich, dass das System sinnvoll nur elektronisch funktioniert. Daten ersetzen die Briefumschläge und je höher deren Anzahl desto geringer die Wahrscheinlichkeit eines möglichen Betrugs. Das in einem späteren Kapitel vorgestellte ecash-Zahlungssystem, welches sich bei der Deutsche Bank

2.11 Spezielle Themen im ECommerce

bereits in einem ersten Feldversuch befindet (andere Banken außerhalb Deutschlands nutzen ecash schon), ist ein Beispiel.

2.11.3 Verhindern der Wiedereinspielbarkeit von Daten

Die einfache Kopierbarkeit elektronischer Daten stellt ein grundlegendes Problem elektronischer Zahlungsmittel dar. Jede elektronische Münze doppelt eingezahlt, führt zur unerlaubten Geldmengenerhöhung.

Zwei vorgestellte Verfahren zeigen wie sich auf wirksame Weise dem Missbrauch doppelt eingezahlter Münzen begegnen lässt. Es sei hier jedoch betont, dass vom technischen Standpunkt her betrachtet es wenig Sinn macht, zwischen Original und Kopie bei elektronischen Informationen zu unterscheiden. Unterschiede ergeben sich nur aus dem Zeitpunkt ihrer Erzeugung. Andernfalls kann jedoch eine Kopie dazu dienen, verlorengegangene Daten wiederzubeschaffen.

Original und Kopie sind ununterscheidbar

Online Verfahren

Die einfachste Möglichkeit doppelte Einzahlungen zu verhindern, zeigte uns bereits das Authentifizierungssystem mit TANs. TANs sind von der Bank ausgegebene Zahlen, die sie sich in einer Tabelle notierte, und nur einmalige Gültigkeit besitzen. Reicht jemand die TAN-Nummer ein, wird ihr korrespondierender Wert in der Tabelle gestrichen, wenn er dort aufzufinden ist. Andernfalls liegt eine versuchte doppelte Einzahlung vor oder der Angreifer versuchte, selbst generierte TANs zu erzeugen.

So einfach die Lösung auch ist, bestehen bezüglich ihres Einsatzes in elektronischen Zahlungssystemen noch Probleme. Angenommen der Kunde bekommt von einer Bank elektronische Münzen, die er einem Händler auszahlt. Der Händler ist nicht in der Lage die Echtheit der eMünzen festzustellen.

elektronische Zahlungssysteme

Er muss aus dem Grund die Gültigkeit des Zahlungsmittels bei der ausgebenden Bank erfragen. Diese werden über

Abbildung 2.18: Online-Überprüfung auf doppelte Einzahlung von Zahlungsmitteln

den Händler direkt bei der ausgebenden Bank eingezahlt. Auf die Art und Weise, genannt online-Verfahren zur Überprüfung doppelter Einzahlungen, ist feststellbar, ob der Kunde versucht dem Händler schon eingezahlte Münzen unterzuschieben, oder der Händler gleiches bei der Bank vorhatte.

Offline-Verfahren

doppeltes Einzahlen wird von vornherein verhindert

Ein großer Nachteil der Online-Variante bleibt: Werden viele Geschäfte gleichzeitig zu sehr niedrigen Preisen abgewickelt, ist die Belastung der Verbindung zwischen Bank und Händler nicht zu unterschätzen; für Bezahlanwendungen außerhalb von schnellen Rechnernetzen vielleicht gar nicht praktisch möglich. Aus diesem Grund wurden sogenannte offline-Verfahren entwickelt, die ein doppeltes Einzahlen elektronischer Münzen von vornherein verhindern.

In der einen Variante ist das nur mit spezieller Hardware möglich. Eine solche Hardware, im Folgenden als Geldkarte bezeichnet, nimmt die Interessen der Bank wahr, und gibt auf ihr geladene Münzen, vergleichbar mit Telefonkarten, nur einmal aus. Da Telefonkarten kein echtes Geld bergen, sondern nur Werteinheiten für festgelegte Dienstleistungen, sind die Anforderungen an wiederaufladbare Geldkarten ungleich größer, so dass zur Sicherung der Zahlungsmittelmenge oft eine weitere organisatorische Sicherheitskomponente die Hardware begleitet:

Schattenkonten

Schattenkonten, welche die Bank für jede elektronische Geldkarte führt. Jede mit einer Karte ausgegebene und von einem Händler zu einem späteren Zeitpunkt der Bank eingezahlte elektronische Münze muss sich mit dem Wert des Schattenkontos aufheben, da die Bank jeden Aufladevorgang der Karte überwacht. Kontrolliert die Bank regelmäßig diese Toleranzen

2.11 Spezielle Themen im ECommerce

Abbildung 2.19: Offline-Überprüfung doppelter Einzahlung von Zahlungsmitteln

und liegt dem Bezahlsystem eine gerichtete Dreiecksbeziehung zugrunde, kann sie bei Störungen des Gleichgewichtes regelnd in den Zahlungsvorgang eingreifen, um Betrügereien auf diesem Weg zu begegnen. Eine gerichtete Dreiecksbeziehung meint, dass Kunden nur in der Lage sind ihr elektronisches Geld bei Händlern ausgeben zu können, die wiederum dieses Geld der Bank einzahlen müssen. Der Händler selbst kann es nicht für Einkäufe benutzen. *gerichtete Dreiecksbeziehung*

Eine andere, sehr viel cleverere Variante lässt doppelte Zahlungen eines Zahlungsmittels zu. Das schließt insbesondere den Vorteil der erneuten Übertragung von Münzen, wenn diese auf irgend einer Weise im Übertragungsmedium verlorengingen, ein. Was zählt ist nicht der aktuell eingezahlte Wert, sondern die Differenz des eingezahlten Wertes mit dem Wert der vorhergehenden Münze. Das später im Buch vorgestellte Zahlungssystem PayWord (siehe Kapitel 4.4.1) macht von dieser anscheinend ungewöhnlichen offline-Variante Gebrauch. Der Systembetreiber muss lediglich für die Unfälschbarkeit des Zahlungsmittels sorgen, was jedoch mit digitalen Unterschriften kein Problem darstellt. *doppelte Zahlungen werden zugelassen*

2.11.4 Schlüsselaufteilung

Mit der von ADI SHAMIR[55] im Jahre 1979 eingeführten Technik des „secret sharing" (geteiltes Geheimnis) ist es möglich, ein Geheimnis in mehrere Teilgeheimnisse aufzuteilen. Nur wenn eine bestimmte Anzahl der Teilgeheimnisse vorliegt, ist das ursprüngliche Geheimnis rekonstruierbar. *Aufteilung von Geheimnissen in Teilgeheimnisse*

- Ein Beispiel sind Banktresore mit mehreren Schlüsseln. Kommen diese gleichzeitig durch verschiedene Personen zur Anwendung, lässt sich der Tresor öffnen.
- Ebenso wird die Generierung des ec-Karten Institutsschlüssels aus Kapitel 2.6.3 über mehrere Personen realisiert. Das Geheimnis wird zwischen Automatenaufsteller und dem Betreiber aufgeteilt.
- Ein anderes Beispiel sind elektronische Verträge konkurrierender Partner, die erst dann rechtsgültig werden, wenn mehrere Personen unterschreiben.
- Verschlüsselung vertraulicher Daten ist für Firmen sinnvoll. Nur müssen sie aber beachten, dass Schlüsselverluste oder der Verlust von Passwörtern nach dem Ausscheiden von Mitarbeitern - im Guten wie im Bösen - nicht zu unwiederbringlichem Datenverlust führt. Der Datenverlust kann immense Kosten hervorrufen, wenn das Erstellen der Daten mit einem hohen Bearbeitungsaufwand verbunden ist oder die Daten an sich einen hohen Wert repräsentieren.

Alle angewandten Schlüssel und Passwörter sind aus dem Grund bei einer Vertrauenstelle zu hinterlegen. Um die Macht der Vertrauensstelle abzuschwächen - die ohne Gegenmaßnahmen in der Lage wäre, alle Dokumente zu lesen - eignet sich das Prinzip des geteilten Geheimnisses. Nur mehrere Personen, wie im vorangegangenen Banktresorbeispiel, sind gezwungen gemeinsam den verlorenen Mitarbeiterschlüssel zu rekonstruieren. Verfolgen diese Personen unterschiedliche Interessen, die jedoch bei Bedarf, also im Falle der Beschaffung des unentschlüsselbaren Dokumentes zum beiderseitigen Vorteil kooperieren, könnte dies zu einer höheren Akzeptanz der Vertrauensstelle führen.

Wie funktioniert „secret sharing"?

ADI SHAMIR schlug vor, einfach Mehrdeutigkeiten von Lösungen mathematischer Aufgaben heranzuziehen. Beispiels-

2.11 Spezielle Themen im ECommerce

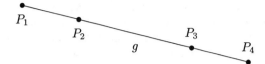

Abbildung 2.20: Geteiltes Geheimnis. Nur zwei Punkte (Geheimnisse) der vier sind für die spätere Rekonstruktion der Geraden g (dem aufgeteilten Geheimnis) notwendig.

weise ist die Lage einer Geraden eindeutig durch mindestens zwei unterschiedliche Punkte festgelegt. Wo aber diese Punkte liegen, vorausgesetzt sie liegen auf der Geraden, ist egal. Die gestellte Aufgabe wäre also: Gebe zwei Punkte einer vorgegebenen Geraden an. Die Lösung der Aufgabe ist mehrdeutig, aber nicht beliebig.

ausnutzen von Mehrdeutigkeiten

Nehmen wir jetzt an, die Lage der Geraden stellt das Geheimnis dar, dann sind die einzelnen Punkte Teilgeheimnisse. Besitzt jemand also ein solches Teilgeheimnis, kann er solange nichts ausrichten, bis ein Zweiter ebenfalls sein Teilgeheimnis, den zweiten Punkt, beisteuert und sie gemeinsam die Gerade, d.h. das Geheimnis rekonstruieren. Das Geheimnis wurde so durch mindestens zwei notwendige Teilgeheimnisse rekonstruiert.

Das von ADI SHAMIR vorgestellte System verwendet natürlich nicht simple Geraden, sondern stellte eine allgemeine Lösung des Problems des „secret sharing" mit Hilfe von Polynomen vor, in dem vorher festgelegt notwendig viele Teilgeheimnisse für die Rekonstruktion des Geheimnisses angewandt werden müssen, Obige Gerade stellte das einfachste Polynom, ein Polynom mit dem Grad eins, dar. Quadratische Polynome, Polynome mit dem Grad zwei, benötigen für ihre eindeutige Definition mindestens drei unterschiedliche Punkte, kubische Polynome, mit dem Grad drei, mindestens vier Punkte. Wird

Polynome

demnach ein Geheimnis über mindestens n-Personen aufgeteilt, dann ist ein Polynom $(n-1)$ten Gerades anzuwenden. Die $m \geq n$ Personen bekommen m unterschiedliche Punkte, welche m Teilgeheimnisse repräsentieren, von denen jedoch beliebige n verschiedene Punkte für die Rekonstruktion des vorher aufgeteilten Geheimnisses ausreichen.

2.11.5 Anonymität

Marktforschungs-institute benutzen Kundenprofile

Verschlüsselte Daten verbergen ihren Inhalt, doch die Tatsache allein, dass Daten gesandt werden, kann für Angreifer ausreichend sein. So sind Marktforschungsinstitute immer daran interessiert, Kundenprofile zu erstellen. Vier grundlegende Arten der Anonymität gibt es, die auf unterschiedliche Weise versuchen, eine gewisse „Privatsphäre" bereitzustellen.

Anonymität des Empfängers

Die Anonymität des Empfängers läßt sich durch Senden der Nachricht an viele Teilnehmer erreichen. Nachrichten in einer allgemeinen Zeitungsanzeige oder auf einer Webseite veröffentlicht, enthalten über den Empfänger keine Anhaltspunkte.

Anonymität des Senders

Pseudonyme

Die Anonymität des Senders ist mit Pseudonymen möglich oder durch das Aufteilen der Nachricht in einzelne Teile mit mehreren Absendern. Der Empfänger kennt nur die Gruppe, aber nicht den Einzelnen. Eleganter erreicht man den Effekt mit Mixen.

Anonymität der Kommunikationsbeziehung

Privatsphäre

Die Anonymität der Kommunikationsbeziehung (Privatsphäre) wird durch Mixe erreicht. Mixe sind Geräte, die bei jeder eingehenden Mail die Absenderkennung durch eine beliebige, nur für das Mix nachvollziehbare Nummer ersetzt und anschließend an den Empfänger weiterleitet. Ein Angreifer sieht zwar die Kommunikation zwischen Mix und Sender bzw. zwischen Mix und Empfänger, darf aber beide Kommunikationsschritte nicht in Korrelation zueinander setzen können. Erreicht wird dies

2.11 Spezielle Themen im ECommerce

durch die Verwendung von unterschiedlichen Pseudonymen und der Gewährleistung, dass immer irgendwelche, notfalls sinnlose Nachrichten anderer Sender oder Pseudonutzer das Postfach zu definierten Zeitpunkten[9] verlassen.

sinnlose Nachrichten

Der Finne JOHAN HELSINGIUS betrieb solch ein Mix eine Zeit lang. Wer Gründe hatte seinen Namen zu verheimlichen, schickte seine eMails an seinen Rechner. Der ersetzte die Absenderadresse durch einen Zahlenschlüssel und leitete die Nachricht weiter. Trafen Antworten ein, wurden sie wieder über eben diesen Rechner dem Absender zugeteilt. Die ganze Sache hatte jedoch Haken, an die der Gründer anfangs nicht dachte. Zum großen Missfallen versandten immer mehr Anbieter von dubiosen Dienstleistungen über JOHAN HELSINGIUS Rechner anonym ihre Angebote. Die Mails ließen sich ohne Absender nicht wirkungsvoll bei den erbosten Empfängern automatisch löschen. Ein anderes großes Problem entstand, als jemand anonym interne Schriften der Scientology Sekte veröffentlichte. Die Sekte forderte umgehend den Mixbetreiber auf, die Absenderadresse herauszugeben. Als die Sekte allein durch Drohungen nichts erreichte, griffen sie zu härteren Mitteln. In der Presse behauptete man kurz darauf, er fördere den anonymen Vertrieb von Kinderpornographie. Entnervt gab er fürs erste den Betrieb seines Mixes auf.

Anonymität der Nachricht vor dem Sender

Skurril mutet dagegen die Anonymität der Nachricht vor dem Sender an. Der sollte doch wenigstens wissen, was er sandte. Stellen Sie einfach Ihrem Gesprächspartner mehrere Fragen, um die eigentlich Wichtige herum, und Ihr Gegenüber ahnt nicht welche Information Sie wirklich wollten.

Besitzt ein Anbieter im Internet mehrere Informationen, die zur Auswahl stehen, Börsenkurse beispielsweise, ist das

---

[9] Die Tatsache ob eine Nachricht gesandt wird oder nicht, birgt bereits erheblich mehr Information für Angreifer als gemeinhin angenommen wird. Verschlüsselte Nachrichten mit vermuteten Signalcharakter („wir überfallen eine Bank") sind nicht unbedingt zu verstehen, wenn bekannt sein dürfte, was passieren wird.

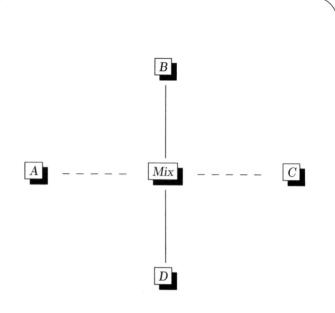

Abbildung 2.21: Der Empfänger kennt als Absender nur das Mix.

2.11 Spezielle Themen im ECommerce

Schema zwischen A als Sender und B als Empfänger ähnlich. A preist n Aktienkurse $K_1, \ldots, K_n$ auf einer Web-Seite an. B wählt sich seine gewünschten und beliebig weitere zufällig aus. A sendet B die Kurse verschlüsselt[10] und durchnummeriert zu, B wählt sich die benötigte Info aus und sendet sie mit seinem Schlüssel zusätzlich verschlüsselt zurück. A entfernt den eigenen Schlüssel. Nun ist die Information noch durch Bs Schlüssel vor A geschützt. Anschließend erhält B das Resultat. Zuletzt entfernt dieser seinen Schlüssel und bekommt den aktuellen Kurs. Will A festellen, welchen Kurs B bezog, kann A unter den ausgewählten nur raten.

Der praktische Sinn der Anonymität der Nachricht vor dem Sender ist einleuchtend. Finanzstarke Kunden die über das Internet mit Aktien spekulieren und somit direkt Aktienkurse beeinflussen, möchten dem Kursinformationsverkäufer nicht die Anlagestrategie verraten.

2.11.6 Elektronische Wasserzeichen mit Hilfe steganographischer Verfahren

Steganographie versteckt zu übertragende Nachrichten hinter unverfänglichen Daten, damit kein Verdacht einer geheimen Kommunikation zwischen zwei Kommunikationspartnern aufkommt. Im Elektronic Commerce ist nicht das Verstecken von Informationen vorrangiges Ziel. Steganographie wird vielmehr dazu eingesetzt, in Computerbildern elektronische Wasserzeichen einzubringen die optisch nicht wahrzunehmen sind. Besteht der Verdacht einer Verletzung von Autorenrechten, wäre es mit elektronischen Wasserzeichen möglich, die Herkunft zu bezeugen. Bei den versteckten Daten handelt es sich günstigerweise um digitale Signaturen. *Steganographie*

Dass man Daten in anderen Daten verstecken kann geht nur, wenn diese in gewissen Grenzen unbestimmt sind oder eine hohe Redundanz in ihnen vorliegt. Im ersten Fall wird auf festgelegte Weise die Unbestimmtheit in Bestimmtheit gewandelt. Im zweiten Fall ist die Vorgehensweise trivial. *Verstecken von Daten in Daten*

---

[10] Die Verschlüsselung muss kommutativ sein.

Nehmen wir als Beispiel eingescannte Bilder, da sie oft eine relativ große Datenmenge bergen mit der notwendigen hohen Unbestimmtheit und Redundanz. Kurz: Eingescannte Bilder repräsentieren nie genau das Original, hervorgerufen durch technische Unzulänglichkeiten und dem immer auftretenden Quantisierungsrauschen der während des Einscannens eintritt. Zusätzliche Informationen lassen sich, ohne den subjektiven Gesamteindruck des Bildes zu zerstören, somit immer in solch reproduzierten Bildern verstecken.

Unter Quantisierungsrauschen ist Folgendes zu verstehen. Misst man kontinuierliche physikalische Größen innerhalb konstanter Abstände (in bestimmten Rastern), lassen sich Werte, die mit gleichem Abstand genau zwischen zwei Rasterwerten liegen, nicht eindeutig einem Wert zuordnen. Im Idealfall wird in der Messanordnung (d.h. im Scanner) per Zufall entschieden. Umgekehrt ist keinem gemessenem Rasterwert anzusehen, ob nicht eine solche zufällige Messung ihn bestimmte. Diese immer vorhandene Ungenauigkeit wird Quantisierungsrauschen genannt und kann als Container eines kleinen Teils des elektronischen Wasserzeichens dienen. Die Informationsmenge beim Quantisierungsrauschen beträgt $log_2 3 \approx 1.58$ Bit, da bei einem Messwert zwei weitere Rasterwerte in Frage kämen.

Wasserzeichen verlieren nach Bildtransformationen oft ihre Wirkung

Wasserzeichen erfreuen sich bei den ins Internet drängenden Printmedien immer stärkerer Beliebtheit. Doch als Beweis eines Urheberrechts sind sie trotz der technischen Machbarkeit heutzutage noch ungeeignet [6]. Erstens können Angreifer ebenfalls Wasserzeichen in das Bild bringen, bei Papier ist das nach dem Herstellungsprozess nicht möglich. Auf der anderen Seite verlieren digitale Wasserzeichen nach Bildtransformationen ihre Wirkung. So versucht die JPEG-Reduktion redundante Bildanteile aufzuspüren. Das Resultat hat zwar noch optische Ähnlichkeit mit dem Original, im neuen Format werden aber keine Bildpunkte mehr abgespeichert. Wasserzeichen, die Informationen in Bildpunkten verstecken, sind oft nach einer Rücktransformation nicht mehr einwandfrei wiederzuerkennen. Es gibt die unterschiedlichsten programmiertechnischen Verfahren, für den weltweiten Einsatz im eCommerce ist darüber hinaus eine Standardisierung notwendig.

2.12 Zusammenfassung

Der Leser dieses Kapitels erfuhr wichtige durchzuführende Maßnahmen im Kampf gegen die im Abschnitt 2.2 aufgezeigten Bedrohungen in elektronischen Kommunikationsmedien. Sicherlich stand nicht die Implementation der gezeigten Verfahren im Mittelpunkt, sondern eher ein abstraktes Verständnis, was uns bedroht und was uns dagegen schützen kann.

Kapitel 3

Klassifikation von eZahlungssystemen

3.1 Einführung

Das vorherige Kapitel stellte Methoden und Techniken der sicheren Datenübertragung und der zweifelsfreien Identifizierung von Teilnehmern vor. Doch diese Techniken sind im Internet bei Bezahlvorgängen keineswegs selbstverständlich. Im Internet werden vor allem in den USA Geschäftserfolge und hohe Umsätze ohne derartige Sicherheitsmechanismen erzielt. Zwei Beispiele hierfür sind der Internetbuchverkäufer Amazon und der weltweit zweitgrößte Computerverkäufer Dell. im Internet wird oft an Sicherheit gespart

Die heutzutage noch am weitesten verbreitete und sehr pragmatische, aber unsichere Lösung ist das Bezahlen mit Kreditkarten. Viele einfache Abrechnungssysteme im Internet übertragen sensitive Informationen des Kunden im Klartext, den jeder passive Angreifer mit Hilfe einfacher Mittel liest. Rund 20.000 Datensätze mit Kundenkreditkarten soll der im Frühjahr 1995 vom FBI gefasste Amerikaner Kevin Mitnick [57], [33] aus dem digitalen Tresor des Internetanbieters Netcom im kalifornischen San Jose erbeutet haben. Die Sicherung dieser Art der Bezahlung ist dringend überfällig. FirstVirtual (FV), gegründet von den MIME Entwicklern NATHANIEL Kreditkarten

FirstVirtual

BORENSTEIN und EINAR STEFFERUD, bietet eine elegante und recht einfache Lösung an. Die Geheiminformationen werden dabei über ein Telefon mündlich übertragen. FV steuert die Buchungen durch Accounts, die jeder Kunde und Händler bei ihnen besitzt. Eine andere Variante, das SET-Protokoll, ermöglicht das direkte Bezahlen mit Kreditkarte und bildet die Grundlage von der Mastercard gemeinsam mit VISA gestarteten Internetaktivitäten. Sensitive Informationen werden dabei verschlüsselt über den unsicheren Übertragungskanal ausgetauscht. Der Schlüsseltausch der asymmetrischen Schlüssel wird durch Schlüsselzertifikate gesichert. Neben den beiden vorgestellten Varianten des Bezahlens gibt es natürlich weitere von CyberCash, NetBill usw..

SET-Protokoll

CyberCash

Neben den Kreditkarten gibt es im Internet als Bezahlform das Homebanking, bei dem der Kunde von Zuhause mittels PC Überweisungen oder Lastschriften der Bank für Bezahlvorgänge einreicht. Die Möglichkeit der einfachen Überweisung zwischen verschiedenen Banken ermöglichen innerhalb Deutschlands die Gironetze, die einzelne Banken und Bankgruppen aufbauten. Die Verbindung zwischen den einzelnen Giralnetzen wird durch die Bundesbank als Mittlerin ermöglicht. Durch diese günstigen Rahmenbedingungen konnten sich auch sehr schnell proprietäre Lösungsansätze einzelner Banken herausbilden. So gibt es bei vielen Banken reine Softwarelösungen, während beispielsweise die Sparda Bank Sicherheitshardwaremodul an ihre Kunden für ein sicheres Homebanking ausgibt. Um einen einheitlichen und in der Sicherheit nachvollziehbaren Hombankingstandard zu schaffen, entwickelte der Zentrale Kreditausschuss den branchenübergreifenden Homebankingstandard HBCI.

HBCI der neue Homebankingstandard

Der konsequenteste Schritt in Richtung bargeldähnlichen Bezahlens im Internet wäre jedoch die Einführung „echten" elektronischen Geldes. In diese Richtung gehen bereits Anbieter elektronischer Wertkarten. Vergleichen lassen sie sich mit Telefonkarten, die im Voraus bezahlt werden und es dem Besitzer ermöglichen, gewisse Dienste zu beanspruchen. Das Neue an ihnen ist die Wertspeicherung. Die Telefonkarte selber besitzt, auch ohne Terminal, einen gewissen Wert, den man wie echtes Geld stehlen kann. So benutzten die Dänen bereits 1993 die vor-

3.1 Einführung

ausbezahlte Danmont-Karte für kleinere Einkäufe, die ähnlich einer Telefonkarte funktionierte. In Deutschland startete am 19. März 1996 in Ravensburg und Weingarten der Feldversuch mit herkömmlichen, um einen Chip erweiterte Eurocheque-Karten. Sie ermöglichen es den Trägern, elektronisch bei den beteiligten Unternehmen wie Einzelhändlern, regionalen Verkehrsunternehmen zu bezahlen. Privatleute können aber kein „Geld" untereinander austauschen. Dahingehend geht das englische Mondexsystem, das am 3. Juli 1995 als Feldversuch in Swindon nahe London startete und am 1. Januar 1996 endete, weiter. Es ermöglichte den Wertetransfer mit entsprechenden Geräten von Chipkarte zu Chipkarte und so auch zwischen dem vorbei eilenden Passanten und dem Straßenmusiker. Leider wurden vom Betreiber (http://www.mondex.com/) die verwendeten Verfahren und die anschließenden Testergebnisse des Versuches noch nicht offengelegt.

Mondex

Am konsequentesten konnte bisher DAVID CHAUM mit seiner Firma DigiCash die Idee vom elektronischen Geld umsetzen. Daten, die an die Bank gesandt werden, wandelt diese in ein geldähnliches Zahlungsmittel (ecash) um. Es ist durch die von Chaum patentierte blinde Signatur anonym. Probleme des Wiedereinspielens alten Geldes löst Chaum durch Seriennummern. 1995 lief mit ecash der erste internetweite Spielversuch unter http://www.digicash.com/. Das ecash-Team hält die Bank und gab jedem Spieler 100 Cyberdollar. Man konnte damit wirklich Informationen, Bilder, Spiele und sogar die südafrikanische Zeitung „The Weekly Mail & Guardian" kaufen.

ecash

Dass aus Spiel schnell Ernst wird, bewahrheitete sich dann innerhalb kurzer Zeit. Am 23. Oktober 1995 ging die Mark-Twain-Bank von St. Louis, Missouri, mit der Technik der Firma DigiCash, ans Netz und ermöglicht die Annahme und Ausgabe des neuen Geldes. Die Deutsche Bank startete bereits einen lange angekündigten Feldversuch 1997 mit 15 Händlern und 1.000 Kunden. Sie bemüht sich jedoch, ecash nicht als geldähnliche Bezahlform herauszustellen, sondern als anonymes, scheckähnliches Bezahlsystem darzustellen, denn es ist bei einem vorgesehenen kommerziellen Einsatz eine Ablehnung durch die Bundesbank zu befürchten. Der Kunde bezahlt deswegen nicht mit einer Münze, sondern zahlt einen durch die Bank bestätigten Scheck bei einem Händler gegen Verrechnung ein. Auch wurden die ecash-Werteinheiten an ein sogenanntes ecash-Konto bei Kunde und Händler, welches die Bank führt, gekoppelt.

3.2 Marktplatzteilnehmer

Bevor konkrete Zahlungssysteme vorgestellt werden, ist die Frage zu stellen, welche Teilnehmer uns auf dem elektronischen Marktplatz erwarten. Die drei Protagonisten Händler, Kunde und Angreifer sind bereits aus dem vorherigen Kapitel bekannt. Neben ihnen kommen Banken hinzu, die im Internet ihre Dienstleistungen anbieten. Da Kunden, Händler und Banken ihre eigenen, sich oft gegenseitig ausschliessenden Interessen verfolgen, moderieren „interessenlose" Acquirer, in manchen Fällen auch Zahlungssystembetreiber den elektronischen Handel. Ebenfalls wurde im Abschnitt 2.6 auf Probleme eindeutiger elektronischer Identitäten im Internet hingewiesen. Es kann aber nicht jeder Teilnehmer seinen Handelspartner zur eindeutigen Identifizierung persönlich treffen, bevor er mit ihm eine Handelsbeziehung aufbaut. Diese Aufgabe übernehmen die aus Abschnitt 2.9.3 bekannten Zertifizierungsinstanzen, die im entgegengebrachten Vertrauen für die Echtheit vorgegebener Identitäten der Teilnehmer bürgen. Die nachfolgende Aufzählung fasst noch einmal die einzelnen Teilnehmer mit ihren einzelnen Interessen zusammen.

Zertifizierungsinstanzen bürgen für die Identitäten

Kunden: möchten Waren im Internet kaufen oder Dienstleistungen (online-Banking, Literaturrecherche, Informationsdienste usw.) beanspruchen.

Kundendienstleister: unterstützen Kunden bei Problemen während des Handels. In ihrer Aufgabe moderieren sie zwischen Kunden, Händlern und den beteiligten Finanzinstitutionen.

Händler: sind all diejenigen, die Waren oder Dienstleistungen im Internet gegen ein Entgelt anbieten.

3.2 Marktplatzteilnehmer

Lieferanten: sind für die Auslieferung der Ware an den Kunden zuständig. Im Falle von Informationsware übernimmt der Händler in der Regel auch die Rolle des Lieferanten.

Angreifer: sind diejenigen die einen Angriff unternehmen. Die Motivation von Angreifern liegt zum einem im erwarteten unberechtigten Gewinn und zum anderen in der Erhöhung der Sicherheit des Zahlungssystems. Die Erhöhung der Sicherheit des Zahlungssystem deshalb, weil Zahlungssystembetreiber alle möglichen Angriffe durchspielen müssen, um Hackern zuvorzukommen. Das vorherige Kapitel befasste sich bereits ausführlich mit dieser Problematik und ist nicht vordergründig Gegenstand weiterer Betrachtungen.

Banken: bieten Finanzdienstleistungen an, regeln nach Beauftragung (Lastschrift, Überweisung, Scheck etc.) den Fluß „echten" Geldes zwischen den Kundenkonten und Händlerkonten. In manchen Fällen geben Banken elektronische Zahlungsmittel aus.

Acquirer, Zahlungssystembetreiber: moderieren den Handel zwischen Kunden, Händlern und den beteiligten Banken während des stattfindenden Bezahlvorgangs im Internet. Bei den Acquirern handelt es sich meist um die Kreditkartenherausgeber, wohingegen Zahlungssystembetreiber, nur durch Verträge gegenüber den Dienstenutzern (meist Kunden und Händler) abgesichert, arbeiten.

Zertifizierungsinstanzen: überprüfen die Identität aller am Handel beteiligten Parteien (sich selbst eingeschlossen) auf herkömmliche Weise durch Kontrolle des Personalausweises, Fahrerlaubnis usw. Sie legen auch die Spielregeln und den rechtlichen Wirkungsradius der ausgeteilten Zertifikate fest.

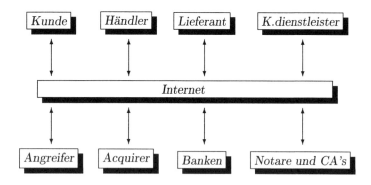

Abbildung 3.1: Teilnehmer auf dem elektronischen Marktplatz

3.3 Klassifikation

Im folgenden werden herkömmliche Bezahlformen dargestellt, die sich oft auch direkt in einer elektronischen Form wiederverwenden lassen. Neu sind lediglich bargeldähnliche Bezahlformen mit Chipkarten oder über Werteinheiten im Internet.

3.3.1 Überweisungen

Bei einer Überweisung beauftragt der Kunde mit einem Überweisungsauftrag seine Bank, eine Bargeldsumme zu Lasten seines Girokontos auf ein anderes Girokonto zu übertragen. Notwendigerweise ist der Auftrag vom Kunden zu unterschreiben und die übertragenen Daten müssen unverändert und auf direktem Weg die Bank erreichen (seit 1970 gelten die „Richtlinien für einheitliche Zahlungsverkehrs-Vordrucke"). Durch den Einsatz elektronischer Unterschriften und der sicheren Authentifizierung lassen sich elektronische Überweisungen im Internet tätigen. Dies wird den Nutzern von Online-Banking-Angeboten bereits auf verschiedene Weise angeboten. Um eine Vereinheitlichung für die Auftragsabwicklung zu schaffen, schuf man in Deutschland den sogenannten Homebanking Standard HBCI (Homebanking-Computer-Interface). Der wird zwar derzeit noch in keiner Anwendung eingesetzt, dürfte sich aber gegenüber den derzeitig etablierten proprietären Lösungen einzelner Banken durchsetzen.

3.3 Klassifikation

Da Überweisungen ein für Deutschland typisches Zahlungsverkehrsinstrument sind, lassen sie sich demnach nur auf Deutschland beschränkt einsetzen. Das ist kein Nachteil angesichts der vielen regelmäßiigen Zahlungen für Dienstleistungen, Miete, Telefongebüren usw., die sich häufig mit Daueraufträgen elektronisch sehr bequem tätigen lassen. Angemerkt sei aber auch, dass der Händler auf die ordnungsgemäße Zahlung seiner Waren vertrauen muss. Trotzdem ist der Anteil der Überweisungen an den bargeldlosen Kundenverfügungen im Sparkassensektor dem Betrag nach auf immerhin 75 % im Jahre 1990 zu veranschlagen.

3.3.2 Lastschriften

Notwendig für den Lastschriftenverkehr ist die Einwilligung des Zahlungspflichtigen. Sobald eine Einwilligung vorliegt, kann der Zahlungsberechtigte den in der Lastschrift angegebenen Betrag über seine Bank vom Konto des Zahlungspflichtigen, bei derselben oder einer anderen Bank abbuchen oder einziehen lassen. Zwei verschiedene Verfahrensarten gibt es im Lastschriftenverkehr.

- Beim Abbuchungsverfahren beauftragt der Zahlungspflichtige seine Bank, die von einem bestimmten Zahlungsempfänger ausgestellte Lastschriften bei Vorkommen zu Lasten seines Kontos einzulösen. Der Abbuchungsauftrag wird meist nicht für die einzelne Lastschrift, sondern bis auf Widerruf erteilt.

- Beim Einzugsermächtigungsverfahren erteilt demgegenüber der Zahlungspflichtige dem Zahlungsempfänger die Ermächtigung, durch Ausstellung von Lastschriften über sein Konto in Höhe des jeweiligen Forderungsbetrages zu verfügen. Solche Lastschriften, die mit dem Vermerk „Einzugsermächtigung des Zahlungspflichtigen liegt dem Zahlungsempfänger vor" versehen sein müssen, werden von der Zahlstelle bei ausreichendem Guthaben ohne weitere Prüfung eingelöst. Der Zahlungspflichtige hat das Recht, innerhalb einer Frist von sechs Wochen der Belastung zu widersprechen. Die Einzugsermächtigung ist besonders geeignet für den Einzug regelmäßig wiederkehrender Forderungen in unterschiedlicher Höhe, wie z.B. Beiträge zu Versicherungen, Vereinen, Krankenkassen und Rechnungen von Versorgungsbetrieben usw.

Die Einwilligung des Zahlungspflichtigen ließe sich elektronisch abbilden, doch nach dem Lastschriftabkommen der Spitzenverbände der deutschen Kreditwirtschaft können für erteilte Lastschriften gegenüber Händlern nur manuelle Unterschriften herangezogen werden. Deshalb operieren alle deutschen Betreiber mit einem Kunstgriff einer virtuellen Buchungskarte (Direct Debit Card), für die der Kunde einmalig einen schriftlichen Einziehungsauftrag erteilt. Es ist jedoch noch umstritten, ob diese Variante der Bezahlung für den Kunden rechtlich bindend ist. Etwas anders sieht es aus, wenn der Kunde einer Bank eine Einzugsermächtigung einräumt. Mit dem Homebankingstandard HBCI soll dies möglich sein, denn es liegt nur eine zweiseitige Beziehung vor.

3.3.3 Schecks

Ein Scheck ist ein Wertpapier, das die unbedingte Anweisung des Ausstellers an die bezogene Bank enthält, die im Scheck genannte Geldsumme zu Lasten seines Kontos an den Zahlungsempfänger gegen Übergabe des Wertpapiers zu zahlen. Ein Scheck besitzt folgende rechtlich bedeutsamen Eigenschaften:

- ein Scheck ist ein Wertpapier
- ein Scheck ist ein zum Umlauf bestimmtes Papier
- ein Scheck verbrieft eine selbstständige Forderung
- der Scheck ist eine strenge förmliche Urkunde

Elektronische Schecks haben demnach alle diese Eigenschaften zu erfüllen. Sie können dies jedoch nicht, da als Träger Papier vorgeschrieben wird. Da dieser Punkt nicht erfüllt werden kann, erfolgt ab hier die Bezeichnung „scheckähnliche Bezahlform". Eine Bank ist gezwungen Merfacheinreichungen nach Kopieren mit Hilfe von Datenbanken zu verhindern.

3.3 Klassifikation

In Deutschland besteht seitens der Banken keine Annahmepflicht für Schecks, womit sie kein allgemein gültiges Zahlungsmittel darstellen. Im angelsächsischen Recht ist es dagegen möglich, den Scheck durch die bezogene Bank zu bestätigen, sodass die bezogene Bank eine Einlösungsgarantie gewährt[1]. Banken könnten beispielsweise scheckähnliche Systeme betreiben, wenn der herausgegebene Scheck nach Einzahlung nur verrechnet werden kann. Eine anonyme scheckähnliche Form des Bankschecks wäre das schon erwähnte ecash-System der niederländischen Firma DigiCash. In diesem Bezahlsystem generiert der Kunde einen Scheck, dessen Wert die Bank im Anschluss, vor dem Bezahlvorgang, dem Kunden „blind", aber nicht ohne Misstrauen bestätigt (siehe Abschnitt 2.11.2).

Die Reiseschecks sind ebenfalls weit verbreitet und gestatten die problemlose Bargeldbeschaffung. Kennzeichen der Reiseschecks ist der weitergehende Schutz des Erwerbes gegen eine missbräuchliche Verwendung durch andere bei Verlust oder Diebstahl. Diese Sicherheit ergibt sich daraus, daß der Käufer den Reisescheck sowohl beim Erwerb als auch bei der Einlösung zu unterzeichnen hat und die Zahlstelle verpflichtet ist, die Übereinstimmung beider Unterschriften zu überprüfen. In Zweifelsfällen muss sie sich zusätzlich ein Ausweispapier vorlegen lassen. Für eine elektronische Form sind demnach die sicheren Reiseschecks ebenfalls geeignet.

3.3.4 Digitale Zahlungsmittel

Unter einem digitalen Zahlungsmittel ist eine spezielle Sorte von Rechten mit folgenden Eigenschaften zu verstehen:

- Nur ausgewählte Server (Emittenten) können es erzeugen

- Es wird durch dem Emittenten immer in einem festgelegten Rahmen akzeptiert

- Meßbarkeit in einer bestimmen Währung

- Transferierbarkeit vom Kunde zum Händler

- Wertspeicherung

Ein Zahlungsmittel ist eine spez. Sorte von Rechten

---
[1] In Deutschland darf die Bundesbank Schecks bestätigen.

	Dabei kommt der Wertspeicherung die geringste Bedeutung zu. Es kann für den Handel sogar vorteilhaft sein, das Zahlungsmittel in regelmäßigen Abständen zu entwerten, um Geldanhäufungen auf anonymen Internetkonten zu verhindern, den Zahlungsmittelumlauf anzukurbeln und für Angreifer den
Wertspeicherung ist nicht immer sinnvoll Akzeptanz ist wichtigste Geldeigenschaft	Preis der Fälschungen zu erhöhen. Die wichtigste Eigenschaft von Zahlungsmitteln kommt ihrer abgesicherten Akzeptanz durch den Emittenten zu. Nur diese Eigenschaft ermöglicht einen Bezahlvorgang.
	Der Fluß digitalen Geldes ist im einfachsten und sichersten Fall eine gerichtete Dreiecksbeziehung. Die Kundenbank gibt das elektronische Zahlungsmittel dem Kunden aus, der damit einen Händler für die Ware bezahlt. Der gibt im Anschluss das Zahlungsmittel sofort der Kundenbank zurück, welches dem Händler in Form von Buchgeld gutgeschrieben wird. Varianten wie Kunde bezahlt Kunde oder Händler bezahlt Händler sind in der gerichteten Dreiecksbeziehung ausgeschlossen.
Geld darf nicht duplizierbar sein	Das einfach scheinende Verfahren birgt noch eine Menge verschiedener Probleme. Zahlungsmittel dürfen wie elektronische Schecks nicht beliebig durch Kopieren duplizierbar sein. Ebenfalls sollten elektronische Unterschriften Falschprägungen verhindern. Die einfachste Maßnahme, elektronische Münzen vor Fälschung zu schützen, ist ihre Kontrolle durch den Emittenten. Der Händler muss sich vor Auslieferung der Ware die Echtheit bestätigen lassen. Er kann so aber keine Einnahmen unkontrolliert für Einkäufe seinerseits nutzen. Immerhin entgehen derzeit dem Finanzminister durch manipulierte
online Zahlungsmittel	Kassen Milliardenbeträge. Diese Art der Bezahlform wird als Online-Zahlungsmittel bezeichnet.
offline Zahlungsmittel	Offline-Zahlungsmittel sehen keine direkte Kontrolle des Zahlungsmittels während eines jeden Handelsvorgangs vor und verhindern von vornherein ein doppeltes Einzahlen durch zusätzliche Hardware bzw. ignorieren sie (siehe hierzu wieder Abschnitt 2.11.3).

3.3 Klassifikation

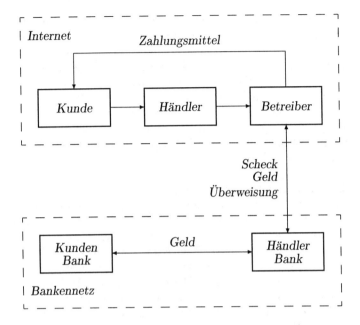

Abbildung 3.2: Verrechnungssysteme von Zahlungsmitteln

3.3.5 Verrechnungssysteme

Verrechnungssysteme sind derzeit vielfach im Internet vorgeschlagene Zahlungssysteme und funktionieren ähnlich den Telefonkarten. Mit abstrakten Werteinheiten ermöglicht der Systembetreiber dem Kunden das Bezahlen. Nach dem Bezahlen erhält der Händler durch die Werteinheiten eine berechtigte Forderung an den Systembetreiber, diese gegen Buchgeld, Bargeld oder ein akzeptiertes Äquivalent einzutauschen. Der Systembetreiber hat somit die Aufgabe, im Internet Werteinheiten auszugeben. Außerdem belastet er gleichzeitig die Kunden zugunsten der beteiligten Händler mit herkömmlichen Bezahlformen wie Überweisung, Lastschrift, Kreditkartentransaktion u.a. Benötigten münzbasierte Systeme Banken, die für die Ausgabe und Akzeptanz elektronischer Zahlungsmittel sorgen, geben Verrechnungssysteme demnach primär ihre eigenen Zahlungsmittel ohne Beteiligung der Banken aus. Trotz der Unterschiede, sind die Sicherheitsprobleme ähnlich. Der Systembetreiber darf Dopplungen der Werteinheiten nicht zulassen und muss Falschprägungen mit Hilfe digitaler Unterschriften erkennen bzw. verhindern. Ein großer Vorteil bleibt allerdings. Bricht das System zusammen, bleibt die wirtschaftlich relevante Geldmenge davon unberührt. Der Schaden bleibt begrenzt.

virtuelle Kundenkarte

Eine andere Form von Werteinheiten ergibt sich aus der Einführung virtueller Kundenkarten. Der Kunde bezahlt vorher dem Händler einen bestimmten Wert, den er durch abstrakte Werteinheiten oder durch das Ausweisen mit der Kundenkarte in der Zukunft langsam aufbraucht. Der Vorteil besteht im geschlossenen sehr einfachen dualen Kunden-Händler-Bezahlsystem, das Dritte ausschließt. Der Nachteil ergibt sich aus der Bindung des Kunden an bestimmte Händler im Internet. Die Mobilität - mal hier mal dort einzukaufen - ist in dieser Konstellation nicht möglich.

3.3.6 Kreditkarten

Anders als in den vorgestellten Zahlungssystemen wird es den kreditwürdigen Kreditkarteninhabern laut den Kreditkartenbestimmungen gestattet, nach vorheriger Absprache mit dem Kreditkartenvertragsunternehmen (Händler) auf eine Unterschrift für die Authorisation der Zahlung zu verzichten, und statt dessen lediglich die Kreditkartennummer für den Bezahlvorgang anzugeben (MOTO Zahlungsvorgänge). Somit entfallen digitale Unterschriften und sichere Authentifizierungsmechanismen für einfachste kreditkartenbasierte Zahlungsformen im Internet. Das ist möglicherweise sehr praktisch, unterschlägt jedoch die Tatsache, dass sich Kreditkartennummern mindestens von

Händler können Kreditkartendaten missbrauchen

passiven Angreifern mitlesen lassen. Akzeptable Lösungen verschlüsseln deshalb die sensiblen Daten vor der Übertragung an einen autorisierten Händler. Die Seriosität des Vertragshändlers bleibt weiterhin, auch nachdem er erfolgreich identifiziert wurde, zweifelhaft. Moderne kreditkartenbasierte Zahlungssysteme übergeben nicht mehr dem Händler die sensitive Kreditkartennummer, sondern einem Acquirer, der für die Auszahlung an den Händler sorgt. Acquirer sind für die Kunden und Händler vertrauenswürdige Dritte, die Interessen einer mit ihnen im Vertrag stehenden Finanzinstitution wahrnehmen.

3.4 Vergleich

Elektronische Überweisungen und Lastschriften sind die einfachste und somit sicherste Form des elektronischen Bezahlens im Internet, nicht zuletzt weil sie sich bereits im Laufe der Zeit im täglichen Einsatz bewährten. Im Bezahlvorgang sind lediglich zwei Parteien, Kunde und Bank oder Händler und Bank, eingeschlossen. Spontane Kunden-Händler-Beziehungen schließt diese Bezahlform jedoch aus. Besteht dagegen ein Vertrauens- oder Abhängigkeitsverhältnis zwischen Kunde und Händler, wie sie bei Mietzahlungen, Telefonrechnung usw. vorkommen, sind diese Zahlformen für den Initiator meist bequem durchführbar, wenn die jeweilige Bank den notwendigen Dienst anbietet.

Überweisung, Lastschriften

Elektronische Schecks oder münzbasierte Zahlungsformen schließen mindestens drei Parteien in den Zahlungsvorgang ein und die Angreifbarkeit des Systems ist mit der Komplexität ein Stück gewachsen. Die das Zahlungsmittel akzeptierende Bank darf keine mehrfach eingereichten Zahlungsmittel annehmen. Es würde sonst die Gesamtmenge des Zahlungsmittels ansteigen. Die Möglichkeit spontaner Bezahlvorgänge macht den Vorteil dieser Zahlungssysteme aus.

elektronische Schecks, münzbasierte Zahlungsformen

Kreditkartenbasierte Zahlungssysteme sind von den gesetzlichen Rahmenbedingungen her sehr einfach im Internet einsetzbar, erfordern für den sicheren Einsatz trotzdem einen ähnlich hohen Sicherheitsaufwand. Der Kunde gibt seine Kreditkartennummer nicht gern unbekannten Händlern, auch wenn diese sich als Vertragspartner einer Kreditkartengesellschaft ausweisen. Dritte (Acquirer) müssen zwischen beiden, gegen Vertrauen und eventuelle Gebühr vermitteln. Die weite Verbreitung von Kreditkarten und deren weltweite Akzeptanz

Kreditkarten

stellen den größten Vorteil für den Internethandel dar. Ein nicht zu vernachlässigender Nachteil besteht aber heutzutage noch in der Gebührenstruktur, die sinnvolle Verkäufe von Pfennigartikeln („Micro Payments") für die Händler ausschließt.

Verrechnungssysteme

Einen Kompromiss gehen Verrechnungssysteme ein. Der Kunde ist in der Lage, sich Werteinheiten zu kaufen, die er für den Bezahlvorgang verwendet. Das System verbindet so zwei Zahlungssysteme im Internet, deren Akzeptanz somit von der Akzeptanz der ausgeteilten Werteinheiten abhängt. Die Firma Microsoft wäre beispielsweise in der Lage, Werteinheiten (Tickets) für das Ansehen von Artikeln ihrer Angebote gegen ein Entgelt auszugeben. Ebenfalls sind kleinere Softwarefirmen ohne eigene Vertriebsstruktur in der Lage, Produkte sehr billig von jedem beliebigen Standpunkt der Erde aus anzubieten. Die wohl potentiell größten Anbieter von micro-Payments dürften in nächster Zukunft die Telefongesellschaften sein. So die deutsche Telekom mit ihrem weitverzweigten Abrechnungssystem, die ausgegebene Werteinheiten Telefoneinheiten gleichsetzen.

Für den reinen Internethandel besitzen somit Verrechnungssysteme die größten Chancen. Betreiber können unabhängig von Banken Werteinheiten in beliebigen Wertstückelungen verkaufen und regeln den Fluß des akkumulierten - dem Wert entsprechenden - Geldes über kreditkartenbasierte Zahlungsformen, über Lastschriften oder Überweisungen.

3.5 Sicherheitsaspekte

Integrität, Verfügbarkeit, Vertraulichkeit

Die Sicherheitsaspekte sind in den vorherigen Abschnitten schon leicht angerissen worden, sollten aber dennoch noch einmal unter die Lupe genommen werden. Anforderungen an elektronische Zahlungssysteme bestehen allgemein bezüglich der Integrität, der Verfügbarkeit und Vertraulichkeit. Ebenso ist das Vertrauensmodell der Beteiligten ein wichtiges Sicherheitskriterium. Weiterhin bestimmt die Anonymität und die Einfachheit eines Zahlungsmittels im großen Umfang begleitende organisatorische Sicherheitsmaßnahmen.

3.5 Sicherheitsaspekte

3.5.1 Integrität

Integrität gewährleistet die Unversehrtheit des Systems gegen Angreifer von außen. Auch Fehlbedienung und Angriffe von Teilnehmern dürfen das System nicht gefährden.

- Die starke Integrität von Zahlungsmittelausgabeservern bedeutet, das die Menge der sich im Umlauf befindenden elektronischen Zahlungsmittel sich nicht ohne Zutun der Emittenten erhöht.

- Die schwache Integrität stellt lediglich die Erhöhung der Menge fest, kann aber den Betrüger zweifelsfrei identifizieren.

3.5.2 Verfügbarkeit

Verfügbar muss das Zahlungssystem zu jeder Zeit sein. Bei plötzlicher Nichtverfügbarkeit, während eines Verbindungsabbruchs, trifft das System Vorkehrungen, die alle Beteiligten - den Kunden, den Händler und den Betreiber - in einem definierten Zustand belässt, um spätere in einem Vertrag definierte Ansprüche geltend zu machen. Verliert der Kunde die Verbindung zum Händler, nachdem er zahlte, aber bevor er die Ware bekam, sollte der Kunde später seine rechtmäßige Ware einfordern können. Umgekehrt muss dem Händler die Bezahlung nach dem Ausliefern der Ware zugesichert werden, wenn dies so vereinbart wurde.

Vorkehrungen nach Verbindungsabbruch sind vorzunehmen

3.5.3 Vertraulichkeit

Der vertrauliche Umgang mit sensiblen Daten der Beteiligten ist obligatorisch. Der Kunde darf seine Kreditkartennummer nicht an unseriöse Internetteilnehmer verlieren. Ebenso dürften Zugangsmittel nur den Berechtigten bekannt sein. Weiterhin ist das Schlüsselmanagment so zu gestalten, dass es einfach für die Nutzer, gleichzeitig aber sicher vor Angreifern, Missbrauch und Fahrlässigkeit ist. Geeignete Mittel stellen Chipkarten dar. Mit ihnen ist eine Authentifizierung durch die Kombination von Besitz und Wissen einfach möglich.

Schutz der Kundendaten

3.5.4 Vertrauensmodell

Vertrauen von einander widerstrebenden Parteien in einem Zahlungssystem zu fordern kann zu wenig Akzeptanz führen. Deshalb steht die Frage: Wem muß vertraut werden? Kann eine beteiligte Partei betrügen, ohne dass das Opfer dies verhindern oder nachweisen könnte? Im Internet besteht generell das Problem, dass sich Parteien mit unterschiedlichen Interessen, nämlich auf der einen Seite der Kunde, auf der anderen der Händler, nicht physisch gegenüberstehen. Es gibt mehrere Möglichkeiten der Problemlösung.

- Interessenlose neutrale Dritte moderieren den Handel zugunsten beider.

- Berechtigte Forderungen einer Partei können gegenüber einer anderen Partei bei Bedarf über den Zahlungssystembetreiber nach dem elektronischen Handel geltend gemacht werden. Dazu ist es natürlich unumgänglich den laufenden Betrieb gegenüber Dritten beweisbar zu protokollieren.

- Eine Partei, beispielsweise der Händler, ist per Definition im Zahlungssystem benachteiligt, wenn der Händler mit leicht dublizierbarer bzw. zeitlich begrenzter elektronischer Ware (Aktienkurse, allgemeine Nachrichten etc.) handelt. Er profitiert lediglich von der neuen Bezahlform durch Erschließung neuer Märkte. FirstVirtual aus Abschnitt 4.3.1 ist ein solches Zahlungssystem. Um erheblichen Missbrauch auf Kundenseite auszuschließen, sieht First Virtual einen Ausschluß unseriöser Teilnehmer vor.

3.5.5 Anonymität

Unbeobachtbarkeit, Unverkettbarkeit von Zahlungsvorgängen

Anonymität verhindert zum einem die Beobachtung des Einkaufes und zum anderen die Verkettung des Zahlungsmittels mit dem Kunden durch Dritte. Sehr wenige der derzeitigen Zahlungssysteme erfüllen diese Anonymitätsanforderungen. Das liegt zum einen an dem erhöhten Sicherheitsrisiko für die Zahlungssystembetreiber und zum anderen an den relativ aufwendigen technischen Verfahren. Ein anderer Weg, schwache Anonymität zu erreichen, wäre das Aufbrechen der gerichteten

3.5 Sicherheitsaspekte

Dreiecksbeziehung, die vielen Zahlungssystemen zugrunde liegt. Wenn der Händler nicht jede erhaltene Münze wieder bei einer Bank gutschreibt, könnte er sie selbst zum Einkauf nutzen. Je mehr Teilnehmer in der Zahlungskette auf diese Art eingeschlossen werden, desto besser sind „elektronische Schleimspuren" verwischt. Das englische Mondex-System macht von dieser schwachen Variante der Anonymität Gebrauch. Weil auf diese Weise aber auch Händler ihre Einnahmen verbergen können, wäre kein Finanzminister an einer großen Verbreitung solcher Lösungen interessiert.

Letztendlich mag also Anonymität im Regelfall günstig für Kunden sein, verhindert jedoch die effektive Offenlegung von Betrug. Andererseits sind Kunden bei nichtanonymen Bezahlsystemen in der Lage, Ansprüche durch eventuell aufgezeichnete Zahlungsvorgängen geltend zu machen.

anonyme Systeme müssen Betrüger aufdecken können

Ebenfalls gelingt es nur schwer, elektronische Geldwäsche wirkungsvoll zu begegnen. Bestehende rechtliche Rahmenbedingungen (Geldwäschegesetz) im internationalen und nationalen Zahlungsverkehr erzwingen förmlich die Aufhebung von Anonymität.

Geldwäsche ist zu verhindern

3.5.6 Einfachheit

Die Einfachheit eines Zahlungssystems ist eine ernst zu nehmende Größe, soll eine große Verbreitung mit verschiedenen Nutzertypen stattfinden. Kunden wollen nicht überfrachtete, mehrere Megabyte große Software über das Internet laden, um dann festzustellen, dass ein großer Teil der komplexen Funktionalität nach komplizierter Installation den Bezahlvorgang eher stören. Seitens der Betreiber wiederum dürfte der Supportaufwand sich verringern. Die Fehlbedienungen, die sich aus komplizierter Software ergeben, dürften sich ebenfalls verringern. Deswegen sind Zahlungssystembetreiber gezwungen

Kunden wollen einfach zu bedienende Software

- einfach zu bedienende und
- einfach zu installierende

Software dem Kunden für die Durchführung seiner Bezahlvorgänge bereitzustellen.

3.6 Zusammenfassung

Eigentlich ist mit dem Vergleich im Kapitel 3.4 alles bezüglich elektronischer Zahlungssysteme gesagt worden. Viele der vorgestellten System unterscheiden sich nicht grundlegend von herkömmlichen Bezahlformen der Banken. Sie drängen vielmehr in das neue Kommunikationsmedium Internet. Und wenn vielfach von elektronischem Geld gesprochen wird, so offenbart es sich meist nur als Form elektronischer Coupons begrenzter Gültigkeit oder irgendwelcher Konten. Wenn dann diese Coupons nicht mal mehr durch Banken akzeptiert werden, sie leben also nur durch die Zahlungsmittelbetreiber, besteht keine sehr große Nähe zum heutzutage eingesetzten Bargeld, obwohl sie in ihrer Handhabung wie Bargeld auf den Nutzer wirken.

Bezüglich der Sicherheit von Zahlungssystemen gibt es technisch verschiedene Lösungsansätze. Die einfachsten und der Theorie nach sichersten Lösungsansätze definieren eine gerichtete Dreiecksbeziehung zwischen Kunde, Händler und Systembetreiber bzw. Bank. Viele der in den folgenden Kapiteln vorgestellten Zahlungssysteme funktionieren auf diese Art.

Kapitel 4

Sicherheitskonzepte verschiedener Zahlungssysteme

4.1 Einleitung

In diesem Kapitel soll es endlich um die Funktionsweise ausgewählter elektronischer Bezahlsysteme gehen, nachdem im vorherigen Kapitel diese Systeme allgemein beleuchtet wurden. Es ist natürlich nicht möglich, alle derzeit im Internet existierenden Varianten des Einkaufens und Bezahlens hinsichtlich ihrer Sicherheit zu beurteilen. Das soll im Folgenden vielmehr an unterschiedlichen Konzepten für das Internetbanking, an verschiedenen Verrechnungssystemen, an scheckähnlichen Bezahlsystemen sowie an Chipkartensystemen getan werden.

4.2 Internetbanking

Internetbanking stellt eine direkte Beziehung zwischen dem Kunden und seiner Bank her. In der einfachsten Variante bereitet der Kunde seine Aufträge, ohne Verbindung zu seiner Bank, auf dem heimischen PC vor, die er ihr zu einem späteren Zeitpunkt überträgt. In der zweiten, softwaretechnisch aufwendigeren Variante, ist der Kunde mit einem virtuellen Bankschalter verbunden, an dem er seine Aufträge tätigt.

Fassen wir die Sicherheitsprobleme, die bei der Kunde-Bank-Kommunikation auftreten können, unter den Schlagworten Vertraulichkeit, Integrität und Authentizität zusammen, ergeben sich folgende Sicherheitsanforderungen.

Vertraulichkeit
1. Sensible Kundendaten sind vertraulich,also vor passiven Angriffen geschützt, vom Kundenrechner an den Bankrechner zu übertragen.

Integrität
2. Die vom Kunden übertragenen Daten dürfen sich nicht verändern lassen. Ihre Integrität ist durch digitale Unterschriften abzusichern.

Authentizität
3. Weiterhin muss sich der Kunde zweifelsfrei authentisieren können. Umgekehrt muss der Kunde zweifelsfrei die Identität seines Kommunikationspartners, der Bank, erkennen.

4.2.1 Internethomebanking verschiedener Banken

Homebanking bietet nahezu jede größere Bank an. Der sichere Zugang über unsichere Netze erfolgt meist mit den PINs und TANs über Internetbrowser. Geschieht die Kommunikation über das Internet, kommen weitere kryptographische Komponenten hinzu. Meist wird hier das vorhandene SSL-Protokoll zwischen Kunde und Bank mit Eigenentwicklungen, den sogenannten Applets, die in Java programmiert werden, um „starke" Verschlüsselung[1] ergänzt. Das SSL-Protokoll soll sicherstellen, dass kein Angreifer sich als Bank ausgibt. Andererseits sorgen die Applets für eine ausreichende Schlüssellänge von 128 Bit während der Kunde-Bank-Kommunikation. Ein anderes Manko, die zufällige Schlüsselerzeugung, wird ebenfalls im Online-Banking elegant gelöst. Vor jeder sicheren Verbindung sorgen zufällige Nutzereingaben, meist wird dafür die zufällige Mausspur herangezogen, für hinreichend sichere Schlüssel.

PIN, TAN

SSL-Protokoll

---

[1] Wir wissen, amerikanische Internetbrowser unterstützen lediglich die unsichere Schlüssellänge von 40 Bit.

4.2 Internetbanking

Die von den einzelnen Banken vorgestellten SSL/Java-Lösungen scheinen zwar sicher - auch ist noch kein großer Betrug bekannt geworden -, dürften jedoch mit Skepsis zu betrachten sein. Besser sind bankenübergreifende Standardlösungen. So garantiert der neue Homebankingstandard (HBCI) eine hinreichende Schlüssellänge, legt den Ablauf des Schlüsseltausches fest, sichert zweifelsfrei die Identifizierung der Teilnehmer und als eine der wichtigsten Eigenschaften, ist er multibankfähig. Mit einer Plattform kann der Kunde sich bei verschiedenen Kreditinstituten bedienen. Die Sicherheit ist in jedem Fall für ihn verifizierbar. Dem HBCI Standard sollte deswegen große Beachtung in Zukunft geschenkt werden.

HBCI ist multibankfähig

4.2.2 Der HBCI Standard

Die Homebanking Spezifikation HBCI ist aus einer konzertierten Aktion des Bundesverbandes deutscher Banken, des deutschen Sparkassen- und Giroverbandes und des Bundesverbandes der Deutschen Volks- und Raiffeisenbanken entstanden. Es soll mit dieser Spezifikation ermöglicht werden, dem Kunden den vollen Leistungsumfang der Kreditinstitute über öffentliche Netze, wie beispielsweise dem Internet, zu ermöglichen. Der Leistungsumfang den HBCI abdeckt, schließt

- Überweisungen,
- Daueraufträge, Lastschriften,
- Auslandsüberweisungen,
- Abruf der Kontoinformationen,
- Wertpapierorder, Depotaufstellung,
- das Laden der elektronischen Geldbörse (ec-GeldKarte)

und andere Dienstleistungen ein. Später soll sogar die Kreditvergabe vom heimischen PC aus möglich sein. Ziel des HBCI Standards ist es, eine sichere und integere Kommunikation zwischen der Kundenanwendung und dem Kreditinstitut zu etablieren. Dazu gehören Signaturverfahren, symmetrische und asymmetrische Verschlüsselungsverfahren sowie optional

Chipkarten. Um Unabhängigkeit von der Hardware auf Kundenseite und Kreditinstitutsseite zu erreichen bzw. die Art des Kommunikationsmediums zu berücksichtigen, legt HBCI lediglich Schnittstellen fest. Es sind also Verbindungen über das Internet, über Telefonleitungen bzw. bankeigene Netze an öffentlichen Homebankingschaltern möglich.

Lediglich Schnittstellen werden festgelegt

Der Standard wird aus diesen genannten Gründen eine Schlüsselrolle im deutschen Internetbanking einnehmen. Die Sicherheit für den Kunden ist aus der öffentlichen Diskussion (durch Verbraucherschützer etc.) heraus verifizierbar, so dass er sich nicht mehr auf obskure Expertenmeinungen gegenüber Speziallösungen einzelner Banken verlassen muss. Die Basis einer eindeutigen Identifizierung der Teilnehmer stellt der Austausch öffentlicher Schlüssel über authentische Kommunikationswege (Briefverkehr, Telefon, persönlicher Kontakt) sicher. Die Nutzung des bisherigen PIN/TAN-Authentisierungskonzeptes entfällt für die Kunden. Ein anderer Vorteil ist seine Multibankfähigkeit. Jeder Kunde mit einer HBCI-tauglichen Anwendung kann auf einfache Weise jedes Kreditinstitut erreichen, welches den Standard unterstützt.

offener Standard

Anwendung öffentlicher Schlüssel

Funktionsweise

Zwischen einem Kunden und dem Kreditinstitut erfolgt ein durch den Kunden initiierter Dialog. Dieser besteht mindestens aus den folgenden fünf Schritten:

1. **Anfang:** Am Anfang baut der Kunde eine physikalische Verbindung mit dem Kreditinstitut auf (der Kunde wählt sich auf den Rechner des Kreditinstitutes bzw. im Internet ein).

2. **Dialoginitialisierung:** Der Kunde unternimmt anschließend eine Dialoginitialisierung, d.h. er tauscht mit dem Kreditinstitut Informationen über die zu verwendenden Sicherheitsverfahren aus. Ebenfalls weist sich der Kunde bei Bedarf anhand eines öffentlichen Schlüssels aus. Will der Kunde lediglich öffentliche Infos beziehen, entfällt eine Authentifizierung seiner Person.

3. **Dialoginitialisierungsantwort:** Die Bank antwortet auf die Nachricht des Kunden und legt ihrerseits Sicherheits-

verfahren fest und weist sich, je nach Bedarf, mit einem öffentlichen Schlüssel aus.

4. **Auftrag:** Im Anschluss werden Auftragsnachrichten ausgetauscht. Darin gibt der Kunde seine „Wünsche" gegenüber der Bank bekannt. Der Kunde überträgt einen Auftrag, den er elektronisch unterschreiben oder unterschreiben und verschlüsseln kann.

5. **Auftragsnachricht:** Das Kreditinstitut antwortet über das Gelingen dieses Auftrags.

Der Nachrichtenaustausch und die Bestätigung der übermittelten Daten durch die Bank kann so oft wiederholt werden, bis der Kunde eine Auftragsnachricht mit Dialogende initiiert. Danach, am Ende der Kommunikation, wird die physikalische Verbindung abgebaut.

Die Dialoginitialisierung nimmt eine Schlüsselrolle bezüglich der Sicherheit ein. Es werden darin die Identitäten der Kommunikationsteilnehmer überprüft. Ebenfalls wird festgestellt, ob der Kunde ein sendeberechtigter Benutzer ist. Weiterhin erfolgt die Überprüfung der Aktualität der öffentlichen Schlüssel des Kreditinstitutes durch den Kunden.

Schlüsseltausch

Das Kreditinstitut kann seinen Kunden den Schlüssel auf zwei unterschiedliche Weisen übergeben. Entweder sie händigt dem Kunden die notwendigen Schlüssel und relevanten Daten über ein Speichermedium während des Kundenneuzugangs aus oder sie überträgt die Schlüssel naiv, nachdem sich der Kunde das erste Mal auf dem Kreditinstitutsrechner einloggte. Damit kein Angreifer den naiv übertragenen Schlüssel gegen den eigenen austauscht, begleitet die erste Kommunikation ein Ini-Brief an den Kunden. Dieser enthält den Hashwert des übertragenen Schlüssels, gepaart mit einer für den Kunden nachvollziehbaren Unterschrift eines Vertreters des Kreditinstitutes. Erst nachdem der Kunde die Angaben des Ini-Briefes mit den naiv über das Netz verteilten Angaben erfolgreich verglich, kann er sich von der Echtheit des Kreditinstitutsschlüssels überzeugen.

persönliches Aushändigen des Schlüssels

Ini-Briefe begleiten den „naiven" Schlüsseltausch

Die Übertragung der öffentlichen Schlüssel des Kunden an das Kreditinstitut erfolgt nur auf „naive" Weise. Der Kunde übermittelt alle relevanten Schlüssel, d.h. seinen öffentlichen Signierschlüssel und seinen öffentlichen Verschlüsselungsschlüssel, nachdem er sich auf dem Kreditinstitutsrechner einloggte. Die Nachricht wird ebenfalls von einem Ini-Brief begleitet. Im Ini-Brief bestätigt der Kunde ausschließlich den öffentlichen Schlüssel mit handschriftlicher Unterschrift. Nachdem das Kreditinstitut beide Angaben erfolgreich verglich, ist es von der Echtheit der Identität des Kunden überzeugt. Der Kunde kann dann zu einem späteren Zeitpunkt Aufträge elektronisch unterschreiben und zusätzlich verschlüsselt übertragen.

Sicherheit

Anwendung asymmetrischer wie symmetrischer Verfahren

Die kryptographische Sicherheit des HBCI-Standards umfaßt sowohl symmetrische als auch asymmetrische Verschlüsselungsverfahren. Zu den ersteren gehört der 2-Key-Triple-DES für die sichere Verschlüsselung der übertragenen Daten mit einem zufälligen Hilfsschlüssel. Dieser wird jeder Nachricht angehängt und entweder ebenfalls symmetrisch mit dem gleichen Verfahren oder mit dem asymmetrischen RSA-Verfahren verschlüsselt. Für die Unterschrift einer Nachricht wird ihr Hashwert mit dem Hashverfahren RIPEMD-160 berechnet und entweder symmetrisch mit dem 2-Key-Triple-DES bzw. RSA mit dem Signierschlüssel des Unterschreibenden verschlüsselt.

4.2.3 Fazit

Java spart Installation zusätzlicher Software

Praktisch setzen in Deutschland die meisten Banken proprietäre Lösungen auf Basis der Kombination von SSL und Java ein. Der Vorteil für Kunden besteht darin, keine Software installieren zu müssen. Die Bedienung erfolgt in einem Internetbrowser durch das Ausfüllen altbekannter Formulare.

Betrachtet man die Sicherheit genauer, was in Kapitel 6.3.7 noch geschehen wird, tun sich für den Normalnutzer einige Schwächen auf.

4.2 Internetbanking

Ini-Brief

Benutzername	System	Kundensoftware-interner Name
Datum	TT.MM.JJ	Datum der Erstellung des Initialisierungsauftrags
Uhrzeit	hh:mm	Uhrzeit der Erstellung des Initialisierungsauftrags
Empfänger Benutzerkennung		Kreditinstitutskennung max. 30 Stellen alphanumerisch
Schlüsselnummer		Nummer des Signierschlüssels
Schlüsselversion		Version des Signierschlüssels
HBCI-Version 2.0		

Öffentlicher Schlüssel für die elektronische Signatur:

Exponent   0768
00 ··· 00   01 ··· 01   ···

Modulus   0768
00 ··· 00   CD ··· 32   ···

Hash 5D ··· A9   ···

Ich bestätige hiermit den obigen öffentlichen Schlüssel für meine elektronische Signatur.
   Ort/Datum   Unterschrift

Abbildung 4.1: Beispiel für die Gestaltung des Ini-Briefs (aus [2])

- Erstens gibt es derzeit nur Internetbrowser amerikanischer Hersteller. Sicherheitshinweise in englischer Sprache können für Verwirrung sorgen bzw. vom Nutzer ignoriert werden.

- Für eine wirklich sichere Kommunikation sind zudem grundlegende Kenntnisse im zentralen Schlüsselmanagment nötig. Viele werden nicht die Zeit haben, sich mit solch komplizierter Materie herumzuschlagen. Die Sparda Bank nimmt dem Kunden dahingehend vieles ab. Sie installiert zwischen der Tastatur des Kunden und dem Rechner des Kunden den legendären Me-Verschlüsselungschip, der individuell jede sensible Nutzereingabe nur für die Bank lesbar verschlüsselt. Die Hardwarekosten, die für die Bank anfallen, sind nicht zu unterschätzen, vor allem wenn sich mit dem Chip keine weiteren Anwendungen ergeben.

Chipkarten als Trägermedium für Schlüssel

Der vorgestellte HBCI Homebankingstandard dürfte bei korrekter Implementierung einen erheblichen Sicherheitsgewinn bieten. Er ist offen, von Verbraucherschützern somit beurteilbar und erlaubt dem Kunden die Anwendung einer Chipkarte zur Schlüsselspeicherung und wird demnächst von vielen Anbietern derzeitiger Homebankingsoftware in brauchbare Produkte implementiert.

4.3 Kreditkarten-Systeme

Kreditkarten geben Kunden und Händlern ein einfaches bargeldloses Zahlungsmittel, das prinzipiell ohne zusätzliche Sicherheitsstandards anwendbar wäre. Für den weltweiten Einsatz sind jedoch gewisse Sicherheitsstandards einzubeziehen. So ist, wie bei den anderen Zahlungsvarianten auch, auf elektronischem Wege für die Vertraulichkeit und die Integrität sensibler Daten zu sorgen. Ebenfalls ist es notwendig, dass sich alle Teilnehmer zweifelsfrei authentifizieren. Damit Händler selbst nicht nach schlechten Internetgeschäften zu Angreifern werden, übergeben die in diesem Kapitel vorgestellten Zahlungssysteme den eigentlichen Bezahlvorgang, d.h. die Abwicklung ausbalancieren der Geldgeschäfte vertrauenswürdigen Dritten.

4.3.1 First Virtual (FV)

Die First Virtual Holding Company gehörte zu den ersten Anbietern elektronischer Bezahlsysteme im Internet. Chefentwickler S. BORENSTEIN ließ darin seine Erfahrungen, die er aus der Entwicklung von Mailprotokollen mitbrachte, direkt in FV einfließen. Der Ablauf von Zahlungsvorgängen für Kunden ist dementsprechend einfach, und mit der Bedienung eines simplen Mailprogrammes vergleichbar. Neben S. BORENSTEIN sind noch LEE STEIN (President), TAWFIG KHOURY, EINAR STEFFERUD (Chief Visionary) und MARSHALL ROSE (Principal) an FV beteiligt.

FV das erste Internetbezahlsystem

Anmeldung

Die Grundidee von FV besteht darin, keine sensitiven Kreditkartennummern über unsichere Rechnernetze auszutauschen. Jeder potentielle Kunde bzw. Händler muss sich deshalb vorab einen Zugang bei FV besorgen. Während FV den Zugang einrichtet, wird die sensible Kreditkartennummer über den „sicheren" Telefonkanal übertragen.

Nachdem ein Kunde sich einen solchen Zugang besorgte, nutzt er im Netz statt seiner Kreditkartennummern seine VirtualPIN. Damit stehen ihm die Angebote der FV-Händler offen.

Ersetzen der Kreditkartennummer durch eine Virtual PIN

Bezahlvorgang

Der Bezahlvorgang ist einfach erklärt.

Schritt 1: Der Kunde bekommt im ersten Schritt ein Angebot von einem Händler.

Schritt 2: Im zweiten Schritt, wenn ihm das Angebot zusagt, übergibt er dem Händler seine VirtualPIN.

Schritt 3: Der Händler lässt sich diese gegebenenfalls bei FV überprüfen und erlaubt im positiven Fall ein Herunterladen der elektronischen Informationsware. In jedem Fall wird jedoch FV über den Kaufvorgang unterrichtet.

112 Sicherheitskonzepte verschiedener Zahlungssysteme

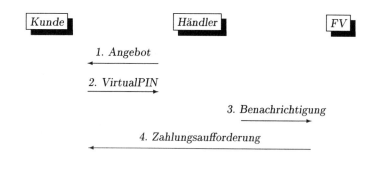

Abbildung 4.2: Bezahlvorgang in FV

Schritt 4: Im darauf folgenden, vierten Schritt schickt FV dem Käufer eine eMail, mit der Aufforderung den Kauf zu bestätigen. Der Käufer kann mit „YES" oder „NO" antworten. Er sollte eine Bezahlung der Ware nicht zu häufig ablehnen, da er sonst seinen Zugang verliert.

Kunde kann bei Missbrauch VirtualPIN sperren

Stellt der Käufer fest, dass seine VirtualPIN missbraucht wurde, sendet er „FRAUD". Das bewirkt ein sofortiges Sperren seines Zugangs. FV geht davon aus, dass die Kreditkarte oder die VirtualPIN gestohlen wurde. Falls der Käufer mit „YES" antwortete, bezahlt FV durch Belasten des Kundenkontos mit Hilfe der ihr bekannten Kreditkartennummer. Da der Kauf dann noch immer vom Kunden laut Kreditkartenbedingung innerhalb der ersten 91 Tage rückgängig gemacht werden kann, bekommt der Händler erst nach Ablauf dieser Frist den Handelswert gutgeschrieben. FV schließt sich somit von finanziellen Verpflichtungen aus.

Sicherheit

Organisatorische Maßnahmen def. die Sicherheit

Die Sicherheit des Gesamtkonzepts basiert vorwiegend auf organisatorischen Maßnahmen ohne Anwendung kryptographischer Verfahren. Weiterhin zahlt der Kunde erst nach Erhalt der Ware. Wenn es vorkommt, dass diese ausbleibt, wird der Kunde durch Sperren seiner VirtualPIN als Teilnehmer ausgeschlossen. Wenn dagegen die VirtualPIN von Angreifern gestohlen wurde, verfügt der Kunde ihre Sperrung.

4.3 Kreditkarten-Systeme

FV begründet das Konzept - erst Ware dann Geld - mit der leichten Dublizierbarkeit elektronischer Informationsangebote und dem begrenzten Schaden bei täglich wechselnden Informationen. Der Versandhandel physischer Güter sollte dagegen lieber auf alternative Bezahlformen ausweichen. Hier bietet sich der im folgenden Abschnitt ausführlicher vorgestellte SET-Standard an.

4.3.2 Das SET-Protokoll

Das Secure Elektronic Transaktion Protokoll (SET-Protokoll) ist aus konkurrierenden Aktivitäten Microsofts zusammen mit VISA gegen IBM im Bunde mit MasterCard hervorgegangen, um sicheres Bezahlen im Internet mit Zahlungskarten zu ermöglichen. Microsoft entwickelte hinter verschlossenen Türen das STT-Protokoll wohingegen das SEPP-Protokoll aus den offen dokumentierten iKP-Protokollen der Firma IBM in Zürich entstand. Aufgrund des großen Kreditkartenmarktes und seiner Beherrschung durch die beiden mit Abstand wichtigsten Kreditkartenfirmen, waren VISA und MasterCard daran interessiert, SET als offene Spezifikation zu etablieren. *In SET sind führende Kreditkartenbetreiber vereinigt*

Bei den erwähnten Karten handelt es sich allgemein um Kredit-, Debit-, Charge- oder Bankkarten der einzelnen Kartenbetreiber, die ihren Karteninhabern das SET-Bezahlen im Internet ermöglichen. Da das Protokoll vor allem für den Einsatz von Kreditkartenzahlungen vorgesehen ist, sind Zahlungen in Kleinstbeträgen (Pfennig, Cent) praktisch auszuschließen. Der elektronische Handel lohnt sich also erst ab einem bestimmten Warenwert, wie er bei Katalogeinkäufen, Flugticketbestellungen usw. anfällt. *SET ist nicht auf Kreditkarten beschränkt*

SET-Teilnehmer

Im elektronischen Handel sichert SET die Integrität der ausgetauschten Daten und deren Vertraulichkeit und schließt die Authentifizierung aller am Handel beteiligten Personen bzw. Geräte ein. Erreicht wird dies zum einen durch ein Zahlungsprotokoll während des aktuellen Internethandels und zum ande-

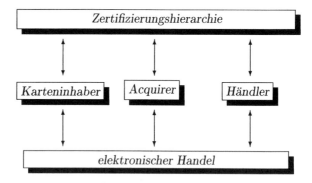

Abbildung 4.3: SET-Schema

Acquirer moderieren zwischen Kunde und Händler

ren durch eine hierarchische Zertifizierungsstrategie (Certificate Management Protokoll). Damit der Kunde nicht gezwungen ist, dem Händler unverschlüsselte sensible Zahlungskartennummern zu übergeben, der Händler aber auch gleichzeitig vor Auslieferung der Ware des gedeckten Handelswertes sicher sein kann, schaltet SET einen sogenannten Acquirer in den Zahlungsvorgang ein. Neben diesen drei Teilnehmern spielen noch die einzelnen Zertifizierungsinstanzen eine Rolle. Abbildung 4.3 zeigt alle am Protokoll beteiligten Parteien.

Funktionsweise

Betrachten wir zuerst das Certificate Managment Protokoll das der Verteilung von Schlüsselzertifikaten dient. Die Zertifikate sind in SET durch eine strenge Zertifizierungshierarchie, wie Abbildung 4.4 zeigt, festgelegt. Dazu gehören wiederum neun Teilnehmer:

1. die Wurzelzertifizierungsinstanz,

2. die Zertifizierungsinstanzen der Kreditkartenbetreiber,

3. die optionalen geopolitischen Zertifizierungsinstanzen,

4. die Zertifizierungsinstanzen der Zahlungskarteninhaber,

5. die Zertifizierungsinstanzen der Händler,

4.3 Kreditkarten-Systeme

6. die Zertifizierungsinstanzen der Acquirer,
7. die Zahlungskarteninhaber,
8. die Händler und
9. die Acquirer-Payment-Gateways.

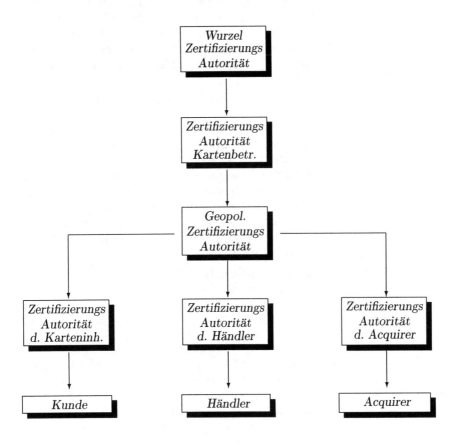

Abbildung 4.4: SET-Zertifizierungshierarchie

Wurzelzertifizierungsinstanz: An oberster Stelle steht die Wurzelzertifizierungsinstanz. Sie hat primär die Aufgabe, die einzelnen Richtlinien der Kreditkartenbetreibergesellschaften zu überprüfen. Bei Einhalten der Richtlinien vergibt sie Zertifikate an die Zertifizierungsinstanzen der Kreditkartenbetreiber.

Geopolitische Zertifizierungsinstanzen: Um eine Aufspreizung der Hierarchie über mehrere Länder für die Kartenbetreiber zu ermöglichen, sieht SET die sogenannten geopolitischen Zertifizierungsinstanzen vor, die sich optional zwischen Wurzelzertifizierungsinstanz und der Zertifizierungsinstanz der Kunden, Händler bzw. Acquirer befinden.

Zertifizierungsinstanz der Kunden, Händler und Acquirer:
Unter diesen befinden sich auf der untersten Stufe der Hierarchie die Zertifizierungsinstanzen der Kreditkartenkunden, der Händler sowie der Acquirer, die meist von den Kreditkartenherausgebern oder beauftragten Geldinstituten der Kreditkartenbetreiber betrieben werden. SET schreibt für die Beziehungen zwischen den einzelnen Instanzen keine Regeln vor. Das Protokoll definiert auf eindeutige Weise lediglich die Verteilung der Zertifikate aller am Handel Beteiligten.

Zahlungskarteninhaber, Händler, Acquirer-Payment-Gateways:
Die Kunden bekommen ein Zertifikat für ihre Kreditkarten ausgestellt. Das Zertifikat steht somit für eine gültige Kreditkarte, die dem Händler zusätzlich die Identität des rechtmäßigen Besitzers zweifelsfrei mitteilt. In SET ist es darüber hinaus jedoch auch für Kunden ohne Zertifikat möglich, Einkäufe zu tätigen. Der Händler ist sich dann zwar nicht der Identität des Kunden sicher, möglicherweise um „guten Kunden" Rabatt zu gewähren, kann aber durch den Acquirer einer gedeckten Kreditkarte sicher sein.

Ähnlich verhält es sich mit dem Händlerzertifikat. Für den Handel ist dies Zertifikat notwendig, anhand dessen die dazugehörigen Acquirer Gutschriften adressieren. Für den Kunden spielen, bezogen auf die Sicherheit

4.3 Kreditkarten-Systeme

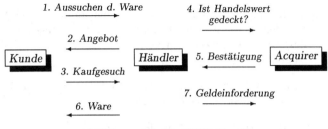

Abbildung 4.5: Der SET-Handel

seiner Kreditkartennummer, die Händlerzertifikate eine untergeordnete Rolle. Im Betrugsfall kommt der Händler sowieso nicht an die sensiblen Kreditkartennummern heran. Diese wurden vom Kunden mit dem öffentlichen Schlüssel des Acquirers verschlüsselt.

Der öffentliche Schlüssel des Acquirers spielt somit eine bedeutende Rolle. Die Kunden sollten deswegen auf jeden Fall vor dem Handel das notwendige Zertifikat des Acquirers kontrollieren. Aufgrund der Bedeutung der Echtheit dieses Zertifikates führt die Zertifizierungsinstanz des Acquirers eine für die Kunden und Händler öffentlich zugängliche CRL.

Elektronischer Handel

Kommen wir zum eigentlichen Anliegen von SET, dem sicheren elektronischen Handel. Insgesamt regeln sieben Schritte den Zahlungsvorgang zwischen dem Zahlungskarteninhaber als Kunden, dem Händler und dem Acquirer-Payment-Gateway:

Schritt 1: Der Kunde sucht nach Dingen im Internet, Katalog oder auf CD-ROM usw., wählt seine Ware aus und ordert diese.

Schritt 2: Der Zahlungskarteninhaber wird mit einem Angebot vom Händler konfrontiert, welches den Handel, Preis und die Menge der Waren korrekt beschreibt.

Schritt 3: Der Kunde unternimmt ein Kaufgesuch. Das ist die **erste SET-Transaktion**.

Schritt 4: Danach wendet sich der Händler an das Acquirer-Payment-Gateway und erfragt, ob der Zahlungsbetrag des Handels gedeckt ist. Das ist die **zweite SET-Transaktion**.

Schritt 5: Wird der Betrag des Handels dem Händler bestätigt, teilt er dies dem Kunden mit.

Schritt 6: Der Kunde bekommt die gewünschte Ware oder den angeforderten Dienst.

Schritt 7: Der Händler fordert das Geld vom Acquirer über das Acquirer-Payment-Gateway. Dies ist die **dritte SET-Transaktion**.

Innerhalb der sieben Schritte kommen nur die drei SET-Transaktionen, Kaufgesuch des Kunden, Autorisation der Zahlung und Auszahlung an den Händler vor.

Erste Transaktion: Die erste SET-Transaktion, das Kaufgesuch des Kunden, wird ausgeführt, nachdem der Kunde sich die Ware beim Händler aussuchte und der Preis feststeht. Weiterhin muss der Kunde die Zertifikate des Händlers und des Acquirers überprüfen.

Die SET-Transaktion besteht aus zwei Nachrichten; der Zahlungsanweisung und der Orderinformation. Die Zahlungsanweisung beinhaltet die asymmetrisch mit dem öffentlichen Schlüssel des Acquirers sicher verschlüsselte sensible Zahlungskartennummer und einen symmetrischen Schlüssel für verschlüsselte Zusatzdaten. Die Orderinformation beschreibt den Handel. Nachdem der Händler die Nachrichten bekommt, überprüft er die Orderinformation. Der Händler unternimmt daraufhin die zweite SET-Transaktion.

Zweite Transaktion: In der zweiten Transaktion überprüft der Händler den Kunden beim Acquirer, ob dieser die notwendige Liquidität besitzt. Bestätigt der Acquirer die Zahlungsfähigkeit des Kunden (Zahlungskarte ist gültig und der Wert der Ware durch das Konto gedeckt), bekommt der Kunde seine Ware. Dazu muss er die mit dem

4.3 Kreditkarten-Systeme

öffentlichen Schlüssel des Acquirers verschlüsselte Zahlungsinformation des Kunden an den Acquirer weiterleiten. Dieser überprüft die Gültigkeit der Zahlungskarte und die Deckung des Wertes. Über das Ergebnis wird der Händler informiert. Der Händler ist nach der zweiten SET-Transaktion aber noch nicht im Besitz des Gegenwertes seiner Ware, der Vorgang ist lediglich autorisiert worden.

Dritte Transaktion: In der dritten SET-Transaktion fordert der Händler beim Acquirer-Payment-Gateway die Auszahlung an. Es ist für den Händler möglich die dritte SET-Transaktion erst zu einem späteren Zeitpunkt oder unmittelbar nach der zweiten durchzuführen. Der Zeitpunkt zwischen Authorisation und Auszahlung ist von den Vereinbarungen zwischen dem Acquirer und Händler abhängig. Das Acquirer-Payment-Gateway überprüft die in der Autorisation der Zahlung bereits gesandten Nachrichten des Händlers mit den Angaben der Nachrichten der dritten SET-Transaktion, die den Wert der gehandelten Ware enthalten. Stimmen die Angaben überein, unternimmt das Acquirer-Payment-Gateway eine Clearing-Anfrage beim Zahlungskartenherausgeber. Da bereits vorher die Deckung des Handelswertes überprüft wurde, findet die Auszahlung nach den herkömmlichen Bestimmungen statt. Im Anschluss wird der Händler über den Ausgang der dritten Transaktion informiert, der diese Nachricht für mögliche spätere Auseinandersetzungen mit dem Acquirer speichert.

Sicherheit

Die Sicherheit des Protokolls gewährleistet eine Kombination kryptographischer Verfahren gepaart mit organisatorischen Maßnahmen. So sichern die symmetrischen Verschlüsselungsverfahren DES bzw. CDMF die Vertraulichkeit übertragener - meist jedoch nicht sensitiver - Daten. Symmetrische Schlüssel und die sensible Kreditkartennummer werden im SET-Protokoll asymmetrisch mit RSA (mindestens 1024 Bit) verschlüsselt übertragen.

Vertraulichkeit

Integrität	Die Integrität der übertragenen Daten schützt das SET-Protokoll durch die Nutzung digitaler Unterschriften und den Einsatz von Hashverfahren.
Authentizität	Die Authentizität der übertragenen Daten stellt das SET-Protokoll durch Schlüsselzertifikate sicher.

Die Schlüssellängen der Wurzelzertifizierungsinstanz beträgt 2048 Bit, die aller übrigen Teilnehmer und Instanzen 1024 Bit. Ausgeteilte Zertifikate basieren auf dem X509v3 Format. Als Hashverfahren kommt das SHA-1 Verfahren zum Einsatz. Ebenso sind im Standard gewisse Richtlinien für deren Verteilung vorgesehen.

Angriffe mit Hilfe des SET-Protokolls

Generieren von Kreditkartennummern	Doch was nützen diese durchaus als sicher geltenden kryptographischen Verfahren, wenn andererseits im Internet Programme existieren, die es Angreifern ermöglichen formal gültige Kreditkartennummern selbst zu generieren. In einer Veröffentlichung im Internet (`http://www.visa.de/service/setfaq.htm`) bezog sich Visa auf diesen Angriff und gab bekannt, dass Angriffe mit automatisch generierten Kreditkartennummern auszuschließen sind, da dem Angreifer der Gültigkeitszeitraum seiner selbst erzeugten „Kreditkarte" unbekannt ist. Mit Hilfe von SET könnte der Angreifer aber durch weltweite Scheinkäufe im Internet versuchen, den noch fehlenden Gültigkeitszeitraum zu bestimmen. Das wären nur 365 bzw. 366 Möglichkeiten. Damit geforderte Karteninhaberzertifikate den Angriff nicht vereiteln, wäre es sogar denkbar, dass sich der Angreifer mit einem Händler verbündet bzw. dass der Händler diesen Angriff selbst automatisch bei verschiedenen Acquirer-Payment-Gateway's vornimmt. Dieser Angriff dürfte in Zukunft unter Umständen die Achillesferse des SET-Protokolls darstellen.

4.3.3 Anonyme Kreditkarten

Mixe sichern Anonymität	S. H. LOW, N. F. MAXEMCHUK und S. PAUL entwickelten ein Kreditkarten-Abrechnungssystem, welches die Anonymität der Kommunikationsteilnehmer und deren Privatsphäre gegenüber

4.3 Kreditkarten-Systeme

Dritten mit Hilfe von Mixen und Chiffren realisiert. Es ist klar, dass die Karten ausgebende Bank ihre Kartenbesitzer kennt, aber nicht die Waren die er mit der Karte bezahlte. Und umgekehrt: der Verkäufer kennt die Waren des Kunden, aber nicht dessen Konto bzw. Kartennummer. Ist selbst die Ware digital, kann das Verfahren völlige Anonymität im Vertrauen gegenüber von Mixbetreibern bieten.

Funktionsweise

Grundlage des Systems bildet eine sogenannte doppelt verschlossene Box. Sie dient im Austausch mit Informationen zwischen zwei Kommunikationspartnern als Chiffre. Möchte beispielsweise A eine Zahlungsanweisung an B vornehmen, adressiert er diese mit dessen öffentlicher Chiffre. Das Mix erhält die Zahlungsanweisung, entschlüsselt die Chiffre, findet innerhalb der Chiffre eine weitere Chiffre und den Namen des Empfängers, im Falle einer Zahlungsanweisung die Bank vor. Die Bank erhält die Nachricht und die Chiffre. Anhand der Daten kann sie der Zahlungsanweisung einem Kunden zuordnen. Die Technik der Chiffre in der Chiffre entspricht der erwähnten doppelt verschlossenen Box.

doppelt verschlossene Box entspricht einer Chiffre in einer Chiffre

Sicherheit

Die Sicherheit hängt primär von der Vertraulichkeit des Mixes ab. Günstigerweise sollte der Mixbetreiber keine finanziellen Interessen verfolgen. Nutzer der anonymen Kreditkarten müssen sich dessen bewusst sein, denn wegen der zur Anwendung kommenden symmetrischen Verschlüsselungsverfahren kann durch eine Kooperation zwischen Banken und Mixbetreiber die Anonymität leicht aufgehoben werden.

Ein Nachteil des vorgestellten Konzeptes liegt im großen technischen wie organisatorischen Aufwand, der betrieben werden muss. Auch sind sich etablierende Zahlungsprotokolle nicht in der Lage ohne weiteres einen Mix in ihr Gesamtkonzept einzubeziehen. Neben den dort definierten Teilnehmern hätte dann noch der Mixbetreiber eine vertrauensvolle Funktion. Aus diesen Gründen und wegen des mangelnden Interesses der Kreditkartenbetreiber an anonymen Einkäufern dürfte das hier

System ist zu kompliziert

vorgestellte Protokoll nicht über seinen universitären Charakter hinauswachsen.

4.3.4 Zusammenfassung

FV hat sich durchgesetzt

Von den Kreditkartensystemen sind zwei in Zukunft erwähnenswert, FV und das SET-Protokoll. FV wird bereits heute vielfach eingesetzt und benötigt keine aufwendigen Verschlüsselungsverfahren. Es unterliegt somit nicht den strengen Exportregulierungen seitens der Vereinigten Staaten. Weiterhin passieren Kreditkarteninformationen nur Telefonleitungen auf dem Weg zu FV. Das Abhören der elektronischen Post stellt für jeden versierten Nutzer an diversen Internet-Knotenstellen bekanntlich kein Problem dar.

SET wird sich durchsetzen

SET ist von führenden Kreditkartenbetreibern (Mastercard, Visa) entwickelt worden, die es vorwiegend als sicheres kreditkartenbasiertes Zahlungssystem im Internet weltweit forcieren.

Zum Schluss sei noch die Tatsache erwähnt, dass Kreditkartenzahlungen mit nicht zu vernachlässigenden Gebühren für Händler verbunden sind, die Zahlungen in Kleinstbeträgen (Pfennig, Cent) praktisch ausschließen. Daher lohnt sich der elektronische Handel erst ab einem bestimmten Warenwert, wie er beispeilsweise bei Katalogeinkäufen, Flugticketbestellungen anfällt. Der Internethandel mit Waren kleinster Preisbeträge muss dagegen mit anderen, alternativen Mitteln das Bezahlen durch elektronische Werteinheiten oder durch Konten regeln (Micropayment-Systeme). Die sich anschließenden Kapitel stellen Alternativen vor.

4.4 Verrechnungssysteme

In diesem Kapitel werden verschiedene Verrechnungssysteme vorgestellt. Allen ist gemeinsam, dem Kunden ein Zahlungsmittel an die Hand zu geben, welches es ihm ermöglicht, geringwertige Einkäufe im Pfennigbereich zu tätigen. Viele der hier vorgestellten Zahlungssysteme liegen derweil in der Theorie

4.4 Verrechnungssysteme

vor. An ihnen erkennt der Leser jedoch verschiedene Sicherheitsaspekte sowie unterschiedliche Lösungen des Hauptproblems unrechtmäßiger doppelter Einzahlungen von Zahlungsmitteln.

4.4.1 PayWord

Die Kryptologen RON RIVEST und ADI SHAMIR entwickelten das 1996 im Internet veröffentlichte Verrechnungssytem PayWord innerhalb eines Projektes der Firma DEC. Die Idee, die hinter PayWord steht, ist sehr einfach. Ein Kunde kauft sich bei einem Zahlungsmittelbetreiber Zahlungsmittel, die er anschließend bei einem Händler gegen Ware tauscht. Am Tagesende, je nach Vereinbarung, lässt der Händler sich die erhaltenen Zahlungsmittel bei einem Broker gutschreiben. Der Broker besitzt auch hier wieder die Aufgabe, zwischen Kunden und Händlern zu moderieren, um den Geldfluß zwischen dem Kundenkonto bei der Kundenbank und dem Händlerkonto bei der Händlerbank anzustoßen. Was PayWord auszeichnet, ist seine bestechende Einfachheit. Für den Zahlungsvorgang selbst sind keine schwer berechenbaren asymmetrischen Verschlüsselungsverfahren erforderlich. Lediglich die Anwendung eines schnellen Hashverfahrens genügt. Um jedoch zweifelsfrei die Verbindung eines Kunden mit seiner Lieferadresse und somit auch seiner Identität herzustellen, ließen sich elektronische Zertifikate und deren einmalige Kontrolle durch den Händler mit Hilfe asymmetrischer Verschlüsselungsverfahren nicht vermeiden.

PayWord ist sehr einfach

Funktionsweise

Die Funktionsweise von PayWord setzt sich aus den drei Schritten

1. Initialisierung,
2. Bezahlvorgang,
3. Gutschreiben des Zahlungsmittels.

zusammen.

Initialisierung: Im ersten Schritt, vor dem eigentlichen elektronischen Handel, müssen der Kunde und der Händler ein Konto bei einem Broker einrichten. Das sollte mit Techniken aus Kapitel 4.2 möglich sein. Ebenfalls kann sich eine Bank, ein Diensteanbieter o. ä. zum Betreiben von PayWord entschließen. Für das Einrichten des Kontos benötigt der Broker die Kundenlieferadresse für Waren, die sich nicht innerhalb des Internets transportieren lassen, und einen öffentlichen Schlüssel des Kunden. Daneben benötigt der Broker noch Angaben zur Berechtigung des Abhebens des Handelswertes bei dem Kundenkonto der Kundenbank. Das kann eine Einzugsermächtigung, Lastschrift oder Kreditkartenangabe sein.

Wurde eine Beziehung zwischen Kunde und Broker etabliert, bekommt der Kunde von ihm ein Schlüsselzertifikat Z_K (aus dem Signierschlüssel K des Brokers erzeugt), das sich aus

- B dem Namen des Brokers, d.h. dem Aussteller des Zertifikates,
- K dem Kundennamen,
- A_K der Lieferadresse,
- PK_K dem öffentlichen Schlüssel des Kunden,
- E einem Verfallsdatum,
- und zusätzlicher Informationen I_K, wie Zertifikatsnummer, Zahlungslimit usw.

zusammen setzt.

$$Z_K = S_{SK_B}(B, K, A_K, PK_K, E, I_K)$$

Das Zertifikat berechtigt dann den Kunden Zahlungsmittel - hier sind sie mit Schecks vergleichbar - auszustellen. Unter Einbehaltung einer kleinen Gebühr werden die vorgelegten elektronischen Zahlungsmittel dem Händler durch den Broker auf festgelegte Weise gutgeschrieben.

Bezahlvorgang: Bezahlt der Kunde erstmalig einen Händler, besteht der Bezahlvorgang aus zwei Phasen.

4.4 Verrechnungssysteme

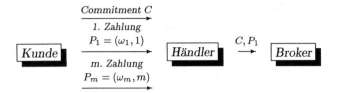

Abbildung 4.6: Pay Word Bezahlvorgang

- In der ersten Phase muss der Kunde das Zahlungsmittel für einen vorher festgelegten Händler generieren (damit nicht ein Händler das Zahlungsmittel selbst für einen Einkauf missbraucht).
- Das Zahlungsmittel wird in der zweiten Phase während einzelner Bezahlvorgänge verwendet.

Die Generation von „Münzen" mit einem vereinbarten Gegenwert geschieht folgendermaßen. Der Kunde bestimmt einen zufälligen Wert ω_n für das n te Zahlungsmittel. Daraus berechnet er einen Hashwert $\omega_{n-1} = h(\omega_n)$ mit einer kryptographisch sicheren Hashfunktion $h(\cdot)$. Den Schritt wiederholt er, bis er $\omega_0 = h(\omega_1)$ erhält. Die Werte $\omega_0, \omega_1, \ldots, \omega_n$ bilden somit eine Kette, die es jedem erlaubt, eine später „eingezahlte" vermeintliche „Münze" ω_i anhand von ω_0 eindeutig durch die wiederholte Hashwertbildung auf Richtigkeit hin zu überprüfen ($\omega_0 = \underbrace{h(\cdots h(\omega_i) \cdots)}_{i \text{ mal}}$).

Münzen sind eine Kette aus Hashwerten

Für den Zahlungsvorgang ist die Zahlungsmittelkette allein nicht ausreichend. Der Kunde muß sie vorher noch (d.h. den Wert ω_0) in einem sogenannten Commitment C gegenüber dem Händler H festlegen. Das C Commitment besteht

- aus dem eindeutigen Namen des Händlers H,
- dem oben beschriebenen Zertifikat des Kunden Z_K,

- der Wurzel der Zahlungsmittelkette ω_0,
- dem aktuellen Datum D,
- aus zusätzlichen Informationen I_H

und wird mit dem privaten Schlüssel des Kunden SK_K verschlüsselt

$$C = V_{SK_K}(H, Z_K, \omega_0, D, I_H).$$

Commitment legt Zahlungsmittelkette fest

Die anschließenden Zahlungsvorgänge basieren auf der zwischen Kunde und Händler mit ω_0 vereinbarten Zahlungsmittelkette und dem jeweiligen eingezahlten Zahlungsmittel $P_i = (\omega_i, i)$, welches aus den beiden Angaben ω_i und dem Index[2] i besteht. Die Differenz zwischen den Indizes der aktuell eingezahlten Münze i und der davor eingezahlten Münze $< i$, bestimmt den dem Händler übergebenen Bezahlwert.

Da der Händler praktisch nicht die Umkehrfunktion einer Hashfunktionen $(h^{-1}(\cdot))$ berechnen kann, gelingt es ihm nicht, aus den erhaltenen Münzen $P_i = (\omega_i, i)$, weitere mit höheren Indizes $(P_{i+1} = P(\omega_{i+1}, i))$, durch die Berechnung von $\omega_{i+1} = h^{-1}(\omega_i)$, zu gewinnen. Der Händler kann somit den Kunden nicht betrügen.

Commitment bindet Zahlungsmittelkette an den Kunden

Weiterhin ist die Zahlungskette durch das Commitment C eindeutig an einen Kunden gebunden. Ebenfalls ist der Kunde nicht in der Lage, Zahlungsmittel doppelt einzuzahlen, denn nur die Differenz ist entscheidend.

Gutschrift: Am Ende eines Tages lässt sich der Händler an ihn gezahlte Zahlungsmittel bei seinem Broker gutschreiben. Er übergibt dem Broker das erhaltene Commitment C und das zuletzt ihm eingezahlte Zahlungsmittel $P_m = (\omega_m, m)$. Der Broker überprüft die Richtigkeit des Commitments mit dem öffentlichen Schlüssel des Kunden und die Richtigkeit des Zahlungsmittels P_m durch die m-malige Berechnung des Hashwertes ω_m. Liegt als Ergebnis das sich im Commitment befindende ω_0 vor,

---

[2] Der Index ist entbehrlich. Er ist durch wiederholte Hashwertbildung implizit gegeben. Falsche Werte für ω_0 würden jedoch zu ununterbrochenen Berechnungen führen. Der Index dient dazu diese Fehler auszuschließen.

4.4 Verrechnungssysteme

wird das Händlergesuch akzeptiert, sonst nicht. Die Größe des gutgeschriebenen Wertes richtet sich nach dem Index m und beträgt somit m der vereinbarten Werteinheiten.

Ein Händler ist nicht gezwungen, eine Beziehung vor dem ersten Einkauf seines ersten Kunden mit einem Broker einzugehen. Was er benötigt, ist der öffentliche Schlüssel des Brokers, um sich von der Echtheit des Kundenzertifikates Z_K im Commitmment zu überzeugen.

4.4.2 MicroMint

Wie PayWord ist auch das münzbasierte Zahlungssystem MicroMint von den beiden Kryptologen RON RIVEST und ADI SHAMIR entwickelt und im Jahre 1996 im Internet veröffentlicht worden. Die Idee, die dem Zahlungssystem zugrunde liegt, scheint direkt realen Münzen abgeschaut zu sein. Die Herstellung realer Münzen ist mit einem relativ hohem, aber sich amortisierenden Aufwand verbunden, während die Kontrolle anhand der äußeren Eigenschaften jedermann möglich ist. Für die „elektronische" Umsetzung dieser Eigenschaften ließen sich die Kryptologen etwas Skurriles einfallen. Sie zogen auch hier wieder Hashfunktionen heran, nur diesmal auf ungewöhnliche Weise; sie nutzen Hashkollisionen gezielt aus. Hashkollisionen sind, wie wir wissen, praktisch nicht in einem vertretbaren Zeitraum erzeugbar, existieren jedoch theoretisch immer. Gelingt es dem Zahlungsmittelbetreiber Hashkollisionen mit zusätzlicher Hardware in hinreichend schneller Zeit zu finden, besitzt er Münzen. Technisch gesehen besteht nach RON RIVEST und ADI SHAMIR eine Münze aus einer Anzahl von Werten $\omega_0, \cdots, \omega_n$, die alle zusammen die besagte Kollision $h(\omega_0) = \cdots = h(\omega_n)$ ergeben.

Funktionsweise

Der Bezahlvorgang setzt sich wieder aus drei Phasen zusammen.

Initialisierung: In der ersten Phase, genannt Initialisierung, erfolgt die Ausgabe der Münzen an die einzelnen Kunden.

Bezahlvorgang: Die zweiten Phase beinhaltet den Bezahlvorgang.

Der Zahlungsmittelbetreiber (Z. Betreiber) erzeugt: $M = (\omega_1, \cdots, \omega_n)$ mit $H(\omega_1) = \cdots = H(\omega_n)$

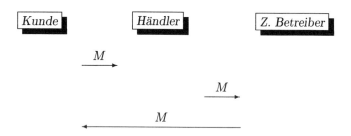

Abbildung 4.7: Funktionsweise von MicroMint

Rückgabe: In der dritten Phase, genannt Rückgabe, werden die eingezahlten Zahlungsmittel dem Zahlungssystembetreiber gegen „echtes Geld" zurückgetauscht.

Initialisierung: Während der Initialisierung berechnet der Zahlungsmittelbetreiber mit Hilfe seiner Hardware im Laufe einer festgelegten Zeitspanne eine bestimmte Anzahl von Hashkollisionen, die ihm als Grundlage für besagte Münzen M der Gestalt $M = \{\omega_0, \ldots, \omega_n\}$ dienen. Der Kunde erhält diese anschließend auf Anfrage gegen den Prägewert und einer entsprechenden Gebühr über einen nach Techniken des Kapitels 5 etablierten sicheren Kommunikationskanals.

Bezahlvorgang: Während des Bezahlvorgangs tauscht der Kunde seine Münzen gegen entsprechende Dienstleistungen ein. Der Händler überprüft einkommende Münzen $M = \{\omega_0, \ldots, \omega_n\}$, indem er die in M enthaltenen Werte auf Kollision hin überprüft ($h(\omega_0) = \cdots = h(\omega_n)$). Um doppelte Einzahlungen der Münzen zu verhindern, sind Techniken aus Kapitel 2.11.3 für die Aufgabe heranzuziehen. Entweder der Händler lässt diese gleich auf Dubletten beim Zahlungsmittelbetreiber kontrollieren oder er unternimmt die Kontrolle in regelmäßigen Abständen. Da das

4.4 Verrechnungssysteme

Zahlungsmittel nicht anonym ist, kann der Zahlungsmittelbetreiber jede zurückerhaltene Münze eindeutig einem Kunden bzw. Händler zuordnen, denen bei durchgeführten doppelten Einzahlungen vereinbarte Strafen drohen (z.B. Einbehaltung einer hinterlegten Kaution).

Rückgabe: Händler, die für ihre Ware bestimmte Münzen erhielten, tauschen sie sofort nach Erhalt oder zu definierten Zeiten beim Zahlungsmittelbetreiber ein. Dieser überprüft die Münzen auf Dubletten. Liegen keine doppelten Einzahlungen vor, werden sie gegen eine kleine Gebühr dem Händler verrechnet. Damit die Datenbank der zu kontrollierenden Münzen nicht ins Unermessliche wächst, sind diese zusätzlich mit einem Verfallsdatum versehen. Verfallene Münzen sind dann entweder nicht mehr oder nur zu einem Bruchteil des ursprünglichen Wertes rücktauschbar.

4.4.3 Millicent

Das Zahlungssystem Millicent entstammte ebenfalls dem DEC Projekt, welches bereits die beiden in den vorhergehenden Abschnitten betrachteten Systeme PayWord und MicroMint hervorbrachte. Es wurde 1995 im Internet unter der Beteiligung von S. GLASSMAN, M. MANASSE, M. ABADI, P. GAUTIER und P. SOBALVARRO veröffentlicht.

Funktionsweise

Die Grundidee ist auch hier wieder bestechend einfach und Kaufvorgängen mit Coupons dem täglichen Leben abgeschaut. Händler geben diese für ihre Dienstleistung an Kunden heraus. Damit nicht jeder Händler von jedem Kunden ein Konto führt, was sogar möglich sein soll, jedoch bei m Händlern mit n Kunden immerhin eine Anzahl von $n \cdot m$ Konten bedeutet, moderiert ein Broker die Kunde-Händler-Beziehung. Jeder Händler unterhält im System ein Konto für einen Broker. Diesem werden dann die Coupons für einen bestimmten Kunden verkauft, der sie nach Abrechnung des Handelswertes weiter vermittelt. Dazu besitzt jeder Kunde einen Account bei einem Broker. Bei n Kunden und m Händlern, werden somit im Gesamtsystem

Millicent ähnelt d. Bezahlen mit Coupons

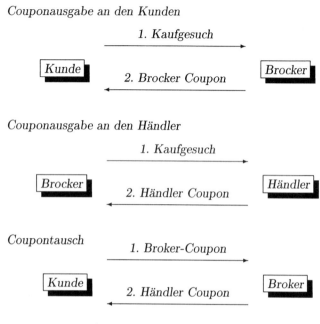

Abbildung 4.8: Couponausgabe

lediglich $n + m$ Konten notwendig. Um die Abrechnung der einzelnen gehandelten Händler-Coupons zu vereinfachen bzw. auch bei Bruchteilen von Pfennigbeträgen zu ermöglichen, gibt der Broker jedem Kunden sogenannte Broker-Coupons seinerseits zu einer effektiv abrechenbaren Größe vor jedem Kaufvorgang aus. Diese können dann je nach Bedarf vor dem Bezahlvorgang gegen Coupons eines bestimmten Händlers eingetauscht werden.

Sicherheit

Die Sicherheit dieses sehr einfachen Systems wird vorwiegend durch organisatorische Maßnahmen und einfachste kryptographische Verfahren erreicht. Ein Coupon, in der DEC Terminologie Script genannt, gewährleistet folgende Eigenschaften:

4.4 Verrechnungssysteme

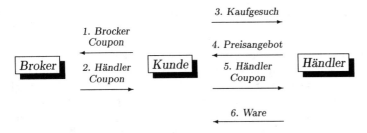

Abbildung 4.9: Einkauf

- Der Couponwert ist an einem bestimmten Händler gebunden.
- Coupons besitzen einen geringen Wert
- und können nur einmal zur Anwendung kommen.
- Eine Signatur verhindert die Fälschbarkeit
- und ist nur für den rechtmäßigen Besitzer generierbar.

Ein Coupon selbst besteht aus dem Namen des Händlers H, dem Wert W des Coupons, einer Seriennummer Ser_{Nr} um doppelte Einzahlungen zu verhindern, einer Kundennummer K_{Nr}, einem Verfallsdatum V_{Datum}, zusätzlichen Angaben und dem Zertifikat Z.

$$Coupon := (H, W, Ser_{Nr}, K_{Nr}, V_{Datum}, Z), Zertifikat$$

Das Zertifikat ist der Hashwert, berechnet aus den sechs Feldern des Coupons zusammen mit einem nur dem Händler bekannten Geheimnis. Die Kontrolle erfolgt wieder in der Probe. Die sechs Datenfelder zusammen mit dem Geheimnis bilden die Grundlage der Hashwertberechnung. Stimmen Zertifikat im Coupon mit berechneten Wert überein, lag keine Fälschung vor.

Das Millicentprotokoll ist darüber hinaus noch um weitere kryptographische Maßnahmen erweitert. So kann mit dem Kunden, auf Grundlage seiner Kundenkennung (K_{Nr}), ein gemeinsamer Schlüssel vereinbart werden. Dieser dient der verschlüsselten Kommunikation zwischen Kunde und Händler bzw. Kunde und Broker.

Erste Pilotversuche mit Millicent

DEC startete den ersten Pilotversuch 1998 mit zwei Firmen im Internet. Die erste Firma KLELine ist ein Joint Venture der Compagne Bancaire und LVMH. Bei Compagne Bancaire handelt es sich um eine Finanzinstitution. Bei LVMH handelt es sich um einen Verteiler von Luxusgütern. Der geplante Einsatz von Millicent soll in Frankreich, Deutschland, Belgien, der Schweiz, Italien und Spanien erfolgen. Die zweite Firma ist die Tele Danmark Gruppe. Mit Millicent versucht sie die internetgesegneten skandinavischen Länder zu erreichen. Osteuropa wird ebenfalls mit ins Visier genommen. Damit dürfte dann Millicent fast ganz Europa abdecken.

4.4.4 NetCash

Von der Universität Süd Kalifornien stammt das von GENNADY MEDVINSKY und CLIFFORD NEUMANN entwickelte NetCash und NetCheque System. Zahlungen erfolgen über elektronische Zahlungsmittel, indem eine elektronische Unterschrift des Geld ausgebenden Servers (Currency Server) die Echtheit garantiert. Die Geld ausgebenden Server wurden dabei von einem zentralen Bankserver für eine bestimmte Zeit autorisiert Zahlungsmittel auszugeben.

Der Vorteil von NetCash liegt in der Skalierbarkeit, d.h. bei steigender Nutzeranzahl können zusätzliche Server ohne Probleme zugefügt werden. Doppelte Einzahlungen kann NetCash ebenfalls nur konventionell online verhindern. Jede ausgegebene Münze besitzt dazu ein Eindeutigkeitsmerkmal (Seriennummer), welches der Server, der sie prägt, speichert. Nach Eintreffen einer bereits ausgezahlten Münze wird dieser Eintrag im Server gelöscht. Server müssen daher nur die im Umlauf befindlichen Münzen registrieren. Empfängt ein anderer Server die Münze, leitet er diese an den zuständigen Server weiter, denn jede Münze besitzt zusätzlich Informationen über ihre „Prägeherkunft". Trifft eine Münze ein zweites Mal bei einem Server ein, liegt ein Betrug vor, der durch den fehlenden Eintrag erkannt wird. Anonymität kann das System deshalb nicht erfüllen und dem Kunden bleibt das Vertrauen, dass Geldausgabe-Server nicht befugt sind, Zusammenhänge

4.4 Verrechnungssysteme

zwischen ausgegebener Münze und Empfänger in irgendeiner Form zu speichern.

4.4.5 CyberCoin

Im Jahre 1994 von WILLIAM MELTON und DANIEL LYNCH gegründet, stellt CyberCash mit CyberCoin ein weiteres Zahlungssystem im Internet zur Vereinfachung der sicheren Verrechnung von Bezahlvorgängen vor. Daneben versuchte die Cyber Cash Inc. ein proprietäres Kreditkartenzahlungssystem zu platzieren. Der große Nachteil ihres Systems: Es wurde zu früh ohne Beteiligung wichtiger Firmen entwickelt. Die Entwickler konnten andere von ihrem Konzept nicht rechtzeitig überzeugen und haben nach der öffentlichen Bekanntgabe des SET-Standards (Kapitel 4.3.2) durch die zwei führenden Kreditkartengesellschaften MasterCard und VISA praktisch damit keine Chancen mehr sich zu etablieren. CyberCash schwenkte deswegen um und plant in Deutschland in Zusammenarbeit mit der Dresdner Bank AG sowie der Landesbank Sachsen, die bereits CyberCoin in einem Pilotprojekt seit Ende November 1997 testen, ab dem 2. oder 3. Quartal 1998 ihr Angebot, um Kreditkarten auf Basis eben dieses Standards zu erweitern. Die Aktivitäten unternimmt in Deutschland die am 7. Oktober 1997 als Joint-Venture zwischen CyberCash und den erwähnten Banken gegründete CyberCash GmbH.

Funktionsweise

CyberCoin ist nicht wie der Name suggeriert ein münzbasiertes Verfahren, sondern gleicht lediglich Beträge von durch Banken geführten Schattenkonten im Kontext des getätigten Handels aus. Der Wert des Schattenkontos, der dem Kunden durch ein elektronisches Portemonnaie angezeigt wird, nennt sich CyberCoin. Damit es vor dem Einkauf nicht leer ist, überweist er gegebenenfalls einen Betrag. Tätigt er zu einem späteren Zeitpunkt einen Handel, signalisiert er diese Absicht per Mausklick, wählt CyberCoins, d.h. den Betrag aus und bekommt die gewünschte Ware digital übermittelt, wobei er den Entschlüsselungsschlüssel erst am Ende des Bezahlvorgangs erhält. Bei der Übertragung größerer Softwarepakete hat der Kunde so bereits vor dem Bezahlen der Ware diese sicher.

CyberCoin sind keine Münzen

Die Abrechnung des Handelswertes selbst geschieht durch eine Art elektronischer Überweisungsauftrag des Kunden an das Cyber Cash Gateway. Der Kunde überträgt darin die Zahlungsverkehrsdaten verschlüsselt (der Händler kann diese Daten nicht entschlüsseln) und elektronisch unterschrieben an den Server des Händlers, dessen Software weitere Informationen wie Kaufpreis etc. anfügt, das entstandene Datenpaket elektronisch unterschreibt und an das Cyber Cash Gateway weiterleitet. Dort vergleicht das Gateway die Daten des Kunden mit den Daten des Händlers. Stimmen beide Versionen überein, wird das Schattenkonto des Kunden zugunsten des Schattenkontos des Händlers gegen eine kleine Gebühr belastet. Der Händler bekommt über den Ausgang der Geldtransaktion Bescheid und übermittelt im positiven Fall dem Kunden den noch fehlenden Schlüssel, der dadurch Zugriff auf die gekaufte verschlüsselte Software bekommt. Der gesamte Bezahlvorgang soll im Internet nur wenige Sekunden betragen.

4.4.6 Fazit

PayWord

PayWord ist ein sehr einfaches Zahlungsmittel, das mit minimalstem Rechenaufwand auskommt. Weiterhin erfolgt die Überprüfung auf Dubletten offline ohne Einschalten einer Bank bzw. durch Abgleich mit einer zentralen Datenbank. Das wird zum einen erreicht, indem nur die Differenz der Indizes zwischen aktuell eingezahlten und dem zuletzt eingezahlten Zahlungsmittel den vereinbarten Handelswert des Zahlungsmittels bestimmt; zum anderen dadurch, dass sich Kunde und Händler durch ein sogenanntes Commitment im Voraus über eine bestimmte Zahlungsmittelkette einigen. Der Händler kann jede einkommende Münze durch einfache Hashwertberechnung einkommender Münzen $P_i = (\omega_i, i)$ überprüfen, sie selbst aber wegen der praktischen Unumkehrbarkeit nicht selbst in angemessener Zeit erzeugen. Nach i-facher Berechnung muss spätestens mit dem Commitment der Beweis der Echtheit erbracht werden. Stimmen der darin festgelegte Wert ω_0 mit dem berechneten nicht überein, liegt dem Händler eine Fälschung vor. Die zweifelsfreie Identität des Kunden wird in diesem Zahlungssystem wieder durch ein elektronisches Zertifikat, für das der Broker bürgt, erreicht.

4.4 Verrechnungssysteme

PayWord ist sehr einfach umsetzbar, wenn eine bestehende Vertrauensbeziehung zwischen potentiellen Kunden und Händlern durch einen Dritten ausgenutzt werden kann. Dazu gehören Banken sowie Telefongesellschaften, die mit ihrem verstärkten Internetinteresse in der Lage wären, ihren Kunden den elektronischen Handel auf einfache Weise zu ermöglichen. Anstatt lediglich Telefonkarten auszugeben, könnten sie mit Hilfe von PayWord, elektronische Werteinheiten im Internet ausgeben.

MicroMint bildet die Eigenschaft echter realer Münzen auf elektronische Münzen in direkter Weise durch die Anwendung von Hashkollisionen ab. Nur derjenige, dem es gelingt, billig Hashkollisionen mit zusätzlicher Hardware zu erzeugen, besitzt die Fähigkeit des „Gelddruckens". Zahlungsmittelbetreiber sind aus dem Grund durch ihre hohen Anfangsinvestitionen von dem Erfolg ihres Zahlungssystems und in direkter Weise von ihrer Gebührenerhebung abhängig. MicroMint

Statt elektronische Münzen durch Banken auszugeben, die zentral doppelte Einzahlungen für jeden Zahlungsvorgang festellen müssen, werden im Millicent-Zahlungssystem Coupons durch Händler an Kunden weitergegeben. Die Händler besitzen selbst die Aufgabe, diese auf Doppelungen hin zu überprüfen. Somit wird nicht eine Zentrale mit einer großen Datenbank für alle Zahlungsvorgänge belastet. Der Kommunikationsaufwand hält sich somit in Grenzen. Weiterhin besitzen Coupons von vornherein nur eine bestimmte Lebensdauer und einen sehr geringen Wert. Wenn jemand Coupons fälscht, muss er einen hohen Aufwand bei geringem Nutzen treiben. Ebenfalls ist Diebstahl von Coupons für den Dieb von geringem Nutzen. Jeder Coupon ist einem Kunden zugeordnet. Schickt der Händler die Waren an den im Coupon bezeichneten Kunden, geht der Dieb leer aus. Millicent besitzt aber auch einige schon erwähnte Nachteile. Der Händler könnte gültige Coupons ablehnen. Das ist bei elektronischer Informationsware wenig sinnvoll. Diese ist bekanntlich ohne Kosten duplizierbar. Anders wenn der Händler zwischenzeitlich in Konkurs geht. Nicht zurückgegebene Coupons sind dann ohne Wert. Hier Millicent müsste der Broker über eine vorher vom Händler eingezahlte Kaution verfügen. Die Höhe der Kaution sollte sich daher an dem Wert der aktuell gültigen Coupons des aktuellen Händlers orientieren.

Millicent zeichnet sich somit durch eine Kombination einfacher kryptographischer Verfahren und einem abgestimmten organisatorischem Konzept aus. Es eignet sich hervorragend für Bezahlvorgänge kleinster Beträge. Aufgrund seiner einfachen Umsetzbarkeit kam es bereits zu einem ersten Feldversuch seines Betreibers Digital Equipment.

CyberCoins

Ähnlich bei CyberCoins, einem von der CyberCash Inc. vorgestellten Bezahlsystem, das sich bereits in einem Pilottest bei der Dresdner Bank AG und der Landesbank Sachsen befindet. Die Idee, die hinter CyberCoin steht, ist direkt mit alt bekannten Überweisungen vergleichbar. Der Kunde beauftragt einen Dritten, den Zahlungssystembetreiber, hier das Cyber Cash Gateway, einen bestimmten Betrag seines Schattenkontos auf das Schattenkonto des Händlers zu überweisen. Da die Cyber Cash GmbH, der deutsche Ableger, selbst keine Finanzinstitution ist, müssen sich diese Schattenkonten bei einer Bank befinden.

NetCash

NetCash ist dagegen in der heißen Phase der Entstehung neuer elektronischer Zahlungssysteme im Jahre 1993 im universitären Umfeld entstanden. Es konnte bis heute nicht in ein brauchbares Produkt umgesetzt werden.

Zum Schluss sei noch angmerkt, dass die Vielfalt der hier vorgestellten unterschiedlichen Verfahren nicht zuletzt vor allem aus dem Bestreben der Firmen resultiert, Patente rechtzeitig abzusichern. Ob die Produkte sich trotz erfolgreicher Pilottests im täglichen Einsatz bewähren - darüber mag der Kunde entscheiden.

4.5 Scheckähnliche Systeme

Relativ wenige Zahlungsmittelbetreiber nutzen scheckbasierte Zahlungssysteme im Internet. Die Probleme liegen auf der Hand: einmal die Deckung des Schecks und zum anderen die Akzeptanz durch die Bank. Das hier vorgestellte ecash-Zahlungssystem ist per se nicht eindeutig einer bestimmten Zahlungsform zuzuordnen. Die deutsche Bank definiert die mit ecash abgewickelten Zahlungen jedoch als Zahlung eines Bankschecks nur gegen Verrechnung. Das im Anschluss vorgestellte NetBill-Zahlungssystem liegt noch nicht in einer praktischen Anwendung vor. Die Carnegie Mellon Universität aus Pittsburgh USA beschäftigte sich bis jetzt mit diesem Zahlungssystem, das ähnlich ecash dem Kunden erlaubt, Zahlungsanweisungen an den Händler zu transferieren. Der kann diese nur bei einem bestimmten Zahlungsmittelbetreiber einlösen, womit die Anweisung einem Bankscheck vergleichbar wäre. Im Vordergrund dürfte auch hier wieder für die Entwickler die Sicherung von Patenten stehen.

4.5.1 ecash

Ecash ist dem anonymen online Zahlungsmitteln zuzurechnen. Es wurde von DAVID CHAUM [27] entwickelt und basiert auf seiner patentierten blinden Signatur (siehe Kapitel 2.11.2), die die Grundlage der Anonymität bildet. Weiterhin ist es möglich, mit ecash Werte für die spätere Verwendung zu speichern. Hauptsächlich ist ein Einsatz in Rechnernetzen wie Internet gedacht und benötigt außer den Zugangsrechnern prinzipiell keine weitere Hardware wie Chip-Karten. Online ist ecash deshalb, weil jeder Empfang von elektronischen Zahlungsmitteln vor der Weiterverwendung auf mögliche Dopplungen durch mögliche Angreifer mit Hilfe der Bank überprüft. Ein Austausch zwischen Personen ist ebenfalls möglich. Die Funktionsweise sei hier wieder an drei Punkten erläutert.

ecash verwendet blinde Signaturen

ecash ist ein online-Zahlungssystem

Initialisierung

Person A besitzt einen Zugang und ein Konto bei einer Bank, die natürlich ecash ausgibt (die Mark Twain Bank bot bis vor kurzen diesen Dienst an). Nach Anforderung von Schecks wird ihr

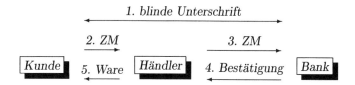

Abbildung 4.10: ecash-Bezahlvorgang

Konto in der Bank entsprechend belastet. Da die Schecks einmalig sein sollten, schützen Seriennummern vor doppelter Verwendung. Die Bank könnte jedoch diese Nummern aufzeichnen und somit den Fluß des Geldes verfolgen. DAVID CHAUM verhindert dies durch die blinde Signatur (siehe Abschnitt 2.11.2).

Einkauf

Person A möchte bei Person B etwas einkaufen. Nach Auswahl der Informationsware in B's Informationsladen geht es ans Bezahlen.

Schritt 1: A sendet Schecks an B, wobei A's Rechner-Software für das Löschen der Schecks auf der Festplatte sorgt.

Schritt 2: B erhält die Schecks und legt sie der Bank vor.

Schritt 3: Die Bank überprüft sie mit einer Datenbank, die Seriennummern von bereits erhaltenen Schecks enthält. Wenn eine Dopplung vorliegt, werden sie nicht akzeptiert. Wenn nicht, wird er in der Datenbank vermerkt und dem Konto von B wird dieser Betrag gutgeschrieben.

Zahlungsmitteltausch zwischen Personen

B der Verkäufer, besitzt nachdem A bei ihm bezahlte keine Zahlungsmittel. Nun ist es seitens der Bank möglich, gleich nach Eingabe von A's korrektem Zahlungsmittel durch B, diese gegen neue einzutauschen. Ist B kein Verkäufer und findet kein Handel statt, erfolgt auf die Art der Tausch der Zahlungsmittel zwischen Personen.

4.5 Scheckähnliche Systeme

Damit sind alle Varianten beschrieben die im praktischen Gebrauch auftreten können.

Zusammenfassung

Folgende Punkte geben eine kurze Zusammenfassung:

- Die Bank gibt Schecks aus, deren Wege sich praktisch nicht verfolgen lassen.
- Es ist prinzipiell möglich, Schecks mehrmals zu verwenden. Bevor die Bank Schecks akzeptiert, wird auf Dopplungen hin überprüft.
- Die Bezahlung, ob vom Kunden zum Händler oder von Person zu Person, erfolgt online unter Mitwirkung der Bank.
- Elektronische Schecks können trotzdem auf der Festplatte gespeichert werden.

Der Ecash-Versuch der deutschen Bank

Nach langen Ankündigungen ging die Deutsche Bank letztendlich in die Offensive und startete Ende 1997 ihren ecash Pilotversuch. An ihm nehmen 1.500 Kunden der Deutschen Bank teil. Zu den Händlern gehören erst neun Firmen. Unter ihnen sind der dpunkt Verlag, die Teles AG und Brot für die Welt, um nur einige zu nennen.

Abschnitt 4.5.1 stellte bereits die prinzipielle Funktionsweise dar. Händler genießen während des Handels einen besonderen Vertrauensvorschuss. Sie erhalten das Geld, bevor sie ihre Kunden beliefern. Betrügerische Händler sollten deswegen von Banken sofort ausgeschlossen werden. Kommt es zum fehlerhaften Verbindungsaufbau vor oder während der Lieferung, sollten Händler fairerweise die elektronische Ware nachliefern bzw. das Geld via eMail zurückgeben. Kommt die Kommunikation zwischen Kunde und Händler problemlos zustande, benötigt der Bezahlvorgang lediglich vier Schritte.

Schritt 1: Sucht sich der Kunde eine Ware im Internet bei einem ecash akzeptierenden Händler aus, betätigt er automatisch einen Link. Dieser startet gleichzeitig im Kundenrechner die Geldbörse. Ebenfalls stößt der Kunde damit den Bezahlvorgang an. Das HTTP-Serverprogramm ruft anschließend über eine CGI-Schnittstelle ein Händlerprogramm auf.

Schritt 2: Das Händlerprogramm nimmt mit der Geldbörse Kontakt auf. Der Kunde wird aufgefordert den entsprechenden Betrag zu begleichen.

Schritt 3: Nachdem der Kunde den Betrag bewilligt hat, gibt die Börse eine Bestätigung an die Händlersoftware.

Schritt 4: Die Händlersoftware stellt anschließend eine Internetseite über den Erfolg des Bezahlvorgangs zusammen, den der Kunde auf seinem Browser angezeigt bekommt.

Nachdem der Kunde zahlte, liefert der Händler die bezahlte Ware. Dabei sind wieder verschiedene Techniken denkbar. Entweder schürt der Händler bereits das Paket, das der Kunde sich dann nach dem Bezahlen abholt bzw. der Händler stellt die Waren nach dem Bezahlvorgang zusammen. Mehrere Varianten sind dabei möglich. Eines bleibt aus Kundensicht zu erwähnen. Bei der Deutschen Bank benötigt er für den Interneteinkauf ein konventionelles Girokonto. Ecash befindet sich daneben auf dem PC des Benutzers, der dieses Zahlungsmittel von einem separatem zusätzlichen ecash-Konto auf Bankseite bezieht.

Neben der Deutschen Bank befindet sich ecash bei der Mark Twain Bank, EUnet (Finnland), Advance Bank (Australien), Den Norske Bank (Norwegen), Bank Austria (Österreich und bei dem Nomura Research Institute (Japan) in Lizenz. Der Austausch von Zahlungsmitteln zwischen den Banken ist derzeit nicht möglich.

4.5.2 NetBill

NetBill, ein Forschungsprojekt an der Carnegie Mellon University in Pittsburgh (USA), hervorgebracht von den Hauptdesignern MARVIN SIRBU, DOUG TYGAR und Studenten die daran in Projekten arbeiteten, gehört zu den nicht anonymen online-Zahlungssystemen. Vorwiegend ist NetBill

4.5 Scheckähnliche Systeme 141

für den Verkauf von Informationen gedacht, die in kleinen Mengen abgerechnet werden können und prinzipell winzige Informationsanbieter als Händler einschließen.

Die Bezahlung der Ware erfolgt über einen Dritten, dem NetBill Server, der mit den Finanzinstitutionen verbunden ist. Der Kunde hat bei diesem System den Vorteil, die Ware vor dem Bezahlen zu besitzen. Die Ware erhält der Kunde verschlüsselt, und er muss den Entschlüsselungsschlüssel anschließend kaufen. Beim NetBill Server wird dabei das Kundenkonto mit dem erforderlichen Betrag belastet und dieser Betrag dann dem Händlerkonto gutgeschrieben. Ein Wiederauffüllen des Nutzerkontos kann über bereits beschriebene Techniken der Abschnitte 4.2 und 4.3.2 geschehen. Dem Händler seinerseits wird dann der jeweilige Betrag in seiner Bank gutgeschrieben.

Der Vorteil des Systems liegt zum einem darin, dass der Kunde vor dem Bezahlen im Besitz der verschlüsselten Ware ist. Der Händler erkennt damit auch, ob die Übertragung korrekt verlief. Anschließend erhält der Kunde den Entschlüsselungsschlüssel. Bricht die Verbindung zwischen Kunde und Händler im letzten Schritt, d.h. vor der Schlüsselübergabe zusammen, holt der Kunde ihn sich vom NetBill-Server. Gelingt es dem Händler dagegen nicht das Zahlungsmittel an den NetBill-Server weiterzuleiten, verfällt es nach einer bestimmten Zeit. Der Handel ist dann automatisch ohne Schaden einer Partei abgeschlossen.

Abschließend sei erwähnt, dass sich das Projekt in den USA im universitären Umfeld in einer Test Phase befindet. Die Teilnehmer erhalten Spielgeld im fiktiven Wert von $1000 Bibliobucks. Anliegen des Teste ist vor allem neben der Sicherheit, der Akzeptanz und der Performance, die technisch relevanten Komponenten des Systems, neben dem Kaufverhalten der Kunden, der Preispolitik u.a. zu untersuchen. Darüber hinaus besitzt NetBill keine Bedeutung.

4.5.3 Zusammenfassung

Hier bleibt in der Praxis nur ein Kandidat von den zwei vorgestellten übrig. Ecash wenden bereits viele Banken erfolgreich an. Die Deutsche Bank verleiht durch ihr Pilotprojekt ecash in Deutschland einen weiteren Schub. Bemerkenswert bleibt noch zu erwähnen, dass es als einziges Sytem dem Kunden eine gewisse Anonymität bietet. Es arbeitet jedoch nicht offline, d.h. in jedem Kaufvorgang ist eine Finanzinstitution involviert, womit Zeitprofile der Kunden der betreibenden Bank die Identität unter Umständen verraten und mit einer hohen Netzlast bei vermehrt auftretenden Zahlungsaktionen für die Betreiber zu rechnen ist.

4.6 Chipkarten-Systeme

Chipkarten-Systeme sind meist offline-Systeme

Chipkarten-Systeme bieten den Hauptvorteil ohne Online-Verbindung mit einer Bank bzw. Dritten auszukommen. Ihr Einsatz kann deswegen in jedem beliebigen Rechnerumfeld ohne Verbindung mit einer Zentrale erfolgen. Das folgende Kapitel stellt die in ihren Sicherheitskonzepten sich sehr unterscheidenden Chipkarten-Systeme „Cafe", „Mondex" und die GeldKarte der deutschen Kreditwirtschaft „ec-Cash" näher vor. Daneben werden weitere Systeme erwähnt.

4.6.1 CAFE

CAFE nutzt auf Kundenseite ein Wallet und eine Chipkarte

CAFE (Conditional Access for Europe) ist ein von der EU gefördertes Projekt und ermöglicht das anonyme Offline-Bezahlen. Im Projekt sind europaweit verschiedene Wissenschaftler, Institutionen und Firmen vereint. Die Leitung liegt beim CWI Amsterdam mit DAVID CHAUM als Projektleiter. Das Projekt wurde 1995 abgeschlossen und verschwand ohne weitere Pilotests wieder in den Schubladen seiner Entwickler.

CAFE managt Geldeinheiten durch entsprechende Hardware der Nutzer. Zwischen dem Gerät des Zahlenden, dem elektronischen Portemonnaie (Wallet), und dem Gerät des Betreibers, dem Guardian (Chipkarte) wird dabei unterschieden. Bei dem Portemonnaie handelt es sich um ein handliches

4.6 Chipkarten-Systeme

Gerät mit Tastatur, Anzeige und nichtflüchtigem Speicher, wie beispielsweise elektronische Assistenten sie besitzen, plus einer Kommunikationsschnittstelle für andere Portemonnaies. Der Guardian ist eine unausforschbare Chipkarte, welche die Interessen der Betreiberbank wahrnimmt und verhindert, dass elektronisches Geld mehrfach ausgegeben wird. Im Projekt wurden bezüglich der zu verwendenden Hardware und Software keine Spezifikationen festgelegt. Es definiert lediglich die Protokolle.

Das Konzept des sicheren Zahlens beruht auf Kooperation zwischen Hardwarekomponenten, um einerseits Interessen des Kunden hinsichtlich Anonymität und andererseits Interessen seitens der Bank bezüglich doppelter Einzahlung von Zahlungsmitteln zu vertreten. Kooperation im CAFE System meint den gemeinsamen Einsatz beider Komponenten, wobei der Guardian als Chipkarte sich im Wallet befindet. Die Anonymität der Teilnehmer erreicht man mit DAVID CHAUMs blinder Signatur.

Ähnlich wie bei ecash gibt es bei CAFE die Möglichkeit

1. des Geldabhebens bei einer Bank bzw. von zu Hause via Modem (prepaid),

2. des offline Bezahlens, d.h. während des Bezahlens sichert der Guardian, daß das Geld nicht mehrmals verwendet wird und

3. des Wiedereinreichens von Geld mit der entsprechenden Gutschrift.

Im Streitfall ist die Beweisbarkeit von Transaktionen Dritten gegenüber möglich. Weiterhin kann man den unerlaubten Nutzer eines wiedererwarten erfolgreich ausgespähten Guardians identifizieren und zur Rechenschaft ziehen.

Anonymität lässt sich im Streitfall aufheben

4.6.2 Mondex

Das Mondex-System entstand aus einen Firmenkonsortium, dem Britisch Telekom, die National Westminster Bank und die Midland Bank angehören. Karten wurden bereits in verschiedenen Ländern ausgegeben. Dazu gehören vor allem die ehemaligen englischen Kolonien wie Australien, Neuseeland, Kanada, USA und die Philipinen.

In Mondex wird auf Referenzkonten verzichtet

Mondex began nach einer Entwicklungszeit 1995 erstmalig sich nach einem Feldversuch in der südenglischen Stadt Swindom zu etablieren. An diesem Versuch nahmen verschiedene Repräsentanten des täglichen Kleinhandels teils, von Imbißbuden über Supermärkte, Reisebüros und Tankstellen bis hin zu großen Versandhäusern. Das eigentliche Ziel, das hinter dem Systemkonzept stand, war die Schaffung eines elektronischen Zahlungsmittels, das genauso wie Bargeld benutzt werden kann. D.h. Geldbeträge befinden sich lediglich auf Chipkarten, auf Referenzkonten in einem Hintergrundsystem wird weitgehend verzichtet.

Funktionsweise

Kundenkarte/Händlerkarte

Im Mondexsystem gibt es zwei unterschiedliche Chipkarten, die Kundenkarte und die Händlerkarte. Prinzipiell unterscheiden sich die Karten nicht, denn der Händler ist mit seiner Karte ebenfalls in der Lage, Einkäufe zu tätigen. Um den Anreiz, eine Händlerkarte nach einem Überfall missbrauchen zu können, zu minimieren, ist diese Karte für Abbuchungen sperrbar. Weiterhin können Karteninhaber untereinander Geld, ohne Einbeziehung einer Finanzinstitution, transferieren. Für diese Transaktionen steht beiden Nutzern ein elektronisches Portemonnaie in Taschenrechnerform zur Verfügung. Darin wird das Geld der einen Karte hineingeladen um von der nächsten abgebucht zu werden. Somit gelingt eine gewisse Anonymität, da sich für Dritte nicht mehr der genaue Fluß des Geldes rückverfolgen lässt. Der Chip auf der Karte speichert jedoch bis zu 10 Transaktionen, die der Nutzer sich mit einem Miniterminal in Schlüsselanhängerform anzeigen lassen kann.

Sicherheit

Spezifikation liegt nicht offen vor

Die Sicherheit von Mondex lässt sich aufgrund der Vertraulichkeit der technischen Spezifikationen sehr schlecht beurteilen. Eine genaue Beschreibung von Details bleibt somit ausgeschlossen. Prinzipell arbeitet das System unabhängig von den verwandten Kryptoalgorithmen und ist dezentral organisiert. Jede Karte besitzt mindestens zwei völlig unterschiedliche Verschlüsselungsalgorithmen mit mehreren Schlüsseln. Das erhöht die Sicherheit. Wenn auf eine neue Schlüsselversion umgestellt werden sollte, teilt das Hintergrundsystem dies den verbundenen Karten mit. Diese wiederum geben diese Information an die jeweils verbundenen Karten weiter, die noch mit der alten Schlüsselversion arbeiten. Alle aktiven Karten sind auf diese Weise dezentral nach dem Schneeballprinzip erreichbar. Ebenfalls besteht im Mondexsystem die Möglichkeit, Karten mit Hilfe von Sperrlisten oder nach Überschreiten einer bestimmten Anzahl von Transaktionen automatisch zu sperren. Gesperrte Karten kann der Besitzer nach einer Überprüfung wieder aktivieren lassen. Aufgrund dieser Maßnahme entziehen sich Mondexkarten bei regelmäßigen Gebrauch nur innerhalb einer bestimmten Zeit dem Hintergrundsystem. Daneben ist es den Kartenbesitzern möglich, den Missbrauch durch die Vergabe einer PIN prophylaktisch zu verhindern. Geht jedoch eine Karte verloren, erfolgt bei Mondex keine Rückerstattung der gespeicherten Beträge.

dezentrales Sicherheitskonzept

keine Rückerstattung verlorengegangener Beträge

4.6.3 Die GeldKarte

In Deutschland besitzt die ec-Karte bereits eine so starke Verbreitung, sodass fast jeder sie besitzt. Mit ihr sind Bargeldabhebungen an entsprechenden Automaten in nahezu fast allen europäischen Ländern sowie Scheckeinkäufe mit einer Zahlungsgarantie für den Händler bis 400 DM möglich. Weiterhin kann die Karte für den direkten Kontozugriff während des Bezahlvorgangs angewandt werden. Der Kunde gibt seine PIN ein und überweist damit den fälligen Betrag dem Händler. Bisher eignete sich die Karte jedoch nicht für kleine Zahlungen im DM Bereich. Dagegen sprechen die anfallenden Händlergebüren sowie oft nicht zu vernachlässigende Kommunikationskosten für die Autorisation einer gerade benutzten Karte. So beschloß der Zentrale Kreditausschuß (ZKA) eine Arbeitsgemeinschaft der Spitzenverbände der deutschen Kreditwirtschaft, 1993 eine Ausschreibung über ein Konzept einer multifunktionalen GeldKarte für den elektronischen Zahlungsverkehr. Im Ergebnis kam es zu

5 Schnittstellen-Spezifikationen für die GeldKarte mit Chip. Die Rechte daran erwarb das ZKA. Die 5 Schnittstellen umfassen

- Datenstrukturen und Kommandos,
- das elektronische cash-System,
- die elektronische Börse,
- das Schlüsselmanagement
- und die Personalisierung.

Ebenso soll es nach Ausgabe der Karte möglich sein, beliebig neue Chipkartenanwendungen zusätzlich bzw. aus Sicherheitsgründen nachzuladen. Um die Funktionsweise der Karte genaustens auszutesten, startete bereits im Frühjahr 1996 in der Region Ravensburg und Weingarten ein groß angelegter Feldversuch mit etwa 100.000 ec-Karten. Diese Region wurde aus verschiedenen Gründen ausgewählt. Dort sind Institute aus allen Gruppen der Kreditwirtschaft vertreten, außerdem ist eine gute Kunden- und Handelsstruktur vorhanden. Anfang 1997 wurde die ec-Chipkarte bundesweit ausgegeben.

Funktionsweise

Der Fluß des Zahlungsmittels ist gerichtet

Die Funktionsweise des Bezahlens basiert auf einer gerichteten Dreiecksbeziehung Bank/Kunde, Kunde/Händler und Händler/Bank. Der Kunde kann sich die GeldKarte nach Eingabe der korrekten PIN an einem entsprechenden Ladeterminal oder via HBCI aufladen. Der so aufgeladene Geldbetrag, welcher auf maximal 400 DM beschränkt ist, wird zugleich auf einem Börsenverrechnungskonto dem Kunden gegengerechnet. Zu einem späteren Zeitpunkt überträgt der Kunde den fälligen Geldbetrag einem Händler. Der Händler selbst benutzt für die Akkumulation der Beträge eine Händlerkarte, die sich in einem Kaufterminal befindet. Die Händlerkarte ist ein Sicherheitsmodul für den Händler, welches die Kommunikation mit den Börsenkarten ermöglicht. Das Kaufterminal ist verantwortlich für die Abwicklung der Kommunikation zwischen Börsen- und Händlerkarten sowie die kumulierte Weiterleitung der Umsätze an die Evidenzzentralen. Wenn sich der Händler seine Einnahmen gutschreiben lässt, werden die Beträge dem Börsenverrechnungskonto gegengerechnet.

Händlerkarte

Sicherheit

Das elektronische ec-Kartengeld ist somit kein anonymes Geld, besitzt jedoch für den Kunden neben diesem Nachteil gewichtige Sicherheitsvorteile. Dem Besitzer einer defekten GeldKarte läßt sich der Wert wieder gutschreiben, und die Karte kann ohne Verlust aus dem Verkehr gezogen werden. Ebenfalls wird die Gesamtsicherheit des System durch die gerichtete Dreiecksbeziehung merklich erhöht. Der Geldfluß bewegt sich immer in Richtung Betreiberbank, Geldanhäufungen über 400 DM sind auszuschließen und der Händler kann seine Einnahmen durch selbst unternommene Einkäufe nicht vor dem Fiskus verbergen.

gutschreiben verlorengegangenen „Geldes"

4.6.4 Weitere Chipkartensysteme

Zu schön wäre es für die Chipkartenbetreiber, gäbe es nur die vorgestellten Chipkartensysteme Mondex und die ec-Chipkarte. Bereits eine Reihe verschiedener Systeme fängt an, sich nach und nach in verschiedenen Bereichen und in anderen Ländern zu behaupten. Nicht ihre genauen Spezifikationen stehen in diesem Teilabschnitt im Vordergrund. Grundlegende Sicherheitsprinzipien sollen durch obige Systeme bereits hinreichend erklärt sein. Vielmehr ist es von Interesse, Rahmenbedingungen, in denen sie zum Einsatz kommen, aufzuzeigen.

Proton Belgien

Banksys, ein Ergebnis der Fusion und Integration der Zahlungssysteme „Bancontact" und „Mister Cash", lancierte ein Pilotprojekt für die elektronische Geldbörse kleiner Geldbeträge in Belgien mit dem Namen „Proton". Erste Tests fanden bereits in den Städten Wavre und Leuven im Februar 1996 statt. Während des Tests wurden 30.000 Karten ausgegeben und 1.300 Terminals in Geschäften und Dienstleistungsunternehmen installiert. Der maximale Wert der Geldkarten für den Einkauf beträgt 500 Bfr. Als Einsatzbereiche sind wiederum - ähnlich wie den bereits vorgestellten Systemen, primär öffentliche Telefone und Automaten gedacht. Darüber hinaus gehören ebenfalls zu den Akzeptanzstellen einige Mineralölgesellschaften und bekannte Fastfood-Ketten sowie weitere bekannte Zulieferer.

Quick

Die Quik Geldbörse nennt sich ebenfalls offene Geldbörse und wurde branchenübergreifend konzipiert. Europay Austria nimmt die gesamte Abwicklung der eingereichten Umsätze vor. Ähnlich der ec-Geldkarte sammelt das Händlerterminal die getätigten Umsätze und übergibt sie gesammelt dem Akzeptanten. Quick existiert für den Kunden in zwei unterschiedlichen Ausführungen. Kunden können Quick mit ihrer ec-Geldkarte oder auf einer konto-ungebundenen Wertkarte benutzen. Der Nutzerkreis der österreichischen Karte ist vom Potential her sehr groß. Es kam nach einem 1994 erfolgreich in Eisenstadt durchgeführten Feldversuch, an dem insgesamt 7.000 Chipkarten sowie Handels- und Dienstleistungsunternehmen mit 150 Terminals teilnahmen, zu der Entscheidung, alle zum regulären Austausch anstehenden ec-Karten mit einem Chip auszustatten. Das waren immerhin ungefähr an die 2,5 Millionen. Für 1999 sollen 5 Millionen Karten mit Chip ausgegeben sein.

Danmønd

Danmønd Dänemark startete bereits 1992 den überhaupt ersten sechs monatigen Feldversuch in Næsted. Die Einführung des Systems begann am 2. Dezember 1993 als landesweite branchenübergreifende Geldbörse. In mehreren Phasen erfolgte die Einführung. Nichtwiederaufladbare Chipkarten gab man zunächst in der ersten Phase aus. Danach kam es zur Einführung einer multifunktionalen Chipkarte, jedoch mit beschränkter Funktionalität. Ende 1996 ließ sich mit der Karte in bereits 88 Städten bezahlen. Der größte technische Nachteil, die Nichtwiederaufladbarkeit, wurde 1997 aufgehoben, nachdem das größte dänische Kreditinstitut beschloss, mit der Ausgabe der wiederaufladbaren Kreditkarte zu beginnen. Der Einsatz der Karte ist seit 1997 bei den Kopenhagener Verkehrsbetrieben, bei der Post und vor allem an öffentlichen Automaten (Kartentelefonautomaten, Parkautomaten usw.) möglich.

VisaCash

Visa International erkannte bereits seit längerem die Chancen, die sich mit dem Betreiben von Kleingeldzahlungssystemen

4.6 Chipkarten-Systeme

ergeben. Diese Funktion, in Kreditkarten integriert, erlaubt elegant dem Träger einer sogenannten VisaCash-Karte beliebig skalierte Beträge für den Zahlvorgang einzusetzen. Eine eigenständige Chipkarte ohne Kreditfunktionalität ist ebenfalls vorgesehen. Der gespeicherte Wert auf dem Chip der VisaCash Karte soll bei $40 liegen, in der Annahme einer durchschnittlichen Transaktion von $ 4.

Das erste VisaCash-Projekt wurde bereits Ende 1995 in Australien durchgeführt, und es beteiligten sich daran die ANZ Banking Group, die Commonwelth Bank of Australia, CUSCAL, National Australia Bank und die Westpac Banking Corporation. Im darauf folgenden Jahr schlossen sich die spanischen Banken an. Die Aufzählung welche Bank in welchen Land wieviel Geldkarten ausgab und wieviele Kunden und Händler sie bei irgendeinem Betrag gebrauchten, kann fortgeführt werden. Eines wird jedoch deutlich, die Omnipräsens von Visa-Kreditkarten in den verschiedensten Ländern räumt schon allein aus quantitativen Gründen Visa zukünftig weltweit einen bedeutenden Platz ein.

EuropayClip

Europay Clip begann 1995 als Projekt unter dem Arbeitstitel „Express" der Europay International. Die im Projekt entwickelte Chipkarte war dabei für den grenzüberschreitenden Zahlungsverkehr mit bis zu 10 verschiedenen Währungen gedacht. Bei einer einheitlichen Währung in Europa könnte sich die Anzahl der verschiedenen Währungen erheblich verringern. Auch ist angedacht worden, geringwertige Zahlungen zu ermöglichen. Zur Sicherung der Zahlungen kommt im Europay Clip der auf dem von Europay, MasterCard und Visa entwickelten EMV-Standard zur Anwendung und es wird bereits das asymmetrische Verschlüsselungsverfahren RSA genutzt. Daneben enthält der Chip als weitere Sicherheitskomponente einen Speicherbereich zur Dokumentation der durchgeführten Transaktionen. Mit einer sogenannten „Key Karte" sind sogar bei dieser Variante Karte-zu-Karte-Transaktionen möglich. Die Transaktionen werden dabei durch eine dritte Karte überwacht. Um auch hier einen ähnlich hohen Sicherheitsstandard wie bei der ec-

Chipkarte des deutschen Kreditgewerbes zu erreichen, können Schattenkonten geführt werden. Der Einsatz der Europay Card begann relativ spät (1997) in vier europäischen Ländern. Dazu gehören die Tschechische Republik, Island, Italien und Spanien.

4.7 Zusammenfassung

Internetbanking

Betrachten wir noch einmal die grundlegenden Ideen genauer, die hinter den einzelnen Zahlungsformen stehen. Im Internetbanking gibt es proprietäre Lösungsansätze. Genau genommen gehören diese der Vergangenheit an. Der in Kapitel 4.2.2 vorgestellte HBCI Standard ist in seiner Konzeption für diese Aufgaben geeigneter. Durch das Konzept eines Ini-Briefes wird es erheblich vereinfacht, ohne digitale Unterschriften, notwendige Schlüssel dem Kunden bzw. der Bank bereitzustellen.

Kreditkarten

Für den kreditkartenbasierten Einkauf konnte sich bislang First Virtual (Kapitel 4.3.1) im Internet etablieren. Das System kommt ohne aufwendige technische und kryptographische Sicherheitstechniken aus. Lediglich die Kreditkartennummer wird durch eine sogenannte VirtualPIN Nummer ersetzt. Darüber hinaus muss der Kunde jede vorgenommene Zahlung explizit bestätigen. Um die Attraktivität der Kreditkartenzahlungen in den unterschiedlichsten Formen zu erhöhen, entstand aus einer konzertierten Aktion verschiedener Kreditkartenunternehmen der SET-Standard. Da er auf eine aufwendige Zertifizierungsinfrastruktur setzt, kam er bisher noch nicht zum Einsatz. Digitale Signaturgesetzgebungen, wie beispielsweise in Deutschland der Fall, dürften dem SET-Standard zum Durchbruch verhelfen.

Systeme für das Bezahlen mit kleinen Beträgen

Zu den vorgestellten Bezahlsystemen kleinerer Beträge im Internet gehört lediglich Millicent, ecash und CyberCoin. Anderen hier vorgestellte Systeme sind nicht aus der Planung herausgekommen. Ebenfalls gibt es für das Bezahlen kleiner Beträge vor allem in Europa noch verschiedene Chipkartenlösungen. Einige dieser Systeme drängen dabei mit immer größerer Kraft durch verschiedene Betreiber in das Internet. Spannend für Chipkartenlösungen in Europa dürfte aus ver-

4.7 Zusammenfassung

schiedenen Gründen jedoch die Einführung des Euro sein, vor allem wenn die Automatenindustrie die Chipkarte in ihr Konzept aufnimmt.

Kapitel 5

Methoden den eMarktplatz abzusichern

5.1 Einführung

Zahlungssysteme allein reichen für den weltweiten eHandel nicht aus. Ziel sollte es sein, eine globale Sicherheitsinfrastruktur, die über den eigentlichen Bezahlvorgang hinausgeht, für alle am Handel beteiligte Parteien bereitzustellen. Das in Kapitel 4.3.2 vorgestellte SET-Zahlungsprotokoll ging ein in diese Richtung und sah über das Abwickeln des Bezahlvorgangs eine Zertifizierungshierarchie für die Verteilung von Zertifikaten vor. Ebenso besteht unter Umständen ein Bedarf an einer verschlüsselten Kunde-Händler-Kommunikationsbeziehung für den elektronischen Warenaustausch. Daneben könnte ein Feilschen um die angebotene Ware für die Attraktivität des elektronischen Marktplatzes von Interesse sein.

Dieses Kapitel stellt unterschiedliche Varianten der Absicherung des elektronischen Marktplatzes vor. So bieten die im Folgenden vorgestellten Verschlüsselungstechniken eine abgesicherte duale Kommunikationsbeziehung. Zu diesen Techniken gehört PGP, PEM, MailTrust, die PKCS Standards sowie S/MIME. Für eine interaktive Kommunikation zwischen Bank und Kunde kommt vorwiegend die Verschlüsselungstechnik SSL zum Einsatz. Das im letzten Kapitel vorgestellte OTP-Protokoll stellt eine Technik dar, die es durch Datenkapselung ermöglicht, verschiedene Zahlungssysteme unter einer einheitlichen visuellen Plattform zusammenzubringen.

5.2 Pretty Good Privacy (PGP)

PGP ist ein Verschlüsselungsprogramm

Das Freewareprogramm PGP wurde von PHIL ZIMMERMANN entwickelt und 1991 durch ihn veröffentlicht. PGP ist in der Lage elektronische Nachrichten zu verschlüsseln, elektronische Nachrichten zu unterschreiben, Schlüssel zu erzeugen, Schlüssel zu zertifizieren und gewährleistet eine sichere Schlüsselaufbewahrung mit Hilfe von Passwörtern. Außerdem ermöglicht es ungültig gewordene Schlüssel durch Schlüsselrückrufurkunden zurückzuziehen. Das Verschlüsselungsverfahren scheint auf dem ersten Blick für Homebankanwendungen prädestiniert zu sein. Dafür ist es aber bis heute noch nicht eingesetzt worden. Das scheiterte bis 1996 an seiner schweren Bedienbarkeit, da es in seiner frühen Version als Kommandozeilenprogramm nur die Rechner von paranoiden Computerfreaks und Bürgerrechtlern und Kriminellen eroberte.

Dieses Manko hatte wohl auch PHIL ZIMMERMANN erkannt und seine eigene Firma, Pretty Good Privacy Inc. (http://www.pgp.com) 1996 für knapp ein Jahr ins Leben gerufen. Ziel der Firma war es, „nutzerfreundliche" Schnittstellen für sichere eMail auf Windows basierten Betriebssystemen zu schaffen. Am 15. April 1997 wurde zudem bekannt, dass Pretty Good Privacy Inc. und die Schlumberger Elektronic Transaktion (ein nach eigenen Angaben führender Hersteller von Chipkarten und Chipkarten-Systemen) eine strategische Zusammenarbeit vereinbarten, die in der Entwicklung und Vermarktung kombinierter Sicherheitstechniken (Internetverschlüsselungssoftware in Verbindung mit Chipkarten) bestand. PGP in Verbindung mit Chipkarten soll sich in naher Zukunft auf dem Desktop etablieren. Doch diese Pläne sind wieder Geschichte. Nach einem ersten Herzinfarkt verkaufte der

5.2 Pretty Good Privacy (PGP)

Urheber seine Rechte Anfang 1998 an die Firma Network Associates, einem führenden Hersteller von Antivirensoftware. Die Abfindung und ein guter Arbeitsvertrag als Fellow - Traum vieler Programmierer - ist, wenn vielleicht etwas spät, für PHIL ZIMMERMANN ein versüßter Rückzug von den Fronten derzeitiger erbitterter Kryptokämpfe. Er mußte jahrelang mit einer Klage der US-Justiz wegen unerlaubtem Export starker Kryptographie rechnen. Die Untersuchungen wurden am 11. Januar 1996 nach einer Veröffentlichung der Staatsanwaltschaft der Distrikts Nordkalifornien (USA) eingestellt[8].

5.2.1 Funktionsweise

PGP kombiniert das symmetrische IDEA-Verschlüsselungsverfahren mit dem asymmetrischen RSA Verfahren auf hybride Weise (siehe Kapitel 2.3.5). Eine Nachricht wird in drei Schritten verschlüsselt. *PGP verwendet eine hybride Verschlüsselung*

1. Die PGP Software erzeugt im ersten Schritt einen zufälligen 128 Bit großen Schlüssel.

2. Die zu übertragenen Daten werden im zweiten Schritt nach der Kompression mit dem im vorherigen Schritt bestimmten Schlüssel symmetrisch verschlüsselt.

3. Das asymmetrische Verschlüsselungsverfahren verschlüsselt im letzten Schritt den zufälligen symmetrischen Schlüssel.

Diese Vorgehensweise ist uns bereits seit dem Abschnitt 2.3.5 bekannt. Als öffentlicher Schlüssel wird der öffentliche Schlüssel des Empfängers herangezogen. Die symmetrisch verschlüsselte Nachricht und der verschlüsselte symmetrische Schlüssel bilden zusammen den zu übertragenden Geheimtext. Die Entschlüsselung der Nachricht erfolgt auf umgekehrte Weise. Der Empfänger entschlüsselt mit seinem privaten Schlüssel zuerst den verschlüsselten symmetrischen IDEA Schlüssel um danach an die komprimierte Nachricht gelangen zu können.

Mit PGP ist es ebenso möglich, Nachrichten bequem zu unterschreiben. Das Hashverfahren MD5 bildet aus der Nachricht einen 128 Bit großen Hashwert, der mit dem privaten

	Schlüssel des Absenders mit dem RSA-Verfahren unterschrieben
PGP eignet sich zum Unterschreiben	wird. Die Unterschrift zusammen mit einer SchlüsselID (der Kennung des für die Verifizierung notwendigen öffentlichen Schlüssels) und einer Zeitangabe wird an die verschlüsselte Nachricht angefügt. Diese Angaben zusammen bilden die verschlüsselte und unterschriebene Nachricht.

5.2.2 Schlüsselmanagement

PGP kommt ohne Zertifizierunginstanzen aus	Neben dem Verschlüsseln und Unterschreiben von Nachrichten liegt eine Stärke von PGP im Schlüsselmanagement. PGP kommt ohne aufwendige Zertifizierungsinfrastruktur aus, die bei einfacher Kunde-Bank-Beziehung sogar überflüssig ist. Denn erstens stehen Kunde und Bank in einem vertraglich geregelten Vertrauensverhältnis, Richtlinien von Zertifizierungsinstanzen entfallen somit. Weiterhin ist der Kunde der Bank gegenüber bekannt, da während der Kontoeinrichtung ein persönlicher Kontakt, zumindest mit einer von der Bank beauftragten Person, notwendig ist.

PGP unterstützt zwei Arten des Schlüsseltausches.

persönlicher Schlüsseltausch	• Trivialer Weise den Schlüsseltausch über einen sicheren Kommunikationskanal durch den persönlichen Kontakt zwischen Kunde und Bank, indem die Bank Kunden in ihrer Filiale den Schlüssel auf einer Diskette persönlich übergibt. Ebenfalls könnte die Bank ihren öffentlichen Schlüssel an die Kunden über das Internet vergeben. Damit der Kunde sich von der Korrektheit des Schlüssels überzeugt, ist es notwendig ihm den dazugehörigen Hashwert außerhalb des Internet mitzuteilen. Das kann entweder in Zeitungsanzeigen, per Brief oder anderweitig geschehen.
Schlüsseltausch durch dezentrale Zertifikate abgesichert	• Damit Nutzer den rechtmäßigen Aussteller einer elektronischen Nachricht erkennen, bietet PGP die zweite Möglichkeit, öffentliche Schlüssel nach dem im Kapitel 2.9.3 vorgestellten dezentralen Konzept zertifizieren zu lassen. Das sichert zum einen die Integrität der übertragenen Daten und ermöglicht zum anderen, Kunden anhand des Zertifikates eindeutig zu identifizieren.

5.2.3 Einsatzmöglichkeiten

Für einen möglichen Einsatz von PGP in Homebankinganwendungen lässt sich Folgendes zusammenfassen.

Besteht zwischen zwei Nutzern eine vertraglich geregelte Vertrauensbeziehung, indem die in PGP getätigte Unterschrift der anderen Seite per Definition als echte Unterschrift angesehen wird, eignet sich PGP für die vertrauliche und integere Übertragung von Daten. Das dezentrale Konzept der Zertifizierung öffentlicher Schlüssel ist somit trotz der in Kapitel 2.9.3 gezeigten Nachteile völlig ausreichend. Daneben ist es notwendig, dass Kunden persönlich Verträge mit der Bank abschließen. Internetbanken beauftragen mit der Identifizierung meist Vertragsunternehmen mit einer ausgebauten Filialstruktur wie beispielsweise Postämter. Die Banken stehen somit über die per Ausweis kontrollierten Adressen im persönlichen Kontakt und können so auf einfache Weise die Schlüssel tauschen.
geeignet für Beziehung mit geregelten Interessen

Ein Nachteil dezentraler Zertifikate, nämlich der schlecht durchführbare Rückruf ungültiger Zertifikate, kommt in Homebankinganwendungen ebenfalls nicht zum Tragen. Die jeweilige Bank nimmt selbst zentral die Vergabe der Schlüssel vor. Wird der öffentliche Schlüssel eines Nutzers ungültig, könnte jemand anderes unter seinem Namen Überweisungen tätigen. Der Nutzer muss ihn bei der Bank sperren lassen. Da, wie bereits erwähnt, eine direkte Verbindung zwischen beiden besteht, teilt der Nutzer den Sachverhalt der Bank mit, die dann alle mit dem zugehörigen privaten Schlüssel signierten Nachrichten ignoriert. Wird der öffentliche Schlüssel einer Bank ungültig, teilt sie den Sachverhalt auf umgekehrte Weise dem Kunden mit. Damit kein Schaden entsteht, ignoriert sie alle Aufträge, welche mit ihren öffentlichen kompromittierten Schlüssel verschlüsselt wurden. Ebenfalls hat die Bank zu jeder Zeit die Macht, vertragsbrechende Kunden zentral auszuschließen.
Nachteile dezentraler Zertifikate

In einem globalen Konzept, mit unbekannten Partnern und Vertrauensbeziehungen ist jedoch PGP ungeeignet. Dafür gelten die Argumente aus Kapitel 2.9.3.

5.3 PEM

PEM steht für Privacy Enhancement for Electronic Mail und ist der Entwurf eines in der Internetgemeinde vorgeschlagenen und genau spezifizierten Internet Mail Standards für den vertraulichen und integeren eMail-Austausch über unsichere Netze. PEM schafft somit die Grundlage der Verwirklichung einer sicheren Kommunikation zwischen mehreren Parteien mit unterschiedlichen Interessen. Darüber hinaus stand PEM Pate für weitere Neuentwicklungen. So flossen Ideen von dem in einem anderen Kapitel näher betrachteten PKCS Standard ein. Ebenfalls diente PEM als Grundlage für die von der Teletrust entwickelte Spezifikation „Mailtrust", die das Ziel hat, das in Deutschland entwickelte Signaturgesetz auf einfache Weise praktisch umzusetzen. Da wären dann erstmalig Verträge in elektronischer Form im Internet rechtsgültig möglich. An den Vorhaben sind verschiedene namhafte Firmen und Verbände beteiligt.

PEM ist Grundlage von TeleTrusT

PEM legt zwei Dinge fest. Zum einen definiert es Datenformate und besondere Schlüsselfelder für die zu verschlüsselnden Nachrichten und die zur Anwendung kommenden kryptographischen Verfahren so, daß sie sich unverändert von eMail-Übertragungssystemen übertragen lassen. Das zweite, eher organisatorische Ziel besteht in der Festlegung einer Zertifizierungshierarchie mit den dazugehörigen Zertifizierungsinstanzen, denen bestimmte Aufgaben im Schlüsselmanagement zukommen. In diesem Punkt hebt sich PEM von der Idee der dezentralen Zertifizierung wie sie bei PGP, vorkommt ab.

PEM definiert Datenformate

Festlegen einer Zertifizierungshierarchie

Wenden wir uns der ersten Problematik zu. Die herkömmliche unverschlüsselte eMail-Übertragung lässt sich in einem einfachen Modell beschreiben. Darin benutzt der Sender einen sogenannten User Agenten, in Form eines eMail-Programms, um Nachrichten über miteinander verbundene Message Transport Agenten, den beteiligten Providern mit ihrer hinterlegten Mailinfrastruktur, an den User Agenten des Empfängers zu senden. Der Empfänger ist anschließend in der Lage, die empfangene eMail-Nachricht dank seines eMail-Programms anzuschauen, abzuspeichern oder anderweitig weiterzuver-

```
-----BEGIN PRIVACY-ENHANCED MESSAGE-----

        Schlüsselfelder

          Leerzeile

           Textfeld

-----END PRIVACY-ENHANCED MESSAGE-----
```

Abbildung 5.1: Aufbau der PEM Nachrichten

arbeiten. Damit eMail-Nachrichten den Empfänger wirklich erreichen, bestehen diese aus einem Nachrichtenkopf, der die Adresse des Empfängers und Senders beinhaltet. Diese Angaben werden von dem eMail-Übertragungssystem interpretiert. Dem Nachrichtenkopf schließt sich der während der Übertragung uninterpretierte Nachrichtenkörper an. Da der Nachrichtenkörper uninterpretiert bleibt, kann jede Anwendung ihn für eigene Zwecke strukturieren. Diesen Sachverhalt nutzt die PEM-Spezifikation. Sie bettet in den Nachrichtenkörper bestimmte Felder innerhalb der Schlüsselzeilen „--BEGIN PRIVACY-ENHANCED MESSAGE--" und „--END PRIVACY-ENHANCED MESSAGE--" ein (siehe Abbildung 5.1). In diesen Feldern steht dann, welche Algorithmen der Sender für die verschlüsselte Nachricht verwandte, und es werden gegebenenfalls verschlüsselte Zusatz-Informationen oder zusätzlich benötigte Schlüssel mitgeliefert.

5.3.1 Verschlüsseln der Nachrichten

In PEM sind zwei Varianten der kryptographischen Nachrichtenübertragung möglich. Eine Nachricht kann verschlüsselt und unterschrieben oder nur unterschrieben übertragen werden. Die Verschlüsselung der Nachrichten erfolgt immer mit dem sym-

Verschlüsseln und Unterschreiben oder nur Unterschreiben

metrischen DES Verschlüsselungsverfahren[1], wobei der zufällige symmetrische Datenverschlüsselungsschlüssel, genannt DEK-Schlüssel (Data encryption key), verschlüsselt mit der Nachricht übertragen wird (hybrides Verschlüsselungsverfahren). Die Verschlüsselung des DEK-Schlüssel kann auf zwei Arten erfolgen. Entweder symmetrisch, wieder DES-verschlüsselt[2], oder asymmetrisch, RSA-verschlüsselt. Der dafür zur Anwendung kommende Schlüssel, genannt IK-Schlüssel (Interchange Key) muß im symmetrischen Fall dem Sender und Empfänger gleichermaßen bekannt sein. Wie dieser übertragen wird, ist nicht Gegenstand von PEM. Im asymmetrischen Fall wird der jeweilige öffentliche Schlüssel des Empfängers herangezogen.

5.3.2 Elektronische Unterschriften

Für die Berechnung elektronischer Unterschriften sind in der PEM Spezifikation die Hashverfahren MD2 und MD5 in Kombination mit dem RSA Verschlüsselungsverfahren festgelegt. Das Hashverfahren bildet aus der Nachricht einen 128 Bit großen Hashwert, der mit dem privaten Schlüssel des Absenders durch das RSA Verschlüsselungsverfahren unterschrieben wird. Sah der Sender nur das Unterschreiben einer Nachricht vor, überträgt er den unterschriebenen Hashwert. Ist dagegen vorgesehen worden, die Nachricht verschlüsselt und unterschrieben zu übertragen, wird der signierte Hashwert mit dem symmetrischen Datenverschlüsselungsschlüssel (DEK) verschlüsselt übertragen. Das verhindert ein leichtes Erraten der verschlüsselten Nachricht mit Hilfe des Hashwertes vor allem dann, wenn diese aus einer für den Angreifer bekannten und in der Anzahl begrenzten Menge besteht (Nachrichten mit Signalcharakter, elektronische Formulare usw.).

5.3.3 Schlüsseltausch

hierarchische Zertifikate

Der Schlüsseltausch wird durch eine hierarchische Zertifizierungsinfrastruktur begleitet. An ihrer Spitze befindet sich die Internet Policy Registration Authority (IPRA) mit der Aufgabe, die in der Hierarchie untergeordneten Policy

---

[1]im CBC-Mode; siehe dazu Worterklärung
[2]im ECB Mode

Certification Authorithy (PCA) zu zertifizieren sowie die Einhaltung der Zertifizierungsrichtilinien der einzelnen PCAs zu überwachen. Die PCAs wiederum haben die Aufgabe, einzelne Zertifizierungsautoritäten (Certification Authority CA) zu zertifizieren und zu kontrollieren. PEM sieht unterschiedliche CAs in der Hierarchie vor. Sie werden je nach Aufgabengebiet in „Organizational CAs", „Residential CAs" und „Persona CAs" aufgeteilt. Die Organisational CAs haben die Aufgabe, Mitgliedern bestimmter bei ihr anerkannter Organisationen Schlüsselzertifikate für ihre Mitglieder auszugeben. Bei den Organisationen kann es sich um Einrichtungen kommerzieller, behördlicher Art oder um Bildungseinrichtungen oder Vereine ohne Gewinnabsichten handeln. Die „Residential CAs" zertifizieren Nutzer, die keiner Organisation angehören, aber sich durch ihren Standort oder Zugehörigkeit zu einem bestimmten Wohnort identifizieren lassen.

Für Nutzer, die nur unter einem willkürlichen Namen, Pseudonym, im Internet auftreten wollen, dienen die „Persona CAs". Diese CA stellt lediglich in ihrer Datenbank fest, ob der im Zertifikat zur Anwendung kommende Name bereits vorliegt. Andere Nutzer, die diese Zertifikate akzeptieren, müssen wissen, dass der eigentliche Name des sich gerade Ausweisenden nicht notwendigerweise mit dem Namen im Zertifikat übereinstimmt.

5.4 MailTrusT

MailTrusT ist ein Projekt des TeleTrusT, bei dem es sich um einen gemeinnützigen Verein[3] namhafter deutscher Firmen und Organisationen, wie der Infosys GmbH, Siemens, r3, GMD, debis, dem BSI und weiteren, mit den folgenden selbst gestellten Aufgaben handelt:

MailTrusT ist ein Projekt der TeleTrusT

- die Akzeptanz der digitalen Signatur als Instrument zur Rechtssicherheit einer Transaktion zu erreichen,

- die Forderung zur Sicherheit des elektronischen Datenaustausches (EDI) und die Anwendung ihrer Ergebnisse so-

---
[3]Verein zur Förderung der Vertrauenswürdigkeit von Informations- und Kommunikationstechnik

wie die Entwicklung von Standards für dieses Gebiet zu unterstützen und

- mit Institutionen in anderen Ländern zusammenzuarbeiten, um Ziele und Standards innerhalb der Europäischen Union zu harmonisieren.

Die Teletrust Arbeitsgruppe ist selbst in mehrere Arbeitsgruppen, AGs, zur Verwirklichung ihrer Ziele eingeteilt.

AG 1 „Juristische Aspekte einer verbindlichen Kommunikation": Diese Gruppe beschäftigt sich mit der Begleitung der Gesetzgebung zur Rechtswirksamkeit einer digitalen Signatur und zu erforderlichen Rahmenbedingungen.

AG 2 „Sicherheitsarchitektur": Diese Gruppe beschäftigt sich mit Risikoanalysen, Bedrohungen und Referenzszenarien in offenen IT-Systemen.

AG 3 „Medizinische Anwendungen einer vertrauenswürdigen Informationstechnik": Diese Gruppe beschäftigt sich mit der Vorbereitung und Begleitung von Pilotimplementierungen einer sicheren Datenkommunikation und von Chipkartenanwendungen.

AG 4 „Anwendungen": Diese Gruppe beschäftigt sich mit der Spezifizierung von Datenstrukturen und Softwareschnittstellen für den gesicherten Datenaustausch zwischen Anwenderprogrammen.

AG 5 „Promotions": Diese Gruppe beschäftigt sich mit der Gestaltung von Pilotprojekten und Demonstrationen von Anwendungen und der Öffentlichkeitsarbeit.

AG 6 „Biometrische Systeme": Diese Gruppe beschäftigt sich mit der Umsetzung biometrischer Verfahren.

Im Projekt MailTrusT wird von den einzelnen Teletrust Mitgliedern ein Systemkonzept für die Anwendung kryptographischer Verfahren für eMail und Filetransfer mit wahlfreien Zugriff auf Teilnehmer in einer offenen IT-Umgebung gestaltet. Die Ziele die durch MailTrusT vorgegeben sind, werden bestimmt durch:

5.4 MailTrusT

- Analysen der Entwicklung einschlägiger Standardisierungsvorschläge in den TeleTrusT Arbeitsgruppen,

- die laufende Diskussion zur Anwendung der digitalen Signatur im elektronischen Rechtsverkehr,

- die Anforderung relevanter Anwenderbereiche und

- die Kompetenz von Technologieentwicklern.

Hauptziel ist es aber, einen öffentlich verfügbaren Industriestandard in Deutschland zu begründen.

Hauptziel ist ein Industriestandard

Ähnlich PEM, spezifiziert MailTrusT Datenformate und Schlüsselfelder für einen interoperablen Datenaustausch via eMail bzw. Filetransfer. Im strukturellen Aufbau ist dies weitgehend in Anlehnung an die PEM-Spezifikation geschehen. Neben den Datenformaten wird weiterhin eine Zertifizierungshierarchie festgelegt. Ordnete PEM den einzelnen Zertifizierungsinstanzen noch konkrete organisatorische Aufgaben zu, wird dies hier weggelassen. Lediglich die IT-Infrastruktur ist von Interesse, welche auf X.509 Zertifikaten aufbaut. Über PEM hinaus sind in Anlehnung an dem PKCS #11 Standard noch Festlegungen für ein „Personal Security Environment" - zum PKCS Standard im nächsten Kapitel mehr - geschaffen. Damit sind Chipkartenanwendungen in Verbindung mit dem Arbeitsplatzrechner gemeint.

5.4.1 Verschlüsseln von Daten

Geschah das Verschlüsseln der Daten in der PEM Spezifikation mit dem einfachen DES-Verschlüsselungsverfahren, geht die MailTrusT-Spezifikation weiter und räumt ebenfalls die TripleDES-Verschlüsselung ein. Die Verschlüsselung des Datenschlüssels geschieht auf die gleiche Art und Weise wie in PEM. D.h. sowohl der DES, TripleDES als auch RSA sind vorgesehen. Die Schlüssellänge ist für das RSA Verfahren aber auf immerhin 2048 Bit erweitert worden. Für die digitalen Unterschriften kommt zu den Verfahren MD2 und MD5 noch das Hashverfahren SHA-1 hinzu.

PEM wurde erweitert

Die in MailTrust vorgeschlagenen Erweiterungen waren aufgrund von Bedenken einiger Kryptologen des BSI notwendig geworden. So zeigte uns Kapitel 2.4.3, dass einfach DES-verschlüsselte Nachrichten bereits erfolgreich entschlüsselt wurden. Beim RSA Verfahren mit Schlüssellängen von 512 Bit erwartet man dies in nächster Zeit. Ähnlich sieht es bei den Hashverfahren MD2 und MD5 aus.

5.4.2 Schlüsselmanagement

Verallgemeinerung von PEM

Das Schlüsselmanagement ist, wie bereits erwähnt, in MailTrusT verallgemeinert worden und spezifiziert ausschließlich IT-Strukturen. Die Betrauung organisatorischer Maßnahmen an die Zertifizierungsinstanzen mit organisatorischen Aufgaben fällt somit in der technischen Spezifikation weg, wobei die Zertifizierungshierarchie selbst an PEM angelehnt wurde. Sie besteht aus den folgenden Zertifizierungsinstanzen und Teilnehmern:

TLCA (Top Level Certification Authority) ist Wurzel der Zertifizierungshierarchie und stellt Zertifikate für PCAs aus.

PCA (Policy Certification Authority) legt bestimmte Richtlinien fest und zertifiziert CAs.

CA (Certification Authority) sind dafür zuständig, einzelne Teilnehmerzertifikate auszustellen. CAs können selbst auch wiederum unterliegende CAs zertifizieren.

TN (Teilnehmer) Sind die Nutzer; sie gebrauchen aktiv ihre durch die CAs erhaltenen Zertifikate.

Umsetzen des digitalen Signaturgesetzes

TeleTrusT geht bei der Spezifikation von dem politisch motivierten wie auch praktisch notwendigen Ansatz der Umsetzung des in Deutschland im Jahre 1997 damals geplanten und heute bereits verabschiedeten Signaturgesetz aus. In Zukunft können möglicherweise auf diese Art elektronische Verträge im Internet innerhalb Deutschlands auf einer rechtsgültigen Basis abgeschlossen werden. Das führt vor allem im elektronischen Handel zu positiven Impulsen, wenn man bedenkt, dass auf diese Art sehr schnell und unkompliziert Partner spontan zusammenfinden, vorausgesetzt sie besitzen die benötigten Zertifikate. Auswirkungen auf die Kunde-Bank-Beziehung sind ebenfalls zu erwarten. Müssen Banken, auch Online-Banken, heute noch in direktem Kontakt, mindestens während der Kontoanmeldung bzw. Abmeldung, zu ihren Kunden stehen, wird diese Notwendigkeit in Zukunft dank digitaler Unterschriften eventuell wegfallen. Das verschafft den Direktbanken einen erheblichen Standortvorteil.

5.5 PKCS

Die Public Key Cryptography Standards (PKCS) legen eine Menge kryptographischer Standards fest und wurden von den RSA Laboratories USA in Kooperation mit einem informellen Konsortium, dem Apple, Microsoft, DEC, Lotus, SUN und weiteren Firmen angehören, entwickelt. Die beteiligten Firmen legten großen Wert auf die Kompatibilität mit der PEM Spezifikation, gehen jedoch einige bedeutende Schritte - ähnlich MailTrusT - weiter. PKCS kann daher als der Nachfolger von PEM angesehen werden. Die einzelnen publizierten Standards sind durchnummeriert:

PKCS ist Nachfolger von PEM

PKCS #1 definiert Mechanismen für das Verschlüsseln, Entschlüsseln und Signieren von Daten mit Hilfe des RSA-Verschlüsselungsverfahrens.

PKCS #2 dieser Standard gilt nicht länger und ist in den PKCS #1 Standard eingeflossen.

PKCS #3 definiert den Diffie-Hellman Schlüsseltausch.

PKCS #4 Der Standard gilt nicht länger und ist in den PKCS #1 Standard eingeflossen.

PKCS #5 beschreibt eine Methode für das symmetrische Verschlüsseln von Nachrichten mit einem Geheimschlüssel, der sich aus einem Passwort ableitet.

PKCS #6 beschreibt das Format erweiterter Zertifikate. Ein erweitertes Zertifikat besteht aus einem X.509 Zertifikat, zusammen mit einer Anzahl zusätzlicher Informationen signiert vom Herausgeber des Zertifikates. PKCS #6 wird wahrscheinlich durch die X.509 Version 3 Spezifikation ersetzt.

PKCS #7 definiert die generelle Syntax aller kryptographisch relevanten Nachrichten. Der Standard ist mit PEM dahingehend kompatibel, dass sich PEM Nachrichten in das PKCS Format ohne kryptographische Berechnungen umwandeln lassen und umgekehrt (nur für eine bestimmte Teilmenge des PKCS Standards natürlich).

PKCS #8 definiert das Datenformat des privaten Schlüssels bei Anwendung asymmetrischer Verfahren. Das Format enthält den Schlüssel und optional zusätzliche Attribute.

PKCS #9 definiert bestimmte Typen von Attributen die in PKCS #6, PKCS #7, PKCS #8 und PKCS #10 zum Einsatz kommen.

PKCS #10 legt die Syntax für das Ausstellen von Zertifikaten fest.

PKCS #11 beschreibt eine hardwareunabhängige Schnittstelle, genannt Cryptoki für Krypto-Geräte wie Chipkarten oder PCMCIA Karten.

Im Gegensatz zu PEM sind in den einzelnen PKCS Standards keine weiterführenden organisatorischen Maßnahmen für deren technische Umsetzung festgelegt. Gibt MailTrusT noch das Aussehen der Zertifizierungshierarchie vor, ist PKCS davon ganz befreit und somit allgemeiner gehalten. Eine wichtige Einsatzmöglichkeit zeigt der nächste Abschnitt.

5.6 S/MIME

spezifiziert den sicheren eMail-Verkehr

S/MIME, aus dem MIME Format hervorgegangen und ebenfalls in den RSA Laboratories entwickelt, ist eine Spezifikation für den sicheren Austausch elektronischer Post. Bei MIME handelt es sich um ein Format, welches den unstrukturierten Nachrichtenkörper einer eMail so strukturiert, dass neben Textdokumenten Tondokumente, Bilder, Videodateien, d.h. Daten aller Art übertragen werden können. Damit die Daten nicht ungeschützt übertragen werden müssen, ist MIME um kryptographische Funktionen zu S/MIME erweitert worden. Die Verschlüsselung der Daten erfolgt ähnlich wie bei

PEM bzw. MailTrusT mit dem symmetrischen Verfahren DES bzw. TripleDES. Neu hinzugekommen ist das Verschlüsselungsverfahren RC2. Für die Verschlüsselung des Datenverschlüsselungsschlüssels kommt auch hier wieder RSA zum Einsatz. Wie das Unterschreiben bzw. Unterschreiben und Verschlüsseln der Nachrichten genau passiert, legen die PKCS Standards PKCS #7 und PKCS #10 fest.

PKCS #7 und PKCS #10 legt das Unterschreiben und Verschlüsseln fest

Der Schlüsseltausch erfolgt in S/MIME wie bei MailTrusT durch eine Zertifizierungshierarchie. Anwendungen werden auch hier wieder in einem stärkeren Maße von globalen Signaturgesetzgebungen profitieren können. Daneben wird S/MIME von namhaften Browserherstellern unterstützt und ist für den elektronischen Handel begleitende Anwendungen vorgesehen.

5.7 Das SSL-Protokoll

Mit dem Secure Sockets Layer-Protokoll (SSL-Protokoll) ging die Netscape-Communikation-Corporation [5] als eine der Ersten einen Schritt in Richtung sicheres Internet. SSL selbst ist wiederum keine Spezifikation für eine spezielle Spielart des eCommerce, sondern ermöglicht primär die sichere und interaktive Übertragung von Daten online verbundener Rechner im Internet. Daneben unterstützt es Authentifizierungsverfahren. Bekanntlich spielen genau diese beiden Sicherheitskomponenten im Internetbanking eine große Rolle. Weil die SSL Spezifikation öffentlich publiziert worden ist, gibt es bereits eine Reihe von Firmen, die auf diesem Protokoll aufbauen. So auch die deutsche Firma BROKAT SYSTEME aus Böblingen, die mit ihrer SSL-Protokolladaption, der Secure Request Technology (SRT), eine Reihe von namhaften Banken (Deutsche Bank, Bank 24 usw.) mit sicheren Internethomebankinganwendungen auf Java-Basis[4] versorgt.

SSL sichert die interaktive Rechnerkommunikation

SSL wird im Homebanking eingesetzt

---

[4]Java ist eine objektorientierte Programmiersprache, die die Entwicklung von sogenannten „Applets" erlaubt.

5.7.1 Funktionsweise

Wenn eine Internetanwendung Daten an eine andere Anwendung über das Internet überträgt, durchlaufen diese einen Kommunikationskanal. Nachteilig an herkömmlichen Übertragungskonzepten ist die uns aus Kapitel 2.2 bekannte, vor passiven Angreifern ungeschützte Übertragung möglicherweise sensibler Daten sowie die potentielle Gefahr der einfachen Auftrennung der Internetverbindung zweier Rechner. Das SSL-Protokoll verhindert dies durch zwei Teilprotokolle, die sich genau zwischen Anwendung und Kommunikationskanal schieben.

Handshake Protokoll

Im ersten Protokoll, dem „Handshake Protokoll", vereinbart der Client (eine die Initiative ergreifende Internetanwendung) mit einem Server (einer Internetanwendung, die dem Client bestimmte Dienste anbietet) alle notwendigen Sicherheitsverfahren und Schlüssel, welche im zweiten Protokoll, dem Datenübertragungsprotokoll, für die sichere Datenübertragung angewandt werden.

Verschlüsselung, überprüfen der Integrität

Zu den Sicherheitsverfahren gehören Verschlüsselungsverfahren und Verfahren zur Überprüfung der Datenintegrität, den Hashfunktionen. Von den aktuellen Verschlüsselungsverfahren unterstützt SSL für die Datenübertragung neben DES, TripleDES und IDEA sowie die bei korrekter Anwendung als sicher geltenden RC2- und RC4-Verfahren. MD5 und SHA sind als Hashverfahren vorgesehen. Der Schlüsseltausch erfolgt in SSL mit Hilfe hierarchischer Schlüsselzertifikate nach dem X509v3 Format. Die wichtigste Aufgabe, die das „Handshake Protokolls" jedoch erfüllt, besteht in einem abgestuften Authentifizierungsmodell, indem

Abgestuftes Authentifizierungsmodell

- Client und Server anonym kommunizieren (anonym bedeutet, Kommunikation ohne Authentifizierung),
- nur der Server sich gegenüber dem Client authentisiert,
- oder sich Client und Server gegenseitig authentifizieren.

Betrachten wir die drei Punkte genauer.

Anonyme Client/Server-Kommunikation

Tauschen Client und Server ihre Schlüssel nach Kapitel 2.9.1 naiv aus, können beide nicht von eindeutigen Identitäten der Kommunikationspartner ausgehen. In diesem Fall wird die Kommunikation in der SSL-Spezifikation als anonym[5] bezeichnet. Das Handshakeprotokoll besteht aus den folgenden vier Schritten.

„anonyme" Verbindung

Schritt 1: Der Client ergreift die Initiative, sendet eine Liste seiner unterstützten Sicherheitsverfahren - also Verschlüsselungsverfahren und Hashfunktionen - an den Server.

Schritt 2: Der Server legt die zur Anwendung kommenden Verfahren fest, d.h. in Abhängigkeit der unterstützten Verfahren und internationalen Regelungen[6], und sendet einen unzertifizierten öffentlichen Schlüssel dem Client.

Schritt 3: Der Client bestimmt anschließend per Zufall ein Geheimnis (das wird einmal das Rohmaterial für die angewandten symmetrischen Schlüssel sein). Mit Hilfe des erhaltenen öffentlichen Schlüssels verschlüsselt, erreicht es den Server.

Schritt 4: Nach dem Entschlüsseln durch den Server, besitzen beide ein gemeinsames Geheimnis, aus dem sie vier Schlüssel für die weitere Verschlüsselung und Absicherung der Integrität der übertragenen Daten berechnen. Damit kein Angreifer das Protokoll selbst fälscht, sendet der Server eine mit dem neuen Schlüssel abgesicherte Testbotschaft, die aus allen bisher gesandten Nachrichten besteht. Kann der Client diese erfolgreich entschlüsseln und stimmt seine Version vom Handshake-Protokoll mit der Version des Servers überein, lag kein aktiver Angriff auf das Protokoll vor.

---

[5]Die SSL-Spezifikation benutzt den Begriff „anonym". Da es einmalige IP-Adressen im Internet gibt, wird dieser Begriff nicht streng angewandt.
[6]So darf die Kommunikation zwischen den Vereinigten Staaten und Europa nur über eine 40 Bit verschlüsselte Leitung erfolgen.

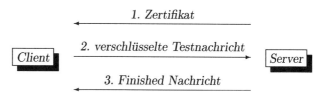

Abbildung 5.2: Server-Authentifizierung

Serverauthentifizierung

Der Nachteil der anonymen Client- und Serverkommunikation besteht in der Fähigkeit aktiver Angreifer, sich unbemerkt in eine Kommunikationsverbindung einzuschleichen. Erste Abhilfe schafft die Server-Authentifizierung. Weist sich der Server bei einem Clienten aus, darf dieser nicht mehr seinen öffentlichen Schlüssel unzertifiziert dem Client übertragen. Dazu überträgt er im zweiten Schritt des Handshakeprotokolls statt des öffentlichen Schlüssels ein Zertifikat. Da ein Angreifer dieses Zertifikat ebenfalls einspielen könnte, ist der Server erst zweifelsfrei nach der letzten Servernachricht implizit authentifiziert. Der Server kann nur dann eine korrekte Nachricht (Finished Nachricht) erzeugen, wenn er die verschlüsselte Testnachricht mit seinem zum Zertifikat zugehörigen privaten Schlüssel korrekt entschlüsseln konnte. Abbildung 5.2 zeigt vereinfacht das zugrunde liegende Authentifizierungsmodell.

Server benutzt ein Zertifikat

Gegenseitige Authentifizierung

Client und Server benutzen gemeinsame Zertifikate

Bei der gegenseitigen Authentifizierung des Clients und Servers, kommt im Handshakeprotokoll neben der Serverauthentifizierung noch die Clientauthentifizierung hinzu. Der Client authentifiziert sich, indem er im Schritt 3 des Handshakeprotokolls noch zwei Nachrichten anfügt. Die erste Nachricht besteht wieder aus einem Zertifikat. Weil der Angreifer dieses genauso gut hätte einspielen könnte, besteht die zweite Nachricht des dritten Schrittes aus einer unterschriebenen Testnachricht. Dem Angreifer dürfte es nicht mehr gelingen diese Nachricht zu erzeugen. Er kennt zwar das Zertifikat und kann damit Unterschriften verifizieren, sie aber dagegen nicht erzeugen. Der Server zieht anschließend die für ihn nachvollziehbare unterschriebene Testnachricht für die Kontrolle der Client-Identität heran.

5.7 Das SSL-Protokoll 171

Client — Verschlüsselte Testnachricht → Server

Abbildung 5.3: Client-Authentifizierung

Datenübertragung

Nach dem dritten Schritt des Handshake-Protokolls vereinbarten Client und Server unabhängig von der Art der Authentifizierung ein gemeinsames Geheimnis. Zusätzlich zweier Zufallszahlen, die sie ebenfalls im Schritt 1 und Schritt 2 des Handshakeprotokolls austauschten, berechnen sie daraus vier symmetrische Schlüssel. Einen Schlüssel, den „`Client-write-key`", benutzt der Client zum Verschlüsseln seiner Nachrichten. Der Server benutzt entsprechend den „`Server-write-key`". Um Nachrichten signieren zu können, ist der Client im Besitz einer „`Client-write-MAC-secret`", der Server im Besitz eines „`Servers-write-MAC-secret`".

Das Signieren funktioniert folgendermaßen: Der Client berechnet mit der gewählten Hashfunktion einen Hashwert aus dem Datenpaket und Signierschlüssel („`Client-write-MAC-secret`"). Nur der Server, der ebenfalls den Schlüssel (`Client-write-MAC-secret`) kennt, kann den so berechneten Hashwert überprüfen.

Signieren

Das Verschlüsseln der Datenpakete erfolgt herkömmlich mit dem vereinbarten symmetrischen Verschlüsselungsverfahren. Auf analoge Weise verschlüsselt und signiert der Sender seine Daten. Abbildung 5.4 zeigt die Vorgehensweise.

Verschlüsseln

5.7.2 Zusammenfassung

Das SSL-Protokoll erfüllt bei korrekter Implementation bereits wichtige Forderungen für sicheres Internetbanking. Es etabliert einen sicheren Kommunikationskanal zwischen einem Kunden, im SSL-Protokoll als Client auftretend, und einer Bank, dem Server.

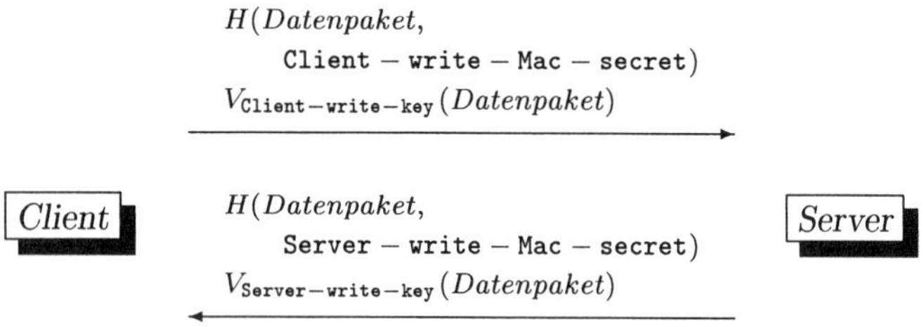

```
                    H(Datenpaket,
                        Client — write — Mac — secret)
                    V_Client-write-key(Datenpaket)
                ─────────────────────────────────────────▶
    ┌────────┐
    │ Client │      H(Datenpaket,                          ┌────────┐
    └────────┘          Server — write — Mac — secret)     │ Server │
                    V_Server-write-key(Datenpaket)         └────────┘
                ◀─────────────────────────────────────────
```

Bemerkung:
$H()$ ist eine Hashfunktion
$V_K(Daten)$ verschlüsselt die Daten „Daten" mit dem Schlüssel K

Abbildung 5.4: Datenübertragung

Die Bank weist sich gegenüber dem Kunden mit Hilfe eines Zertifikates aus, das der Kunde überprüfen muss (siehe hierzu 2.5).

Kunden weisen sich dagegen nach wie vor mit Hilfe von TANs und PINs aus. Zum einen können diese auch für Telefonbankinganwendungen genutzt werden, und es erspart ihnen den Einsatz zusätzlicher Sicherheitshardware für die Speicherung von Geheimnissen auf dem unsicheren Rechner.

Die gegenseitige Authentifizierung mit Zertifikaten bietet sich heutzutage mit SSL noch nicht an. Das scheiterte bis jetzt noch an folgenden Dingen: Entweder der Browser besitzt keine ausreichende Schlüssellänge und somit Sicherheit oder die Anwendungen, welche durch den Browser - der natürlich SSL unterstützt - gestartet wurden (oft sind dies die besagten Java-Applets), sollten nicht auf die lokalen Ressourcen des Rechners zugreifen können. Denn sonst gelänge zwar die Authentifizierung des Kunden, aber es besteht die Gefahr, dass ein Angreifer fremde Festplatten statt nach Zertifikaten nach vertraulichen Daten absucht und womöglich in den Besitz des Signierschlüssels kommt. Unter diesen Gesichtspunkten wird das recht robuste PIN/TAN-Modell weiterhin bestehen müssen.

5.8 Das OTP-Protokoll

Ein Nutzer, der im Internet Handel treiben möchte oder etwas einkaufen will, sieht sich mit den verschiedensten Bezahlformen und Zahlungssystemen konfrontiert. Der Kunde kann mit Hilfe des SET-Protokolls per Kreditkarte bezahlen, kann kleine Beträge über ecash oder Millicent ausgeben, ist in der Lage Homebanking über den HBCI Standard oder eine kombinierte firmenspezifische SSL/Java-Lösung zu betreiben. Er kann die Geldkarte einsetzen und vieles mehr. Um die Kunde-Händler-Bank-Kommunikationsbeziehung abzusichern, existieren sowohl herstellereigene Lösungen neben herstellerunabhängigen Lösungen. Allgemeinere Lösungen wie MailTrusT, PEM, S/MIME und SSL kommen dabei bereits teilweise zur Anwendung, lösen jedoch keine speziellen Probleme des elektronischen Handels. Um die Abwicklung des gesamten Geschäftsvorgangs hersteller- und anbieterunabhängig zu realisieren, schlugen Anfang 1998 verschiedene Firmen in einem Konsortium das **Open Trade Protokoll** (OTP Version 0.9 [4]) für den offenen Handel über ungesicherte Netzwerke in einer Vorabversion vor. An der Initiative sind Mondex, Mastercard, AT&T, HP, IBM, Verifone, CyberCash, SUN Microsystems, Wells Fargo Bank of Canada, Hitachi, Fujitsu, DigiCash u.a. beteiligt. Die erste offen dokumentierte Version 1.0 des Protokolls ist seit dem 23. Oktober 1998 im Internet erhältlich.

5.8.1 Funktionsweise

Die Aufgabe von OTP ist es, Verfahren im Handel mit Privatkunden standardisiert abzuwickeln. Dazu gehört die transparente Einbettung verschiedener Zahlungssysteme und die Steuerung des gesamten Zahlungsvorgangs. Das Protokoll unterstützt die Zahlungssysteme SET, ecash, CyberCoins, Mondex und auch die Geldkarte (ec-Chipkarte) der deutschen Kreditwirtschaft. OTP präsentiert den Kunden alle für den Bezahlvorgang relevanten Daten, definiert eine Schnittstelle zwischen Kundenhardware - beispielsweise bei der Anwendung von Geldkarten - und vermittelt anschließend die Daten an das jeweilige eingesetzte Zahlungssystem weiter. Dabei kann OTP einige Nachrichten „verstehen" und weiterverarbeiten. Darunter ist

OTP kapselt herkömmliche Zahlungssysteme

das Mitprotokollieren von Daten zu verstehen. Verschlüsselte Daten der eingebetteten Zahlungssysteme werden „unverstanden" übermittelt werden. Auf elegante Weise lassen sich in einem solchen Konzept digitale Unterschriften einbringen, die eine Authentifizierung der Teilnehmer und ihrer unternommenen Schritte ermöglichen. Die Vertraulichkeit der Zahlungstransaktion und diesbezüglichen Probleme wie doppelte Einzahlung, Absicherung der Bezahlung etc. regelt nicht OTP, sondern das sich darunter befindliche Zahlungssystem. Unabhängig vom Bezahlvorgang besteht in OTP die Möglichkeit:

- auf verschiedene Modalitäten in den Kauf- und Verkaufsgewohnheiten einzugehen,
- mit der Bestellung der Ware zu bezahlen (prepaid), erst am Zeitpunkt ihrer Auslieferung oder erst nach Erhalt (postpaid),
- in verschiedenen Währungen zu bezahlen,
- unterschiedliche Bezahlsysteme miteinander zu verkoppeln,
- Zahlungstransaktionen mitzuprotokollieren, um im Streitfall Forderungen durch elektronisch unterschriebene Belege zu bekräftigen und
- im Fehlerfalle einen Neustart[7] an der unterbrochenen Stelle vorzunehmen.

OTP definiert Rolle im eHandel

Im OTP-Protokoll sind fünf verschiedene Teilnehmerrollen vorgesehen: Kunde, Händler, Acquirer, Lieferant und Kundendienstleister. In konkreten Fällen von Implementierungen können Teilnehmer verschiedene Rollen übernehmen. Bei kleineren Firmen mit begrenztem Angebot übernimmt der Händler in der Regel die Funktion des Lieferanten und des Kundendienstleisters. Größere Versandhäuser oder Telefongesellschaften sind unter Umständen gezwungen, jede Teilnehmerrolle einzeln zu besetzen.

---

[7]Erst ab Version 1.0 möglich

5.8 Das OTP-Protokoll

Die Kommunikation zwischen den Teilnehmern erfolgt über definierte Teiltransaktionen. Aus diesen Teiltransaktionen setzen sich die einzelnen OTP-Transaktionen zusammen, die einen abgeschlossenen Handelsvorgang definieren.

Teiltransaktionen

Offerte: Die Offerte ist eine Teiltransaktion mit dem Ziel, dem Kunden Informationen über den nachfolgenden Handel zu geben. Dazu gehören Informationen über die Ware, den Preis, die Währung, Angaben über die Auslieferung - sofern es sich um physische Ware handelt - Lieferant und anderes. Der Kunde entscheidet anhand der Offerte, ob er den Handel weiterführt oder abbricht.

Bezahlen: Ziel der Teiltransaktion „Bezahlen" ist es, Geld des Kunden an den Acquirer (Finanzinstitution, welche das Geld für den Händler empfängt) zu transferieren. Der Tausch des Zahlungsmittels erfolgt über ein bestehendes Zahlungssystem. Weiterhin erhält der Kunde nach der Bezahlung einen digital unterschriebenen Zahlungsbeleg.

Lieferung: Die Teiltransaktion „Lieferung" legt die Rahmenbedingungen der Auslieferung fest. Dazu gehört die Entscheidung, ob die Ware über das Internet oder außerhalb übertragen werden soll. Die Lieferung der elektronischen Ware erfolgt hier direkt. Bei physischen Waren kommt es zu einer Festlegung des Lieferanten.

Authentifizierung: Sicherheit wird durch die Authentifizierungs-Teiltransaktion erreicht. Sie erlaubt es dem einen, beispielsweise der Finanzinstitution, den anderen, beispielsweise den Kunden, zu authentifizieren. Die Überprüfung erfolgt mit Hilfe von Frage-Antwort-Mechanismen.

OTP-Transaktionen

Zu den OTP-Transaktionen gehören:

Authentifizierungstransaktion: Die Authentifizierungstransaktion besteht nur aus den Authentifizierungsprotokollkomponenten und erlaubt die Authentifizierung miteinander kommunizierender Teilnehmer, um im Anschluss beispielsweise einen sicheren Kommunikationskanal via SSL zu etablieren.

Einzahlungstransaktion: Die Einzahlungstransaktion setzt sich aus einer optionalen Authentifizierung, der Offerte und der Bezahlung zusammen. Ziel ist es, Geld bei einer Finanzinstitution derart einzuzahlen.

Bezahltransaktion: Die Bezahltransaktion setzt sich aus der Offerte, der Bezahlkomponente und einer optionalen Lieferkomponente zusammen. Dabei wird in dieser Transaktion jedes der möglichen Zahlungssysteme für den Bezahlvorgang berücksichtigt.

Rückzahltransaktion: Die Rückzahlung kann prinzipiell zwischen verschiedenen Teilnehmern erfolgen. Zahlt der Händler dem Kunden ein Wechselgeld, besteht diese Transaktion aus einer Offerte und dem Zahlungsmitteltausch.

Abhebtransaktion: Das Abheben von eGeld bei einer Finanzinstitution, die in der OTP-Terminologie hier den Part des Händlers formal übernimmt, beinhaltet optional die Authentifizierung, die Offerte und den Zahlungsmitteltausch. Der Zahlungsmitteltausch erfolgt wieder mit Hilfe eines bestehenden Zahlungssystems.

Zahlungsmitteltauschtransaktion: Die Transaktion eines Zahlungsmitteltausches nutzt die Bezahlkomponente um unterschiedliche bzw. gleiche zwischen unterschiedlichen bzw. gleichen Zahlungssystemen auszutauschen. Mögliche Varianten sind hierbei der Einkauf von ecash Zahlungsmitteln mit Hilfe einer Kreditkartenzahlung. Der Zahlungsmitteltausch unterschiedlicher Währungen oder das Geldabheben mit der ec-GeldKarte soll ebenfalls möglich sein. Diese Zahlungsmitteltransaktion setzt sich aus einer Offerte und zwei Bezahlteiltransaktionen zusammen.

Um die Transaktionen in einem inhomogenen Rechnerumfeld durchführen zu können, wurden die Teiltransaktionen noch in einzelne Komponenten aufgeteilt. Zu diesen Komponenten gehört die Authentifizierungskomponente, die Orderkomponente, eine Komponente, die auf das gerade verwendete Zahlungssystem hinweist, eine Komponente, die den Zahlbetrag im Handel festschreibt, eine Quittungskomponente, eine Komponente mit der Signatur der übertragenen Nachricht, eine Komponente für Schlüsselzertifikate um nur einige wichtige zu nennen. Vor der Übertragung werden die Komponenten in Blöcke zusammengefasst, die wiederum eine OTP-Nachricht definieren. Eingebettet in die Datenübertragungssprache XML, sind die Daten über das HTTP-Protokoll in jedem beliebigen Rechnerumfeld übertragbar.

5.9 Zusammenfassung

PGP ist bei korrekter Anwendung ein sicheres Verschlüsselungstool und prädestiniert für Homebankinganwendungen. Weshalb PGP für elektronische Überweisungen etc. nicht eingesetzt wird, liegt vor allem an der sehr schweren Handhabung. PGP müßte mindestens in eine graphische Oberfläche eingebettet werden, was glücklicherweise schon geschehen ist. Daneben hantiert der Nutzer nicht gern mit mehreren Programmen für die Lösung einer einzigen Aufgabe. Besser wäre es PGP beispielsweise in bestehende Homebanking Anwendungen zu integrieren.

PGP

PEM ist ein Vorschlag für den sicheren eMail-Verkehr. Es legt die dafür notwendigen Datenformate und kryptographischen Algorithmen fest. Der Schlüsseltausch geschieht mit Hilfe von Zertifikaten und einer unter technischen und organisatorischen Gesichtspunkten festgelegten Zertifizierungshierarchie. Würde diese konsequent im Internet umgesetzt, wären elektronische Verträge, die Grundlage des elektronischen Handels, im Internet möglich. An zwei Dingen scheitert dies bislang. Erstens sind die juristischen Rahmenbedingungen nicht global im Internet vorgebbar. Sie würden verständlicherweise nur jeweils die einzelnen Länder betreffen. Eine globale Internetzertifizierungsstruktur, wie sie im PEM festgelegt wurde, ist demnach nicht durchsetzbar. Zweitens besteht innerhalb der Algorithmen-Spezifikation noch ein Mangel sicherer Algorith-

PEM

PKCS, S/MIME	men. Aus diesen Gründen stellt PEM lediglich ein Gerüst für weitere Entwicklungen dar. Dazu gehört das näher vorgestellte deutsche MailTrusT Projekt, sowie der PKCS Standard, der die Grundlage für S/MIME schafft. Allen ist die Anwendung hierarchischer Zertifikate eigen.
SSL, OTP	Dem SSL- und OTP-Protokoll ist gemeinsam, Kunde und Händler interaktiv miteinander zu verbinden. Das SSL-Protokoll geht lediglich von einer einfachen Zweierbeziehung aus, ohne Spezifika des eHandels zu berücksichtigen. Dessen ungeachtet, werden elektronische Geschäfte bereits heute so abgesichert. Durch ein ausgeklügeltes Teilnehmerkonzept, die Berücksichtigung spezieller Anforderungen des eHandels, wie die Bereitstellung elektronischer Quittungen und anderes, strebt das OTP-Konzept eine Allroundlösung für den elektronischen Handel an. Dank der unabhängigen Kommunikationssprache XML, könnte im World Wide Web eine einheitliche und einfache Präsentation des benutzen Zahlungssystem dem Kunden gelingen. Vielleicht wird unter diesen viel versprechenden Ansätzen OTP in Zukunft der Bezahlstandard im Internet.

Kapitel 6

Praktische Schutzmaßnahmen

6.1 Einführung

Das erste Kapitel dieses Buches stellte uns die Grundlagen der Informationssicherheit vor, die anschließenden beiden Kapitel beschäftigten sich genauer mit elektronischen Zahlungsmitteln. In diesem Kapitel sollen konkrete Gegenmaßnahmen vor kriminellen Angreifern im Vordergrund stehen. Die Unterkapitel sind so aufgebaut, dass konkrete Angriffe uns auf mögliche bestehende Schwachstellen von Implementierungen von Sicherheitsverfahren im eCommerce hinweisen, um gleich im Anschluss praktische Gegenmaßnahmen aufzuzeigen. Wir befinden uns somit thematisch in diesem Kapitel wieder am Anfang des Buches, das dann auch inhaltlich beendet sein wird.

6.2 Ausgangssituation

Einige eklatante Risiken bestehender Sicherheitstechniken, die erst durch clevere Angreifer zutage kommen, offenbaren sich in den seltensten Fällen in der Theorie. Die Cleverness intelligenter Angreifer ist nie zu unterschätzen. Kehren wir also thematisch wieder zur Ausgangssituation eines fiktiven Handels zwischen Kunde, Händler, Zahlungsmittelbetreiber oder Bank zurück und

Kunden sind am meisten benachteiligt

fragen uns jedoch an dieser Stelle, welche Partei im elektronischen Handel am meisten benachteiligt ist. Die Antwort ist klar: der Kunde, denn:

- Durch die stetige Verbreitung von eCommerce-Lösungen sinkt das technische Niveau des durchschnittlichen Internetnutzers. Eine komplexe, schwer zu bedienende Anwendung mit allen Sicherheitsmaßnahmen wird wenig Erfolg haben sich auf breiter Basis durchzusetzen.

- Hoher Sicherheitsstandard ist nicht umsonst zu bekommen, und Chipkarten mit Chipkartenlesegeräten allen Kunden bereitzustellen; scheitert derzeit vor allem an den Kosten und einer nicht vorhandenen Zertifizierungsinfrastruktur. Zudem gibt es selbst bei den gepriesenen intelligenten Chipkarten teilweise erhebliche Sicherheitsmängel. Der Schutz des Handels auf Kundenseite wird somit fast ausschließlich durch den Einsatz von Software auf einem unsicheren Rechner realisiert.

- Drittens besitzt der Kunde abstrakte Werte, beispielsweise Zahlungsmittel oder Zugangscodes, die es ihm ermöglichen Einkäufe zu tätigen. Risiken entstehen somit

    – während der Übertragung der Werte zum Kunden,
    – während des Zeitraums ihrer Abspeicherung
    – und während eines unternommenen Zahlungsvorgangs.

    Angreifer können an drei Punkten ansetzen.

Bei einem Händler ist das Risiko abgeschwächt. Er muss in vielen Fällen keine abstrakten Werte über längere Zeiträume speichern, belangt bei Nichterhalten des elektronischen Geldes einfach den Kunden oder liefert die Ware nicht aus. Nicht zu unterschätzende Risiken bestehen hinsichtlich der Übertragung akkumulierter Geldbeträge. Wenn der Geldwert jedoch an eine Bank und einen Händler zur Gutschrift gebunden wird, lohnt sich in diesem Fall der Diebstahl nicht. Es bleiben Risiken hinsichtlich der Bereitstellung der Ware und hinsichtlich einer sicheren Zugriffssteuerung.

Die zunehmende Internationalisierung des elektronischen Handels erschwert zudem die Vereinbarung grenzüberschreitender „hoher" Sicherheitsstandards. Auf internationaler Ebene wird vielmehr der kleinste gemeinsame Nenner vereinbart, - für Angreifer eine günstige Ausgangssituation. Daneben kann sich der Diebstahl sehr geringer Beträge unter globalen Gesichtspunkten für Angreifer lohnen, die nicht einmal als Person auftreten. Eine Verfolgung mit herkömmlichen Mitteln ist so gut wie ausgeschlossen. Kunden wiederum sind in den seltensten Fällen in der Lage anonym aufzutreten. Der Einsatz digitaler Unterschriften wird es in nächster Zeit den Angreifern sehr viel leichter machen, die wahre Identität der Kunden zu bestimmen. Der Handel am Kiosk erfolgt bei kleinen Beträgen in einer Großstadt fast vollständig anonym.

digitale Signaturen ermöglichen das Erstellen von Kundenprofilen

Wenn das Fazit nach den obigen Ausführungen lautet, trotz sicherer Bezahlsysteme und praktisch sicherer Verschlüsselungsverfahren stellt der Internethandel ein größtes Risiko für die Kunden dar, so sei angemerkt, dass man sich vor bekannten Angriffen schützen kann. Das schließt eben deswegen das Erkennen aktueller Gefahren ein, und - viel wichtiger - die Einforderung des Schutzes des Kunden im Internet durch all diejenigen, die von seinen Aktivitäten am meisten profitieren. Kommt es beispielsweise beim Internetbanking zum Streit mit der Betreiberbank über unternommene Transaktionen, sollte die Bank dem Kunden die unternommenen Fehler nachweisen und nicht - wie derzeit üblich - umgekehrt.

6.3 Typische Angriffe und ihre Abwehr

Die anschließenden Unterkapitel geben einen detaillierten Einblick in die Vorgehensweise moderner Angreifer. Nur wer die aktuellen Angriffe kennt, ist in der Lage sich wirkungsvoll zu schützen. Eine Klassifizierung der einzelnen Angriffe wird nicht vorgenommen. Es ist vielmehr Anliegen, aufzuzeigen mit welcher Kreativität vorgegangen wird, den elektronischen Marktplatz zu attackieren.

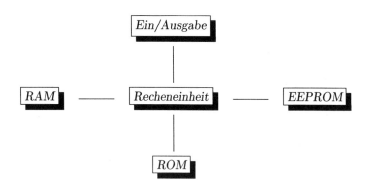

Abbildung 6.1: Die fünf Bestandteile des Schaltkreises einer Chipkarte

6.3.1 Reengineering von Chipkarten

Speicherkarten

Unter den Chipkarten gibt es einfache Speicherkarten, die lediglich als Träger von abrufbaren Funktionen dienen. Ist eine Manipulation des Speicherinhalts nur eingeschränkt und irreversibel möglich, eignen sich diese als Trägermedien öffentlicher Schlüssel.

Chipkarten mit Kryptoprozessoren

Damit sie der Forderung gerecht werden, sensible Operationen mit sensiblen Daten in vertrauenswürdigen Umgebungen durchzuführen, besitzen Chipkarten in größerem Maße Microcontroller, in manchen Fällen sogar einen zusätzlichen Kryptoprozessor für die notwendige hohe nummerische Rechenleistung während Verschlüsselungs- bzw. Entschlüsselungsvorgängen. Die Speichermedien einer Chipkarte unterteilen sich in den ROM (Read Only Memory) Speicher, den RAM (Random Access Memory) Speicher und den EEPROM (Electrical Erasable Programmable Read Only Memory) Speicher.

Der RAM Speicher verliert nach Entfernen der für die Chipkarte notwendigen externen Spannungsquelle seine Daten. Während der Benutzung der Chipkarte befinden sich im RAM somit lediglich die abzuarbeitenden Daten und das auszuführende Programm.

6.3 Typische Angriffe und ihre Abwehr

Zu den Speichern, die ihre Informationen auch nach dem Abtrennen der Stromversorgung behalten, zählt der wiederbeschreibbare EEPROM Speicher und der nicht wiederbeschreibbaren ROM Speicher. Der ROM Speicher wird schon während der Herstellung mit Daten geladen. Er eignet sich somit nicht unbedingt für die Schlüsselspeicherung. Diese Aufgabe übernimmt der EEPROM Speicher. EEPROM Speicherzellen funktionieren recht einfach: Elektronen werden an einer separaten nichtleitfähigen Stelle (floating Gate) über einem Transistor gesammelt, der sich in seiner elektrischen Leitfähigkeit in Abhängigkeit der gesammelten Ladung davon beeinflussen lässt. Die unterschiedliche Leitfähigkeit kann zur Speicherung von einem Bit Information (der Transistor sperrt oder leitet) dienen.

Ein unvermeidlicher Sicherheitsnachteil besteht jetzt bei den Chipkartenanwendungen darin, dass, wann immer der Speicherinhalt einer solchen Speicherzelle geändert wird, dies mit einem messbar erhöhten Stromverbrauch verbunden ist. Die internen Ladungspumpen befördern dabei die Elektronen in das „schwer" erreichbare Floating Gate.

Angreifer nutzen diese Tatsache aus, um alle möglichen Varianten der PIN einer gestohlenen Chipkarte auszuprobieren. Da der Zähler für die Fehleingaben nur eine EEPROM Speicherzelle im Schaltkreis der Chipkarte sein kann[1], merkt der Angreifer am erhöhten Stromverbrauch die Aktivierung des Fehlerzählers. Die Stromversorgung, mit dem der Angreifer die Karte betreibt, ist so schwach, das sie den erhöhten Stromverbrauch nicht erbringt. Der falsche Versuch wird somit nicht registriert und er kann eine weitere PIN versuchen.

brute-force-attack auf die PIN einer Chipkarte

Ein weiterer sicherheitsrelevanter Nachteil besteht darin, daß die EEPROM Speicherzelle durch ihre elektrostatischen Ladungen am „floating Gate" Speicherinhalte an die Außenwelt verrät. Die Ladungen können, wenn keine Schutzvorkehrungen

---

[1] Der RAM Speicher würde den Inhalt der Speicherzelle nach Abschalten der Stromversorgung „vergessen". Der ROM-Speicher kommt nicht in-frage, da er nicht beschreibbar ist.

getroffen werden, unter Umständen mit einfachen Mitteln unbefugt ausgelesen werden. Demonstriert wurden verschiedene Verfahren auf einem Hackerkongress in den Niederlanden im Sommer 1997. Bewährt hat sich nach Hackerexpertenmeinung Phosphorsäure für die äußerste Schutzschicht des integrierten Schaltkreises in Kombination mit Azeton für eine anschließende Säuberung. Der auf diese Art entblößte Chip kann anschließend mit optischen bzw. mechanischen Abtastgeräten aus der Mikrobiologie einfach untersucht werden. In der Mikrobiologie spielt ein Verständnis elektrostatischer Wechselwirkungen, die beispielsweise während der Reizübertragung zwischen Nervenzellen auftreten, eine große Rolle.

Reengineering ist sehr teuer, aber gefährlich

Angriffe durch Reengineering (der Name dieses Angriffs) sind sehr teuer, benötigen Spezialwissen über den Aufbau des verwendeten Schaltkreises und ein sehr teures Equipment (erfahrenen Angreifern dürfte bekannt sein, daß die Geld-Karte der deutschen Kreditwirtschaft einen Chip nach der ISO/IEC 7816-3 Norm verwendet). Sie zählen jedoch mit zu den gefährlichsten. Derartige Angriffe lohnen jedoch erst, wenn der zu erwartende Gewinn die Investitionen übersteigt. Deswegen besteht der einfachste Schutz darin, Gewinne durch Reengineering von Chipkarten zu minimieren. Das bedeutet:

- im elektronischen Handel nur Chipkarten mit limitierten Zahlungsbeträgen auszugeben,

- nur Chipkarten auszugeben, die bei vollständiger Aufdeckung ihrer Interna, respektive ihrer Geheimnisse, nicht das gesamte Zahlungssystem kompromittieren,

- ein organisatorisches Umfeld zu schaffen, in dem durch Protokollierung der Chipkartentransaktionen im Hintergrundsystem sofort Betrügereien durch Differenzen in den Zahlungsmittelbeträgen aufdeckt werden.

- Chipkarten mit einem Verfallsdatum versehen. Nach anschließenden Einziehen durch die Betreiber, läßt sich eventuell ein Rückschluß auf unternommene Angriffe ziehen. Durch das Verfallsdatum besitzen Angreifer nicht beliebig Zeit für ihre Ausforschungen.

6.3 Typische Angriffe und ihre Abwehr

- Auf technischer Seite sind verschiedene Schutzmaßnahmen möglich. Es können die EEPROM-Speicherzellen so mit einer Schutzschicht versehen werden, daß der Schaltkreis selbst erkennt, ob diese entfernt wurde. In diesem Fall löscht er seinen Inhalt.

6.3.2 Fehlerangriffe auf symmetrische Verschlüsselungsverfahren

Um die Herangehensweise der Angreifer zu verstehen, ist es unvermeidbar, kurz auf die Idee der Funktionsweise einiger häufig eingesetzter symmetrischer Verschlüsselungsverfahren einzugehen.

In der Praxis werden der DES-Standard und das IDEA-Verfahren derzeit am häufigsten eingesetzt. Neben der Schlüssellänge besitzen beide Verfahren zudem einen unterschiedlichen konzeptionellen Aufbau. Was dagegen alle symmetrischen Verfahren eint, ist die Verschlüsselung des Klartextes in mehreren Runden mit Hilfe einer Verschlüsselungsvorschrift.

Verschlüsselungen erfolgen in mehreren Runden

Im DES-Verschlüsselungsverfahren werden nacheinander 16 einzelne Feistelchiffrierungen ausgeführt. Eine Feistelchiffrierung ist eine Vorschrift, die den zu chiffrierenden 64 Bit großen Datenblock nimmt, ihn halbiert, auf einer Hälfte des Blockes mit einer Verschlüsselungsfunktion eine Chiffrierung durchführt und beide Blöcke wieder aneinander fügt. Nach einer Runde ist somit nur die Hälfte des Klartextes verschlüsselt, nach zwei Runden der Ganze.

Weitere derzeit im Einsatz befindliche Verschlüsselungsverfahren eigneten sich die Idee der nach HORST FEISTEL benannten Feistelchiffrierungen an. Dazu gehört das von BRUCE SCHNEIER entwickelte Blowfish-Verfahren und das im Ansatz ähnliche RC5-Verschlüsselungsverfahren.

Die IDEA Verschlüsselung verwendet nicht einzelne Feistelchiffrierungen, sondern führt nacheinander 16 Bit Multiplikationen und 16 Bit Additionen in einer Runde so aus, dass mögliche

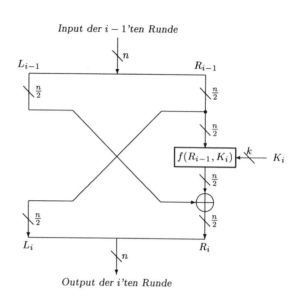

Abbildung 6.2: Feistelnetzwerk

Zusammenhänge zwischen Klartext und Geheimtext verschwinden (Konfusion) und einzelne Klartextbits möglichst großen Einfluss auf den Geheimtext bekommen (Diffusion). Nur acht Runden kommen im IDEA-Verfahren zur Anwendung.

Durch eine mathematische Analyse wurde bis jetzt noch keines der vorgestellten Verschlüsselungsverfahren gebrochen. Für den Angreifer sieht es jedoch günstig aus, wenn es ihm gelingt die Anzahl der durchgeführten Verschlüsselungsrunden auf ein Minimum zu reduzieren. Geschehen die Verschlüsselungsoperationen mit Hilfe eines Programms auf einem PC, ist dieser Angriff sehr schwer durchführbar. Gezielte Manipulationen der Rundenzähler in Chipkarten mit DES- bzw. IDEA-Verschlüsselung sind dagegen um ein Vielfaches einfacher. Erstens ist die Hardware auf den angewandten Algorithmus so optimiert, dass meist einzelnen vordefinierten Hardwareregistern eine eingeschränkte Aufgabe zukommt. Andererseits kann der Angreifer durch die ihm zur Verfügung stehende Chipkarte diesen Angriff unter Laborbedingungen auf interne für ihn unbekannte Schlüssel durchführen.

<small>Angriff auf die Rundenanzahl</small>

6.3.3 Fehlerangriffe auf asymmetrische Verschlüsselungsverfahren

Die Sicherheit des am häufigsten eingesetzten asymmetrischen Verfahrens RSA basiert auf der Unfähigkeit von Mathematikern mit klassischen Algorithmen „große" Zahlen hinreichend effizient in ihre Primfaktoren zu zerlegen.

<small>Zahlen in Primfaktoren zu zerlegen ist sehr schwer</small>

DAN BONEH, RICHARD A. DEMILLO und RICHARD J. LIPTON zeigten auf einer Tagung der EUROCRYPT-Konferenz [23] im Jahre 1997 wie es gelingt, durch einen provozierten oder bewusst durch Störung hervorgerufenen Berechnungsfehler den „großen" Wert $n = p \cdot q$ in seine Primfaktoren p, q zu zerlegen. Das gelingt, wenn aus Geschwindigkeitsgründen das Signieren bzw. Entschlüsseln in Chipkarten nicht im Modul n durchgeführt, sondern im Modul der einzelnen Primfaktoren p, q [52] durchgeführt wird. Das Ergebnis setzt sich dann aus den beiden resultierenden Teilergebnissen zusammen (das funktioniert aufgrund des sogenannten Chinesischen Restesat-

Angreifer versuchen Primfaktoren zu bestimmen

zes). Die Geschwindigkeitssteigerung beträgt so immerhin das Vierfache. Liegt mindestens ein Primfaktor einmal vor, kann der Angreifer Unterschriften unter falschen Namen erzeugen bzw. fremde Nachrichten lesen.

In der ersten Version des Angriffs war es noch notwendig, eine falsche und eine korrekte Signatur ein und derselben Nachricht zu bestimmen. Viele Verschlüsselungssysteme fügen deswegen den zu unterschreibenden Nachrichten jedes Mal eine zufällige Zahl an, um so ein mehrfaches Signieren Gleicher mit einem Signierschlüssel zu verhindern. ARJEN LENSTRA vereinfachte den Angriff [40] so weit, dass eine Signatur einer bekannten Nachricht ausreicht. Unter Zuhilfenahme des öffentlichen Schlüssels kann der Angreifer in einem Schritt mit sehr großer Wahrscheinlichkeit die einzelnen Primfaktoren von n bestimmen.

Auch hier wird der Angrif wieder gefährlich, wenn sich auf der Chipkarte eine Bezahlanwendung befindet, die mit Hilfe eines nur der Bank bekannten Schlüssels Interessen der Bank wahrnimmt. Der Angreifer wird in diesem Fall versuchen den Schlüssel zu erfahren, um Karten zu fälschen.

Folgendes sollte gegen Fehlerangriffe auf RSA-Verfahren unternommen werden:

- Die Hardware, die sicherheitskritische Aufgaben übernimmt, sollte immer eventuelle Rechenfehler überwachen. Chipkarten dürfen deswegen nur innerhalb der Toleranzen arbeiten, die eine einwandfreie Arbeitsweise zulassen.

- Schwankungen der Versorgungsspannung sind durch geeignete Konstruktion im Normalbetrieb auszuschließen. Die Sicherheit von Registerinhalten ist durch einen erhöhten physischen Schutz und Redundanz erreichbar. Prüfsummenverfahren sind ebenfalls geeignet, die Integrität von Speicherinhalten zu erhöhen.

- Damit der Angreifer die zu unterschreibende Nachricht nicht kennt, sollten zufällige Füllbits unmittelbar vor der

6.3 Typische Angriffe und ihre Abwehr

Wie funktioniert RSA? Es sei $n = p \cdot q$ eine große natürliche Zahl, die sich aus den beiden für einen Angreifer unbekannten Primzahlen p und q zusammensetzt. Die Nachricht, die natürliche Zahl m (eine Zahl zwischen 0 und $n - 1$), soll verschlüsselt werden. Dazu wird m lediglich mit dem öffentlichen Schlüssel e (ebenfalls eine Zahl zwischen 0 und n) potenziert und anschließend durch n dividiert. Der Rest der ganzzahligen Division bestimmt den zu übertragenden Geheimtext c. In einer Formel ausgedrückt:

$$c = m^e \bmod n$$

Die Entschlüsselung des Geheimnisses c geschieht auf analoge Weise mit dem Geheimschlüssel d

$$m = c^d \bmod n$$

Für die Verschlüsselung ist somit der öffentliche Schlüssel e und für die Entschlüsselung der Geheimschlüssel d erforderlich. Die Zahl n ist beiden, d.h. für den der entschlüsselt bzw. verschlüsselt bekannt. In der Praxis wird deswegen das Zahlenpaar ($\{e, n\}$ bzw. $\{d, n\}$) als Schlüssel angegeben.

Die Schlüssel können nicht beliebig gewählt worden sein. Es muss vielmehr die Gleichung $e \cdot d = k(p-1)(q-1) + 1$ für eine natürliche Zahl k gelten, die auch gleichzeitig der Schlüsselberechnung dient. Ist somit dem Angreifer p (mit n erhält er dann q oder umgekehrt) bekannt, kann er ebenfalls die Schlüsselberechnug durchführen und gelangt an den Geheimschlüssel d.

Abbildung 6.3: Die RSA-Verschlüsselung

Verschlüsselung, möglicherweise erst in der Chipkarte, angefügt werden.

- Letztendlich sollte jedoch auf Algorithmen, die Berechnungen mit einzelnen Primfaktoren durchführen, verzichtet werden.

6.3.4 Fehlerangriffe auf Zufallsgeneratoren

Von der Güte zufälliger Zahlen hängen die eingesetzten Schlüssel und in direkter Weise die zur Anwendung kommenden Authentifizierungsverfahren ab. Wie wir bereits wissen, ist es nicht möglich allein durch Software echte zufällige Zahlen zu erzeugen. eCommerce-Lösungen nutzen dazu die Interaktion mit dem Nutzer. Für eine Frage/Antwort-Authentifizierung mit Chipkarten ist diese Variante nicht geeignet. Das dürfte zum einen an der fehlenden Tastatur und an der Unpraktikabilität des Verfahrens scheitern. Rauschgeneratoren müssen sich aus dem Grund für die Authentifizierung und die Schlüsselgenerierung auf der Chipkarte befinden. Nur was passiert, wenn Angreifer diese Rauschgeneratoren so manipulieren, dass dieser nur noch vorhersehbare Signale erzeugt? Ein simples Zerstören reicht da oft schon aus.

Rauschgeneratoren in elektronischen Schaltkreisen sind deswegen entweder durch Kontrollmaßnahmen innerhalb des Chips oder durch eine externe Prüfung an Chipkartenlesern zu überprüfen. Der Chipkartenleser kontrolliert vor jeder Nutzung gewisse Grundfunktionen der Chipkarte und lehnt sie bei erkannten und vermuteten Schwachstellen ab. Die Chipkarte selbst müsste dann natürlich gewisse Überprüfroutinen für diese Fälle bereithalten.

6.3.5 Zeitanalyseangriffe

elektronische
Abstrahlung
verrät die Interna

Die Berechnung von Befehlen in der Zentralen Recheneinheit (CPU) eines Rechners bzw. einer Chipkarte geschieht immer in Abhängigkeit ihrer Komplexität innerhalb verschiedener Zeitspannen. Besitzt ein Angreifer Zugriff auf diese Zeitschwankungen (z.B. durch Messen elektromagnetischer Abstrahlungen), kann er mit großer Wahrscheinlichkeit den

6.3 Typische Angriffe und ihre Abwehr

gerade verwandten Schlüssel erahnen und den Aufwand einer Schlüsselrunde drastisch verringern.

In Abbildung 6.4 wird ein Zeitanalyseangriff auf das W. DIFFIE, M. HELLMAN und das RSA Verfahren gezeigt. Interessenten finden den von PAUL C. KOCHER präsizierten Angriff in einem Tagungsband [37] der Konferenz Crypto'96 die in Santa Barbara, Kalifornien im Jahre 1996 stattfand. Veröffentlicht wurde der Angriff bereits am 7. Dezember 1995 im Internet.

Zeitanalyseangriffe richten sich genau genommen nicht gegen die Algorithmen, sondern wieder gegen deren Implementierungen. Es wäre als Schutzmaßnahme deswegen ideal, wenn alle verräterischen Rechenschritte exakt die gleiche CPU-Taktzahl benötigen würden. Unter Umständen sind zusätzliche Befehle einzubauen, die eine Zeitcharakteristik verwischen. Allerdings wirkt sich das auf die Performance aus. Organisatorische Maßnahmen können bei Geldkarten nur eine maximale Anzahl von Verschlüsselungen pro Tag zulassen. Das würde einen Angreifer erheblich behindern, da er eine sehr große Anzahl von Messungen benötigt.

Angriffe nutzen Schwachstellen in der Implementation aus

6.3.6 Hintertüren in Verschlüsselungsprogrammen

Viel effizienter als alle vorhergehenden und nachfolgenden Angriffe sind direkt in die Verschlüsselungsverfahren eingebaute Hintertüren, die es nur dem Angreifer mit passendem Gegenstück erlauben, des Opfers Schlüssel auszuforschen. Wenn der „Angreifer" zudem im Auftrag einer Regierung handelt, die im Gegenzug für guten Umsatz der Hintertür behafteten Verschlüsselungssoftware/Hardware sorgt, könnte diese ihre Bürger ohne großen zusätzlichen Aufwand belauschen. Der Leser mag sofort einwenden, jedem Algorithmus ist eine Hintertür anzumerken. Das stimmt, liegt dieser in einem Schaltkreis, Gerät verpackt, oder nur als Objektcode dem Programmierer vor, man sagt auch „liegt dieser als Black Box vor", bleibt das Erkennen von Hintertüren aussichtslos.

Auf schon erwähnter „Crypto" Konferenz in Santa Barbara im

> Der gesuchte Signierschlüssel d liegt bitweise auf der Chipkarte vor. Weiterhin ist m der zu unterschreibende Wert. Nach Kapitel 2.7 handelt es bei m in der Regel um einen Hashwert. Die Formel der RSA-Signaturberechnung beinhaltet lediglich die Potenzierung der Nachricht m. An einem einfachen Algorithmus zur Berechnung dieser Formel $c = m^d \bmod n$ wird der Zeitanalyseangriff exemplarisch erörtert. Andere Algorithmen arbeiten ähnlich und sind gleichermaßen verwundbar.
>
> - Setze $m' = m$, d liege bitweise vor.
>
> - Für jedes Bit in d mit dem linken (dem höchstwertigen) angefangen, berechne nacheinander
>
> $$m' := (m')^2 \bmod n$$
>
> – und wenn das ausgewählte Bit den Wert „Eins" besitzt
>
> $$m' := (m' \cdot m) \bmod n$$
>
> - Wurden alle Bits in d berücksichtigt, dann stellt der Wert m' die Unterschrift von m dar.
>
> Es ist zu erkennen, dass in Abhängigkeit der Bits in d, eine zusätzliche Multiplikation $((m' \cdot m) \bmod n)$ auftritt. Misst ein Angreifer die Zeit für jeden Berechnungszyklus durch elektromagnetische Abstrahlung, Performanceberechnungen im Rechner etc., kann er für gewisse Bits in d Zeitdifferenzen feststellen um damit d in gewissen Wahrscheinlichkeiten rückwirkend zu bestimmen. Gelingt ein mehrfaches Unterschreiben einer Testnachricht auf der Chipkarten, kann er mögliche Messfehler kompensieren. Liegt d dann immer noch nicht vollständig vor, würde sich sogar eine Suche der restlichen falschen Bits durch Ausprobieren lohnen.

Abbildung 6.4: Zeitanalyseangriff auf das RSA-Verschlüsselungsverfahren

6.3 Typische Angriffe und ihre Abwehr

Jahre 1996 zeigten ADAM YOUNG und MOTI YUNG von der Columbia University in [66], [67] mögliche Implementierungen von Hintertüren in asymmetrischen Verschlüsselungsverfahren. Ein Jahr später erweiterten sie ihren Angriff und stellten ihre Arbeit unter dem wohl etwas spaßigen Titel „Kleptography: Using Cryptography Against Cryptography" auf der EUROCRYPT Konferenz in Konstanz vor. Dort definierten sie den neuen Begriff „Strong SETUP". SETUP steht als Abkürzung für „Securly Embedded Trapdoor with Universal Protection", was soviel wie „geheim eingebaute Hintertür mit universeller Verschleierung" sinngemäß bedeutet. Ein strenges SETUP muss nach ihnen bestimmte Bedingungen erfüllen.

Angenommen C ist ein Algorithmus mit einer öffentlich bekannten Schnittstellen-Spezifikation. Eine SETUP-Hintertür ist dann eine vom Angreifer bzw. Hersteller vorgenommene Modifikation von C zu C', sodass gilt:

- Die Eingangs- und Ausgangsdaten von C' stimmen mit der öffentlichen Spezifikation der Eingangsdaten von C überein.

- Für Nichteingeweihte ist praktisch kein Unterschied zwischen den von C bzw. von C' erzeugten Ausgangsdaten erkennbar.

- Gelingt es einem Nutzer trotzdem den hintertürbehaften Algorithmus zu erkennen, kann er keine privaten Schlüssel des Herstellers ermitteln.

- Bei einem strengen SETUP kommt noch hinzu: Wird die Hintertür dem Nutzer wider Erwarten bekannt, kann er immer noch nicht an den verarbeiteten Daten zwischen einem Gerät mit bzw. ohne Hintertür unterscheiden.

ADAM YOUNG und MOTI YUNG stellten Algorithmen für den Einbau von Hintertüren im Diffie/Hellman Schlüsseltausch, in der RSA-Schlüsselerzeugung, im ELGamal Verschlüsselungsverfahren[31] und im Kerberos Schlüsseltausch (siehe Kapitel 2.9.4) vor. In allen Varianten wird der Schlüssel des Opfers hinter scheinbar zufälligen Zahlen versteckt. Ohne

Die Hintertür ist so sicher wie die Verschlüsselung

die zusätzlichen Informationen des Angreifers bleibt die Hintertür so sicher verborgen wie das Verschlüsselungsverfahren selbst.

Prüfung des Quellcodes ist eine Voraussetzung der Sicherheit

Hintertüren werden dann erkannt, wenn ein Einblick in die Interna von Verschlüsselungssystemen gewährt wird. PGP ist aufgrund seines offenen Quellcodes ein sehr sicheres Verschlüsselungsprogramm. Deswegen sollten einflussreiche Kunden sich eine Prüfung des Programmcodes der Verschlüsselungsroutinen nicht nehmen lassen. Offene Standards sind ebenfalls sehr wichtig.

6.3.7 Aktive Angriffe durch DNS Spoofing

Angriffe auf Verschlüsselungsverfahren sind den passiven Angriffen zuzurechnen. Ihre Wirkung beschränkt sich meist auf das unerlaubte Entschlüsseln von Geheimtexten. Die Vorgehensweise aktiver Angreifer wird in diesem und den nachfolgenden Unterkapiteln näher erläutert.

Kommunikation im Internet erfolgt über Datenpakete

Schauen wir uns zuerst die Funktionsweise des Internets an. Im Internet sind zwei Rechner nicht über eine durch dritte gesteuerte konstante Verbindung während ihrer Kommunikation miteinander verbunden (wie das beispielsweise bei Telefongesprächen der Fall ist), sondern sie kommunizieren über einzelne Datenpakete. Diese werden nach bestimmten Regeln von Rechner zu Rechner an den Empfänger übermittelt. Geht ein Paket auf Empfängerseite verloren wird es einfach erneut angefordert. Hierzu sind alle Pakete durchnummeriert. Welchen Weg die Pakete dabei nehmen, hängt vom Zustand des Netzes ab. Es kann sogar passieren, dass in Deutschland jemand über einen amerikanischen Internetanbieter seine Pakete erst gezwungenermaßen über Amerika an eine deutsche Internetbank schickt. Die Adressierung der Pakete erfolgt mit Hilfe sogenannter IP-Adressen. Unter IP-Adressen sind 32 Bit Zahlen zu verstehen. Um die Kommunikation der Teilnehmer mit diesen schwer einprägsamen Adressen zu erleichtern, werden die 32 Bit Zahlen auf aussagekräftige DNS-Adressen der Form `www.internetbank.xy` abgebildet. Eine weltweite dezentrale Datenbank führt diese DNS-Adresse dann auf die für

6.3 Typische Angriffe und ihre Abwehr

den Kommunikationsaufbau notwendige IP-Adresse in Sekundenschnelle zurück. Anschließend erfolgt die Kommunikation durch den Austausch einzelner Pakete.

Was tut jetzt der aktive Angreifer? Er fängt die Datenbankabfrage, welche die DNS-Adresse www.internetbank.xy in eine IP-Adresse umwandelt, ab. Statt mit der richtigen IP-Adresse, antwortet der Angreifer mit einer gefälschten. Unmerklich wird das im Internet surfende Opfer mit dem Rechner des Angreifers verbunden. Der Angreifer gaukelt anschließend die Internetseite der originalen Internetbank vor, sammelt die PINs und TANs des Kunden ein, um zeitgleich bekannte Angriffsverfahren aus Kapitel 2.6.7, 2.9.1 für sich auszunutzen. Aus Abschnitt 5 kennen wir jedoch auch die Gegenmaßnahmen. Die sollten nach der Theorie wirken. Doch Folgendes passiert:

- Der Angreifer vermittelt mit seiner WWW-Internetseite den Eindruck von Sicherheit. Zertifikate und dergleichen spielen überhaupt keine Rolle. Normalbürger, die lediglich ein Interesse haben, Internetbanking aus Kostenvorteil zu nutzen, sind bestimmt leicht zu täuschen. Kann man ihnen das verdenken, wenn die Banken ihre Sicherheitsmaßnahmen so kompliziert anwendbar gestalten, dass nur Sicherheitsexperten Betrügereien entdecken. Fairerweise sollten jedoch organisatorische Maßnahmen mögliche Schäden begrenzen. Dazu gehört eine Limitierung der Höhe der maximal durchführbaren Überweisungen, eine Begrenzung der Höhe der Wirkung und das Vorsehen von Reklamationen (bei Aktiengeschäften leider kaum möglich).

- Möchte der Angreifer einen Eindruck von hoher Sicherheit während einer SSL Verbindung vermitteln, täuscht er dem Opfer ein gefälschtes Bankzertifikat vor. Er generiert sich dazu mit frei im Internet erhältlicher Software[2] ein eigenes Schlüsselzertifikat. Die zugehörige Zertifizierungsinstanz betreibt er selbst. Das Zertifikat seiner Zertifizierungsinstanz transportiert er per Virus oder trojanischem Pferd auf den Rechner des Opfers. Der Angreifer könnte

---

[2]Eine gute Software ist die frei erhältliche SSL-Version namens SSLeay von Eric Young.

auch das Opfer dazu bringen, eine bestimmte Web-Seite mit diversen Super-Sonderangeboten zu besuchen. Dort muß er dann ein Zertifikat akzeptieren, das später dem Angreifer dient.

Verbindet sich nun das Opfer mit dem Angreifer, erfolgt die Kommunikation ordnungsgemäß verschlüsselt und die vorgegaukelte Internetbank weist sich per Zertifikat aus.

Vergleicht der Kunde den Fingerabdruck des öffentlichen Schlüssels der vermeintlichen Bank (siehe Kapitel 2.5), ist der Betrug wieder leicht aufdeckbar. Doch wer kennt erstens den richtigen Fingerabdruck der Bank, und wer von den Anwendern kommt überhaupt auf die Idee jedes Mal solch komplizierte und lästige Überprüfungen durchzuführen. Banken sollten in Zeitungen oder anderen öffentlichen Stellen ihre „Fingerabdrücke" allgemein zugänglich veröffentlichen.

Internetbanking mit PIN, TAN und SSL ist unsicher

Aus den oben genannten Gründen ist Internetanking mit PIN und TAN in Verbindung mit SSL mit oder ohne Java überhaupt nicht ausreichend sicher möglich. Ob der Bankkunde einen Schlüssel per Maus (siehe Kapitel 4.2.1) selbst für eine Verschlüsselung wählt oder nicht, spielt überhaupt keine Rolle, wenn er sich der Identität des Internetbankinganbieters nicht sicher sein kann. Eine erzwungene Sicherheitsüberprüfung kann in einem herkömmlichen Internetbrowser nicht erfolgen.

HBCI ist konzeptionell ausgereifter

Dass es trotzdem sichere Lösungsvarianten gibt, zeigt der HBCI Standard. Er sieht in der Homebankinganwendung bereits ein gegenseitiges Authentifizierungsmodell vor, legt Regeln für den Schlüsseltausch per Zertifikat oder Hashwert fest und sieht optional Chipkarten für die Schlüsselspeicherung vor. Das der HBCI Standard sich in der Praxis erst bewähren muß, steht fest. Experten sind jedoch bereits jetzt schon in der Lage, die Sicherheit von übereilten Implementationen abzuschätzen. Der Standard liegt nach dem Kerkhoffschen-Prinzip in allen Punkten offen vor und ist bei entdeckten Schwachstellen

6.3 Typische Angriffe und ihre Abwehr

in einer neuen Version korrigierbar. Neben HBCI ließe sich ebenfalls PGP verschlüsselte eMail für die Lösung bestehender Sicherheitsprobleme heranziehen. In entsprechende Software eingebettet, eignet es sich bestens. Kapitel 5.2 ging auf dieses Problem bereits ein. Warum sich noch keine Bank für eine solch einfache Lösung entschied, bleibt fraglich.

6.3.8 Viren und trojanische Pferde

Die Bedeutung der Bedrohung durch Viren nimmt im Zeitalter des kontinuierlichen Anwachsens vernetzter Rechner ständig zu. Als Virus wird ein Programm mit der Fähigkeit der Selbstreplikation bezeichnet. Das Virus infiziert dabei in der Regel ein Wirtsprogramm, das durch jeden Programmaufruf weitere uninfizierte Programme infiziert, um dann scheinbar normal weiterzuarbeiten. Dem Viren-Programmierer lag sicher nicht allein nur daran die Fortpflanzung zu denken, er baut vielmehr zusätzliche Routinen in den Programmcode ein, der aus den unterschiedlichsten Gründen meist zu einer definierten Zeit ausgeführt wird. Manchmal ist es ein Scherz des Prgrammierers, der den Benutzer zu einer Kaffeepause auffordert, andermal eine böswillige Absicht. Oft erkennt der Nutzer nach einer Zeit den Befall seines Rechners durch das Virus selbst, wenn dieser Schaden anrichtete, oder durch ein Antivirenprogramm (Virenscanner). Reduziert sich die „böse" Aufgabe des Viruses darin, sensible Daten (PIN, TAN usw.) auszulesen und diese bei einer anschließenden Internetverbindung dem Angreifer zu übertragen, kann es oft unerkannt bleiben. *Viren können sensible Daten ausspähen*

Neben Viren gibt es auch kleinere Programme, die wie trojanische Pferde wirken und ebenfalls ein probates Mittel für Angreifer darstellen. Die trojanischen Pferde sind wieder mit einem Virus oder über andere kleine unscheinbare Programme[3] platzierbar. Die neueste Geldverwaltungssoftware oder die neueste Software für die aktuelle Aktienkursabfrage im Internet sollte bei mißtrauischen Nutzern eine Hintertür vermuten lassen. Letztere biete sich an, da hier eine Internetverbindung

---

[3]Beispielsweise sind unter den Allerweltsnamen wie `aol.exe`, `install.exe`, `setup.exe`, `powertool.exe`, `supergame.exe` trojanische Pferde zum Vorschein gekommen.

durch den Programmierer vorausgesetzt werden kann und das Opfer eventuell mit Aktien über das Internet, möglicherweise über eine Internetbank, spekuliert.

So gelang es zwei 16jährigen Schülern 1998 auf verblüffend einfache Weise Zugangsdaten von T-Online Kunden auszuspähen, indem sie mit ihrem populären Hilfsprogramm „T-Online Power Tools" einen Köder auslegten. Wer anbiß, übergab seine Benutzerdaten während der Registration der Software den Hackern. Mit den geknackten Passwörtern wäre es den Jugendlichen möglich gewesen, auf Kosten der betroffenen Nutzer Rechnungen in der Höhe von 10.000 D-Mark und mehr zu verursachen. Nur ihrem Sportsgeist ist es zu verdanken, dass sie nach wirklicher Hackermanie das Sicherheitsbewusstsein der Betroffenen ohne Eigeninteressen wachrüttelten.

im Buch wird zwischen Angreifern und Hackern unterschieden

Zwei weitere im Internet erhältliche Späh-Programme sind NetBus und Back Orifice, die sich über ein trojanisches Pferd auf einem fremden Windows-NT-Rechner einnisten. Der Angreifer kann beispielsweise NetBus dazu benutzen, den kompromittierten Rechner fernzusteuern. Der Eindringling ist in der Lage, Dateien zu laden, Applikationen zu starten und beliebige Tastatureingaben an Anwendungen zu senden[7]. Angreifer sind somit in der Lage, einen Zahlungsvorgang ohne Wissen des Nutzers anzustoßen. Unter der Adresse http://www.tbtf.com/resource/iss-backdoor.txt befindet sich eine Beschreibung, wie man NetBus (und Back Orifice) identifiziert und entfernt.

Gegenmaßnahmen

Registrieren von Software ist unter Umständen gefährlich

Dass Nutzer unbekannte Software aus dem Netz bezogen haben und sich auch noch online registrieren lassen, begünstigte die Vorgehensweise der Angreifer ungemein. Des weiteren verwendete die Telekom[4] in diesem Fall keine Techniken der sicheren Verschlüsselung sensibler Zugangsdaten in ihrer Zugangssoftware. Solange sich aber auch in Zukunft Schlüssel im Rechner befinden, egal ob unverschlüsselt oder verschlüsselt, werden

---

[4]Die Telekom war die unmittelbar betroffene; anderen Firmen hätte vermutlich das gleiche Schicksal ereilt.

6.3 Typische Angriffe und ihre Abwehr

Angreifer immer auf beschriebene einfache Art versuchen, sie auszukundschaften.

Maßnahmen gegen Viren und trojanische Pferde sind verschieden durchführbar.

Es gibt die erwähnten Virenscanner. Doch Vorsicht, nicht jeder Virus wird erkannt. Wenn das Programm eines Angreifers sich wie ein Virus verhält, sind die Scanner machtlos (was ist Virus was ist Programm?).

Neben Virenscanner sollte der Nutzer zudem ein Betriebssystem verwenden, das in der Lage ist, Administration und Benutzung über getrennte Nutzerrollen aufzuteilen. Nimmt ein Nutzer als Administrator (root im UNIX Betriebssystem) die Installation von Programmen vor, darf der Nutzer diese normalerweise nicht ändern, löschen, überschreiben usw. können. Fängt sich dieser Nutzer während des Besuchs im Internet durch heruntergeladene Programme einen Virus ein, kann somit das Virus nicht mehr Schaden anrichten als der Nutzer selbst. Wichtige Software bleibt somit von einem Virenverfall verschont. Bei dem sehr weit verbreiteten Betriebssystem Windows/NT ist das Konzept theoretisch durchführbar, sofern sich der Administrator auch wirklich mit dem System auskennt. Nur die Praxis zeigt oft Gegenteiliges. Besser man verwendet das kostenlose Betriebssystem Linux. Linux bietet neben seiner sehr guten Skalierbarkeit eine an Einfachheit nicht zu übertreffende Zugriffsregelung sämtlicher Rechnerressourcen. Durch die Erst-Installation nach den Vorgaben der Distributoren ist der Rechner in einen Zustand, der in Sachen Initialsicherheit Windows/NT um mehrere Längen übertrifft. Zudem ist derzeit noch kein Linux Virus bekannt.

Trennung von Administration und Nutzung eines Rechners

Windows NT ist durch Linux in sensiblen Bereichen zu ersetzen

Als weitere organisatorische Maßnahme nimmt auf einem gut gewarteten Rechner die Dateihygiene einen Schwerpunkt ein. Veränderungen von außen sind schneller bemerkbar. Bei großen Dateibeständen kann das schnell problematisch werden. Deswegen gibt es bereits Produkte, die von besonders sensiblen Dateien und Dateigruppen eine digitale Signatur während der Installation berechnen. Vor Nutzung der Datei wird die

Dateihygiene

Signatur jedesmal überprüft. Kommt es zu Abweichungen, ist die Wahrscheinlichkeit eines unautorisierten Zugriffs durch Viren etc. hoch. Authentico von Microsoft stellt ein ähnliches Konzept vor. Im Internet übertragene Programme oder Programmpakete besitzen eine durch den Hersteller erzeugte eindeutige Signatur. Erreicht das Programm den Nutzer, kann er im Nachhinein die Integrität verifizieren. Der Anwender muß aber dem Händler vertrauen, keine bösen Absichten zu verfolgen. Weitere Maßnahmen sind möglich.

CDROM als Träger sensibler Programme

Sehr sicher vor Virenbefall dürften CDROMs als Trägermedium sensibler Programme und öffentlicher Schlüssel von Banken sein. Kein Virus wäre in der Lage die CDROM zu verändern. Der Weg, den das Programm vor der Ausführung im Rechner geht, also von dem CDROM-Lesegerät in den Hauptspeicher des Rechners - möglicherweise befindet sich die CDROM in einem anderen vernetzten Rechner - bleibt mit einem Restrisiko behaftet.

Um einen ausreichenden Schutz vor Viren zu erlangen, bieten sich folgende Maßnahmen in der Zusammenfassung an:

- Um die Auswirkungen von Viren während der Benutzung von Rechnern einzuschränken, bietet es sich an, mindestens zwei Nutzerrollen festzulegen. Die Administrierung erfolgt durch einen Administrator mit uneingeschränkten Rechten. Die Nutzung des Rechners erfolgt dagegen mit eingeschränkten Rechten, um ein Verändern sensibler Daten durch das Virus zu verhindern. Damit sich mehrere Nutzerrollen auf einem passenden Rechner definieren lassen, muss das Betriebssystem dieses Konzept unterstützen. Auf PCs bietet sich dafür Linux und in einfachsten Fällen Windows-NT an.

- Viren besitzen in der Regel ein markantes Aussehen. Virenscanner können das Aussehen erkennen und mit einer Virendatenbank vergleichen, um dann das Virus zu entfernen.

- Viren werden allgemein durch externe Quellen in den Rechner eingeschleppt. Externe Verbindungen dem An-

6.3 Typische Angriffe und ihre Abwehr

wender zu verschließen, kann nur eine Notlösung sein. Besser sollte jede einkommmende Information, sobald es sich um Programme oder ausführbaren Code handelt, auf Viren überprüft werden. Antivirenprogramme an den Kommunikationsschnittstellen helfen dabei.

- Unbekannte Dateien sollten sich nicht auf dem Rechner befinden. Bei diesen Dateien könnte es sich um trojanische Pferde handeln. Um auf einen komplexen System „gute" von „schlechten" Dateien unterscheiden zu können, ist es notwendig, klar definierte Verzeichnisbäume anzulegen. Änderungen sind dann schneller feststellbar.

- Um die Dateihygiene zu vereinfachen, bieten sich elektronische Signaturverfahren an. Nach der Installation wird eine Unterschrift über das aktuelle Verzeichnis als Referenzwert genommmen. Dieser Referenzwert dient später der Verifizierung, ob sich die Dateistruktur bzw. die Dateien veränderten.

- Digitale Unterschriften sind ebenfalls geeignet, einkommende Dateien auf Integrität und Authentizität hin zu überprüfen. Wenn ein Virenbefall an der Datenquelle vorlag, stimmt die Signatur nicht mehr mit der berechneten überein. Verausgesetzt auch hier wieder, die Daten waren vor dem Signieren virenfrei.

- Gegen trojanische Pferde hilft die einfache Maßnahme, unbekannte Programme abzulehnen und sensible Daten auf keinen Fall unverschlüsselt auf dem Rechner abzuspeichern. Technische Sicherheitsmaßnahmen wie Chipkarten und Verschlüsselungsmodule helfen markant weiter.

- Produzenten von eCommerce-Anwendungen sollten ihre Software immer auf CDROM ausliefern. Das Starten sensibler Programme sollte ebenfalls immer von CDROM erfolgen. Die Verwundbarkeit des elektronischen Handels durch Viren wird durch diese Maßnahme auf ein Minimum reduziert.

6.3.9 Social Engineering (Bauernfängermethoden)

Der legendäre Angreifer KEVIN MITNICK war kein begnadeter Programmierer, sondern ehr ein Talent im Social Engineering ([57], [33]). Er versuchte nicht mit komplizierten technischen Tricks Passwörter herauszufinden, sondern fragte die Benutzer unter einem Vorwand über das Telefon selbst. Viele Personen lassen sich durch Autoritäten beeinflussen und so gaben einige der Befragten oft prompt im falschen Vertrauen wichtige Zugangscodes heraus. ec-Kartenbetrüger wenden diese Tricks als Servicetechniker getarnt ebenfalls häufig an.

Biometrische Verfahren sind die besten Lösungen gegen Social-Engineering. Nur noch der Mensch muss präsent sein, nicht mehr ein gemerktes Geheimnis. Lassen sich biometrische Verfahren nicht einsetzen, ist zur Authentisierung ein Geheimnis in Kombination mit dem Besitz einer Chipkarte zu verbinden. Gelingt auch das wie bei der ec-Karte nicht, ist der Kunde durch die Vertragsbedingungen immer auf die Sicherheitsschwächen des Systems aufmerksam zu machen.

6.3.10 Kompromittierte Passwörter

Der einfachste Angriff gelingt, wenn Nutzer Passwörter, Zugangskennungen oder sonstige sensible Daten irgendwo notieren. Wenn jemand an diese meist sehr leicht zugänglichen Daten herankommt, kann er Unterschriften unter falschen Namen erzeugen und vertrauliche Daten entschlüsseln.

Deswegen gelten folgende Hinweise für den sicheren Gebrauch von Passwörtern.

- Vermeiden der Nutzung einfach zu erratender Passwörter. Hier gilt bereits in Kapitel 2.4 Gesagtes. Als Passwörter eignen sich beispielsweise lange Sätze mit für den Nutzer nachvollziehbaren Zeitangaben. Der jeweilige Anfangsbuchstabe der einzelnen Wörter bildet das Passwort. Nicht geeignet sind Geburtstage und die Namen der Freundinnen.

6.3 Typische Angriffe und ihre Abwehr

- Notwendige Passwörter, Zugangskennungen (ausgeschlossen TAN) und PINs für Chipkarten sind auf keinen Fall in irgendeiner Form abzuspeichern. Im online-Banking bestehen bezüglich der Sicherheit mit PINs und TANs Sicherheitslücken. Erstens werden sie oft per Post dem Kunden zugeteilt, sie liegen damit schriftlich vor, und können meist nicht durch den Nutzer gewählt werden. Weiterhin wird das einhergehende Sicherheitsrisiko durch die allgemeinen Geschäftsbedingungen fast vollständig auf den Kunden übertragen.

6.3.11 Softwarefehler

Gegen Softwarefehler und daraus resultierende Sicherheitslücken sind die Nutzer in den meisten Fällen machtlos. Gegenmaßnahmen lassen sich aufgrund der Spezifika sehr schlecht aufzeigen.

Deswegen: Bei Bekanntgabe von Softwarefehlern immer den Händler der Software kontaktieren und eine Korrektur verlangen. Nicht oder erst sehr schlecht getestete Software möglichst vermeiden. Aus dem Grund einen Softwarewechsel erst dann durchführen, wenn Sicherheitsrisiken abschätzbar sind oder eine stabile Softwareversion verfügbar ist.

nicht ohne Grund neue Software verwenden

6.3.12 Denial of Service Attack

Diese Art der Angriffe versucht die Ressourcen eines Rechners oder eines Zugangs allgemein zu beeinträchtigen. Dazu gehört das Sperren von Bankzugängen im eCommerce der ausgewählten Opfer. Die Vorgehensweise ist vergleichsweise simpel. Der Angreifer gibt die Identität des Opfers vor und meldet sich bewußt mehrfach falsch an. Die meisten online Banking-Anwendungen werden den rechtmäßigen Nutzer unverzüglich aussperren.

Online-Banking-Anwendungen müssen deswegen Nutzern die Möglichkeiten einräumen, eine Sperrung rückgängig zu machen. Auf Rechnern wird durch Hinzufügen von Zeitfaktoren der Angriff dadurch verhindert, dass sich der Zeitpunkt einer neuen Anmeldung nach einer falschen Anmeldung kontinuierlich erhöht. Ein Probieren verschiedener Passwörter wird durch den Zeitfaktor verhindert, der Ausschluss rechtmäßiger Nutzer wird ebenfalls verhindert, da ihnen das korrekte Passwort bekannt ist.

6.3.13 Swap-Files und Virtueller Speicher

Viele Betriebssysteme verwalten mehr Arbeitsspeicher für Anwendungsprogramme als physisch (durch den RAM bereitgestellt) möglich ist. Das Mehr an Arbeitsspeicher wird entweder auf speziellen Bereichen der Festplatte (Swap-Partition bei Linux) oder durch Swap-Files zur Verfügung gestellt. Besitzt ein Angreifer auf einem Mehrnutzersystem Zugriff auf diese Speicherbereiche, ist er in der Lage, sensible Daten eventuell nach einem Systemabsturz in nicht gelöschten temporären Dateien auszuspähen.

Deswegen sollten hochsensible Daten niemals auf Mehrbenutzerrechnern bearbeitet werden, auch wenn eine Abschottung der einzelnen Nutzer voneinander durch das Betriebssystem vorgesehen ist. Gegen die Allmacht der Administratoren wäre das System niemals gefeit.

6.3.14 Schlecht gelöschte Dateien, schlecht gelöschte Schlüssel

Auf vielen modernen Nutzeroberflächen existieren elektronische „Papierkörbe". Sie dienen der temporären Speicherung nicht mehr gebrauchter Daten. Angreifer sind natürlich auch hier auf das Einfachste in der Lage, Papierkörbe nach sensiblen Daten auf verlassenen oder gestohlenen Rechnern zu durchsuchen.

Deswegen:

- Dateien nach dem Verschlüsseln immer wirkungsvoll löschen. Das schließt somit gegebenenfalls das Leeren der elektronischen Papierkörbe ein.

- Befinden sich sensible Daten kurzzeitig in temporären Verzeichnissen, so sind diese ebenfalls nach dem Verschlüsseln von dort zu entfernen.

- Es ist darauf zu achten, dass Betriebssysteme ein wirkungsvolles Löschen von Dateien zulassen. So markierte beispielsweise das früher eingesetzte Betriebssystem MS-DOS „gelöschte" Dateien lediglich als frei. Die Information blieb jedoch auf der Festplatte. In diesem Fall müssen zusätzliche Sicherheitsprogramme für ein wirkungsvolles Löschen der Information durch mehrmaliges Überschreiben der alten Daten sorgen.

- In einigen Systemen befinden sich private Schlüssel in Dateien auf der Festplatte. Erstens muss ein Passwortschutz in einem solchen Fall für die Vertraulichkeit des privaten Schlüssels sorgen, und zweitens sind Schlüssel bei nicht weiterer Verwendung sofort wirkungsvoll zu löschen.

6.4 Fazit

Dieses Kapitel stellte vor allem die Risiken der Kunden auf dem elektronischen Marktplatz heraus. Viele der gezeigten Angriffe sind zwar theoretischer Natur, d.h. es sind in der Praxis noch keine relevanten Fälle bekannt und bislang lediglich von Kryptologen auf Konferenzen demonstriert. Die IT-Industrie darf sich jedoch nicht auf der Seite der „Unfehlbaren" wähnen. Selbst das deutsche Bundesamt für Sicherheit in der Informationstechnik spielte verschiedene der hier gezeigten Angriffe auf Chipkarten trotz besseren Wissens in Veröffentlichungen gegenüber potentiellen Nutzern herunter. Implizit gaben sie jedoch deren Gefährlichkeit im Maßnahmenkatalog für digitale Signaturen zu. Sie fordern nicht zu unrecht die Abstrahlsicherheit bzw. Unterbindung/Abschwächung verdeckter Kanäle (Siehe [13] Seite 249 Kapitel 6.7.5.1.7) durch geeignete technische Maßnahmen zu unterbinden.

Das düstere Fazit am Ende des Buches lautet somit, ein Rundumschutz im elektronischen Handel ist keinesfalls möglich. Das heißt jedoch noch lange nicht, neue Formen der Kommunikation in elektronischen Netzen zu vermeiden. Ebenso bringt ein gewaltiger technischer Sicherheitsaufwand in den seltensten Fällen die gewünschte bzw. die versprochene Sicherheit. Technische Maßnahmen sind unerlässlich, dies führt

sinnvolles Kosten/Nutzen-Verhältnis

jedoch oft zu einer Verteuerung des Bezahlsystems, macht es undurchschaubar und somit wiederum anfällig gegen Angreifer. Durchzuführende Sicherheitsmaßnahmen sind deswegen immer aus der Perspektive einer sinnvollen Kosten-Nutzen Rechnung zu sehen. So reicht es oft aus, den Gewinn durch Angriffe von vornherein zu minimieren. Ebenfalls sind potentielle Schwachstellen und Betroffene in Sicherheitskonzepten gesondert zu berücksichtigen.

organisatorische, technische und rechtliche Maßnahmen

Organisatorische Maßnahmen bilden somit eine Säule im eCommerce. Technische Maßnahmen als Umsetzung neuester Erkenntnisse auf dem Gebiet der Sicherheit in elektronischen Netzen haben sich immer nach den neuesten Stand der Angriffe zu richten. Sie bilden die zweite tragende Säule des eCommerce. Die dritte Säule wird durch rechtliche Maßnahmen, moderne Standards und einer ausgebauten IT-Infrastruktur gebildet.

So dürfte Deutschland potentiell weltweit am besten für den eCommerce gewappnet sein. Es besitzt eines der modernsten Bankensysteme, und durch die Liberalisierung des Telekommunikationsmarktes und durch die Folgen der Wiedervereinigung eines der modernsten Telefonnetze weltweit. Rechtliche Rahmenbedingungen sind durch das Signaturgesetz geschaffen, einen HBCI und MailTrusT Standard und die Geldkarte in kaum übertroffener Stückzahl bei den potentiellen Kunden. Unabhängig davon spielen bereits bekannte Firmen wie BROKAT als Anbieter von Internetbankinglösungen, Intershop als Anbieter von Software für die Errichtung elektronischer Läden und SAP als Anbieter von Warenwirtschaftssystemen und des elektronischen Handels zwischen Firmen (Busines-to-Busines Geschäfte) derzeit weltweit ganz vorne mit.

Kapitel 7

Ausblicke

7.1 Die Zukunft des eCommerce

Trendforscher überschlagen sich in ihren Prognosen über das Wachstum des eCommerce. Die Pessimisten sehen lediglich ein Wachstum in dreistelligen Prozentzuwächsen, die Optimisten ein Vielfaches darüber. Dass die Zahlen, wenn sie so unterschiedlich ausfallen, nicht stimmen können, trübt keineswegs die Aussichten der erwarteten Umsätze, obwohl viele der gepriesenen Pioniere des elektronischen Handels noch rote Zahlen schreiben. Schauen wir uns vielmehr zum Schluss die Zukunft des elektronischen Handels im Internet an, wenn einmal mit billigen Rechnern und preiswerten Netzzugängen für eine kritische Käufermasse vorhanden ist.

Der herkömmliche Handel versuchte bloß seine Aktivitäten und Produkte mit den neuen Medien passiv zu verkoppeln. Das Potential des Internets steckt aber in seiner Andersartigkeit, in der lokalen Präsenz aller sich darin befindenden Teilnehmer, der Möglichkeit des interaktiven Kommunizierens, über die verschiedensten Darstellungsformen, in der Möglichkeit der effizienten Abspeicherung und Wiedereinspielung von Daten, der potentiell vorhandenen unbegrenzten Lebensdauer einmal erfasster Daten und das Netz kennt durch seine weltweite Umspannung keine Tageszeiten.

Die Form des elektronischen Einkaufes wird sich diesen Realitäten früher oder später anpassen müssen. Langlebige Daten über das Internet zu verkaufen kann unter günstigen Umständen zu einem einmaligen hohen Gewinn führen. Durch Raubkopien sind Firmen mit diesen Produktpaletten massiv gefährdet. Gute Kompressionsverfahren dürften in nächster Zukunft Musikverlage das Fürchten lehren, denn wenn einzelne Titel nur noch wenige Megabyte groß sind, passen auf eine CD nicht mehr nur 12 Titel, sondern mehrere hundert. Im Internet sind es die langlebigen Waren, die mit einem Schlag durch Techniken der Kommunikation, der Abspeicherung und Audiovisualisierung entwertet werden. Anders sieht es bei den kurzlebigen Waren aus. Der Wert steigt vielmehr dann an, wenn sie sich nach kurzer Zeit selbst entwerten und ein großer Bedarf an ihnen vorhanden ist.

Neben der neuen Art der elektronischen Ware wird für den elektronischen Handel deren Anpreisung an potentielle Kunden eine Schlüsselrolle zukommen. Die gebräuchlichste Form des Handels erfolgt für Händler meist noch passiv. Der Kunde bestimmt sein Handeln; er sucht aus, bezahlt und wartet auf die Ware. In einem Abonnement und bei Butterfahrten kann der Händler in gewissen Grenzen aktiv und gezielt gegenüber den Kunden auftreten. Die Zukunft des Internethandels wird in diese Richtung und noch weiter gehen. Verglichen können neue Kunde-Händler mit virtuellen Basaren. Die Chat-Rooms sind derzeit ein beliebter Ausflugsort, der sich als Basarplatz für den Informationshandel eignet. Andere Varianten können Kunden interaktiv auf multimediale Art und Weise für den bevorstehenden Urlaub bewerben. Wohnen mehrere Nutzer der Urlaubspräsentation bei, kann bei ausreichend vielen Teilnehmern gleich ein Flugzeug gechartert werden. Eine Interaktion findet ebenfalls bei den technischen Unterstützungen zwischen Kunden und Händlern statt. Expertensysteme sind geeignet mit den neuesten Methoden der künstlichen Intelligenz den Kunden bei der Bedienung eines komplexen Produktes anzuleiten.

Düster sieht es beim erwarteten Durchbruch des elektronischen Geldes aus. Schien noch vor kurzen die Bundesbank durch das neue elektronische Geld bedroht, ist zwischenzeitlich der Favorit digicash mit seinem Geldprojekt ecash in arge Schwierigkeiten geraten. Andere Systeme mit bargeldähnlichem elektronischen Geld konnten bislang kaum von sich Reden machen. Am vielversprechensten dürfte in Zukunft unter Umständen die Geldkarte sein, wenn man mit ihr auch im Internet bezahlen kann. Die Kreditkarte als duale Zahlungsform im Internet und im Präsenzhandel konnte sich bereits durchsetzen.

Anhang

Glossar

Angreifer: Einer der einen Angriff unternimmt. Angreifer sind verschieden motiviert. Ein Angreifer kann versuchen, im Auftrag von Sicherheitssystembetreibern - in sogenannten Tigerteams - Sicherheitssysteme auf Schwachstellen hin zu überprüfen. Oft wird jedoch allgemein unter einem Angreifer jemand verstanden, der unbefugt versucht, Sicherheitssysteme zu umgehen.

Angriff durch ausgewählte Klartexte: Der Angreifer verschlüsselt wahrscheinliche Klartexte mit dem öffentlichen Schlüssel seines Opfers. Kommen nur wenige Möglichkeiten in Frage - z.B. bei Formularen -, kann der Angreifer unter Umständen einen Text auf diese Weise entschlüsseln. Das Erraten von Passwörtern funktioniert auf die gleiche Weise (Wörterbuchangriffe).

Angriff mit roher Gewalt: (brute force attack) Beim Angriff mit roher Gewalt versucht der Angreifer durch einfaches, zielloses Ausprobieren verschiedener Schlüssel, einen Geheimtext zu entschlüsseln. Ist die mögliche Schlüsselanzahl relativ klein, kann ihn das nach einer gewissen Zeit gelingen. Derzeit wurden bereits verschlüsselte Nachrichten mit Verschlüsselungsschlüsseln der Länge von 40 Bit bzw. 56 Bit erfolgreich entschlüsselt.

Angriff, allgem.: Es wird zwischen aktivem und passivem Angriff unterschieden. Der passive Angriff erfolgt durch passives Abhören des Nachrichtenkanals. Der aktive Angriff trennt den Nachrichtenkanal auf. Passive Angriffe vereiteln wirkungsvoll Verschlüsselungsverfahren. Gegen aktive Angriffe müssen sich die Kommunikationspartner durch Authentifizierungsverfahren, digitale Unterschriften und weitere Sicherheitsmaßnahmen schützen.

Anonymität: Unter Anonymität können vier verschiedene Dinge verstanden werden. Die 1. Anonymität des Empfängers, 2. des Senders, 3. der Kommunikationsbeziehung und 4. der Nachricht vor dem Sender. Die Anonymität des Empfängers lässt sich durch Senden der Nachricht an viele Teilnehmer erreichen. Die Anonymität des Senders ist mit Pseudonymen möglich. Mixe und das Senden notfalls sinnloser Nachrichten zu definierten Zeitpunkten sichert die Anonymität der Kommunikationsbeziehung. Die Anonymität der Nachricht vor dem Sender, lässt sich durch Einfordern verschiedener Nachrichten erreichen. Der Sender sollte aus den gewählten Informationen nicht die vom Empfänger gewünschte erraten.

Asymmetrische Verschlüsselung: Der Nutzer eines asymmetrischen Verschlüsselungsverfahren besitzt jeweils einen öffentlichen und einen privaten Schlüssel. Der öffentliche Schlüssel wird veröffentlicht und ist für jeden zugänglich. Den privaten Schlüssel kennt nur der Besitzer und ermöglicht es ihn, eine mit dem zugehörigen öffentlichen Schlüssel verschlüsselte Nachricht zu entschlüsseln. Der große Vorteil von asymmetrischer Verfahren gegenüber Symmetrischen liegt im sehr einfachen Schlüsselmanagement. Der öffentliche Schlüssel ist lediglich unverändert und dem Besitzer zweifelsfrei zuordenbar zu übertragen. Weiterhin ermöglichen asymmetrische Verschlüsselungsverfahren digitale Unterschriften.

Authentifizierung: Mit der Authentifizierung wird versucht, die Identität einer sich ausweisenden Person festzustellen. In der Kryptographie wird oft vereinbart, dass ein bestimmtes Geheimnis eindeutig einer Person zuordenbar ist.

Glossar 213

Authentisierung: Mit der Authentisierung versucht sich eine Person durch spezifische Merkmale auszuweisen. Allgemein kann dazu eine Fähigkeit, der Besitz eines Merkmals oder der Besitz eines Geheimisses dienen.

Authentizität: Authentizität bedeutet, dass der Sender einer Nachricht dem Empfänger die Identität sowie die Integrität und Gültigkeit der Nachricht nachweisen kann.

Blinde Unterschrift: Von DAVID CHAUM vorgeschlagenes Verfahren, in dem der Empfänger eine verschlüsselte Nachricht „blind" unterschreibt. Wird im ecash System verwendet.

Blockchiffre: Der Klartext wird erst in einzelne Blöcke unterteilt, die dann komplett mit einem Schlüssel verschlüsselt werden. IDEA und DES sind Blockchiffre.

CAFE (Conditional Access for Europe): ist ein von der EU gefördertes Projekt des elektronischen anonymen Bezahlens mit Chipkarte. Im Projekt sind europaweit verschiedene Wissenschaftler, Institutionen sowie Firmen vereint. Die Leitung liegt beim CWI Amstderdam mit DAVID CHAUM als Projektleiter.

CDMF (Commercial Data Masking Facility): Der CDMF Algorithmus ist ein schwaches symmetrisches Verschlüsselungsverfahren (Maskierungsverfahren) das auf dem symmetrischen DES Verschlüsselungsverfahren basiert. Die Schlüssellänge des CDMF wird von 40 Bit auf die notwendigen 56 Bit des DES Verfahrens expandiert. Im SET Verfahren kommt CDMF zur Anwendung.

Chipkarten (Smart Card): Bei den Chipkarten handelt es sich um Kreditkarten-große Plastikkarten mit einem elektronischen Schaltkreis. Aufgabe einer Chipkarte kann es sein, Daten sicher zu speichern ohne selbst Berechnungen durchführen zu können (Speicherkarten). Andere Chipkarten besitzen die Fähigkeit selbst Berechnungen durchführen zu können. Befinden sich Schlüssel auf ihr, brauchen sie für die Berechnung von Verschlüsselungsverfahren nicht den geschützten Bereich der Chipkarte verlassen.

Client: Clients sind Rechner, die Dienste bei Servern anfordern.

CyberCoin: siehe CyberCash

CyberCash: Im Jahre 1994 von WILLIAM MELTON und DANIEL LYNCH gegründet, ist CyberCash ein Kreditkartenzahlungssystem im Internet. Für den Bezahlvorgang wird das SET-Protokoll vorgesehen. Darüber hinaus ist es mit CyberCash möglich per CyberCoins bzw. per Lastschriftverfahren zu bezahlen. Bei CyberCoins handelt es sich um ein Verrechnungssystem, das Schattenkonten des Kunden mit dem Handelswert belastet. Das Händlerschattenkonto bekommt den Wert gutgeschrieben. Die Verrechnung wird über ein sogenanntes Cyber Cash Gateway moderiert.

Data Encryption Standard (DES): Der DES wurde im Jahre 1977 als US-Verschlüsselungsstandard vom National Bureau of Standards (NBS) genormt. Der DES ist ein symmetrisches Verschlüsselungsverfahren und verschlüsselt 64 Bit Daten auf der Grundlage von Feistelchiffren mit einem 56 Bit Schlüssel.

Digital Signature Standard (DSS): DSS spezifiziert einen Digitalen Signatur-Algorithmus und wurde vom NIST in Zusammenarbeit mit der NSA als US-Regierungsstandard ausgewählt.

Digitale Unterschrift (elektronische Signatur): Für Unterschriften sollen folgende Forderungen gelten: Kein Fremder bzw. Angreifer kann die digitale Unterschrift produzieren, beliebige Nutzer können die Unterschrift verifizieren und die Unterschrift ist nur im Zusammenhang mit dem unterschriebenem Text gültig. Diese Forderungen lassen sich mit asymmetrischen Verschlüsselungsverfahren und Hashfunktionen elegant lösen. Der wesentliche Unterschied zwischen digitalen und handgeschriebenen Unterschriften besteht für den Überprüfenden darin, dass erstere auf einem leicht austauschbaren Geheimnis beruhen, wohingegen zweitere eine Fähingkeit des Nutzers heranzieht. Ein Vorteil digitaler Unterschriften besteht darin,

Glossar

dass sie nur zusammen mit dem Inhalt des Dokumentes gültig sind. Sie lassen sich nicht wie herkömmliche Unterschriften durch Ausschneiden und Kopieren auf ein anderes Dokument übertragen.

Digitales Geld: Unter digitalen Geld versteht man eine spezielle Sorte von Rechten mit den drei Eigenschaften: 1. Nur ausgewählte Server (Bank-Server) können es erzeugen, 2. Messbarkeit (z. B. ECU) und 3. Transferierbarkeit vom Kunde zum Händler. Oft wird noch eine zusätzliche Eigenschaft, die der Wertspeicherung aufgeführt. Im elektronischen Handel kann darauf verzichtet werden.

Diskreter Logarithmus: Der diskrete Logarithmus ist die Umkehrung der diskreten Exponentation. Es sind derzeit keine Verfahren bekannt, die diskrete Logarithmen in hinreichend schneller Zeit lösen. Ihre Berechnung bedeutet oft ein geschicktes Ausprobieren verschiedener Möglichkeiten.

DNS-Spoofing: DNS-Spoofing gehört zu den aktiven Angriffen. Der Angreifer versucht die Umwandlung einer DNS Adresse in eine IP-Adresse auf seine Weise zu beeinflussen. Gelingt dies, kann der Angreifer den Rechner seines Opfers mit jedem beliebigen Rechner verbinden. Vereiteln läßt sich dieser Angriff, wenn für die Kommunikation immer nur die IP-Adresse zur Anwendung kommt.

Dubletten: Unter Dublette wird die nicht unterscheidbare Kopie eines Originals bezeichnet. Kopierte elektronische Münzen sind nicht von den Originalen zu unterscheiden.

eMail (Electronic Mail): Bezeichnet bestimmte Daten die von einem Rechner abgesendet und im Allgemeinen ohne quasi gleichzeitige Verbindung von einem anderen Rechner zu einem späteren Zeitpunkt empfangen werden. Da keine gleichzeitige Verbindung oder Anwesenheit zwischen Absender und Empfänger vorausgesetzt werden kann, befindet sich die Nachricht zwischenzeitlich in einem sogenannten Briefkasten. Das Prinzip entspricht dem des üblichen Briefaustausches ohne Briefumschlag. Um den Briefumschlag auf elektronischen Weg zu ersetzen, werden Verschlüsselungsverfahren benutzt.

Ecash: Ecash ist den anonymen Zahlungsmitteln zuzurechnen. Es wurde von DAVID CHAUM [27] entwickelt und basiert auf seiner patentierten Blinde Unterschrift [28], die die Grundlage der Anonymität bildet. Weiterhin ist es möglich, mit ecash Werte für die spätere Verwendung zu speichern. Hauptsächlich ist ein Einsatz in Computernetzen, wie dem Internet gedacht und benötigt außer den Zugangsrechnern prinzipiell keine weitere Hardware. Ecash ist ein online Zahlungsmittel, weil jeder Empfang von elektronischen Münzen vor der Weiterverwendung auf mögliche Dopplungen durch mögliche Angreifer mit Hilfe der Bank ausgeschlossen werden muss.

Einbruchsichere Hardware (Geräte): Ein Ausforschen einer einbruchssicheren Hardware darf, auf welcher Art auch immer, nicht gelingen. Der praktische Nutzen solcher Geräte besteht darin, entweder verschlüsselte Nachrichten unverschlüsselt wieder auszugeben, der private Schlüssel verlässt nicht das sichere Medium, oder Dokumente bzw. öffentliche Schlüssel zu unterschreiben, in Form einer Signierbox oder eines Zeitstempeldienstes. Weiterhin darf ein Aktivieren der Funktionen nur autorisierten Personen möglich sein. Meist verwendet man dafür PINs. Wie sich die Hardware doch unter Umständen ausforschen lässt, beschreibt Kapitel 6.

Elektronische Schleimspur: Elektronische Daten hinterlassen auf ihrem Weg über vernetzte Rechner eine Spur von Daten, die Schleimspur.

Elektronische Wasserzeichen: Werden steganographische Verfahren um Urheberrechtsdaten zu verstecken verwendet, nennt man die versteckten Daten im elektronischen Handel Wasserzeichen. Elektronische Wasserzeichen müssen robust und möglichst unauffällig sein. Die Robustheit von Wasserzeichen in Bildern ist derzeit noch ein sehr großer Mangel, da eine einfache Bildbearbeitung ausreicht versteckte Daten zu entfernen.

Elliptische Kurven: Auf elliptischen Kurven lassen sich grundlegende Rechenoperationen wie Addition, Multiplikation, Exponentation und ihre Umkehrungen definieren.

Glossar 217

Bei bestimmten Operationen ist eine Umkehrung praktisch nicht möglich. Kryptographischen Verfahren benutzen die Idee von W. DIFFIE, M. HELLMAN unter Anwendung arithmetischer Operationen auf elliptischen Kurven.

Entschlüsselung: (Decryption, Dechiffrierung) Überführung des Geheimtextes in den Klartext.

Fingerabdruck: Der Hashwert einer Nachricht wird oft als Fingerabdruck bezeichnet. Die mündliche Kontrolle per Telefon bzw. herkömmliche Post eines vorher unsicher übertragenen Schlüssels erfolgt mit dem relativ kurzen Hashwert des Schlüssels. PGP und der HBCI Standard nutzen unter anderen diese Variante für die Absicherung der Authentizität naiv übertragener öffentlicher Schlüssel.

FV (First Virtual): FV gehörte zu den ersten kommerziellen Anbietern die elektronisches Abrechnen im Internet ermöglichten. Es setzt bei jedem Teilnehmer Zugänge bei FV voraus. Kunden die etwas kaufen geben nicht ihre Kreditkarteninformation an, sondern ihre VirtualPIN die mit ihrem Zugang korrespondiert. Weiterhin muss jeder Kunde nochmal explizit einer Abbuchung durch FV zustimmen.

Geheimtext: Die verschlüsselte und zu übertragene Nachricht, die von Angreifern nach einem Angriff nur gelesen aber nicht verstanden werden sollte.

Geld: Aus Meyers Lexikon [42]. Tauschmittel, das durch seine Funktion, gegen alle Waren tauschbar zu sein, in einer arbeitsteiligen Wirtschaft unentbehrlich ist. Es dient 1. als Zahlungsmittel, 2. als Recheneinheit, indem es alle bewertbaren Güter vergleichbar macht und 3. als Mittel zur Wertspeicherung mit dessen Hilfe der Tausch von Gütern zeitlich versetzt stattfinden kann. Weiterhin sollte Geld von demjenigen der es ausgibt, wieder angenommen werden.

Hashfunktion: Hashfunktionen ordnen beliebig langen Texten Zahlen konstanter Länge, genannt Hashwert, zu. Hashfunktionen müssen zwei wichtige Eigenschaften erfüllen.

Erstens darf die Zahl nicht verraten aus welchem Text sie hervorging. Zweitens dürfen verschiedene Texte mit sehr hoher Wahrscheinlichkeit nicht die gleiche Zahl ergeben.

HBCI: Die Homebanking Spezifikation HBCI ist aus einer konzertierten Aktion des Bundesverbandes deutscher Banken, deutscher Sparkassen und Giroverband, dem Bundesverband der Deutschen Volksbanken und Raiffeisenbanken entstanden. Es soll mit dieser Spezifikation ermöglicht werden, dem Kunden den vollen Leistungsumfang der Kreditinstitute über öffentliche Netze, wie beispielsweise dem Internet zu ermöglichen.

Hintertür: Hintertür meint zwei unterschiedliche Sachverhalte. 1. Unter einer Hintertür wird die Möglichkeit des unbefugten Entschlüsselns von Nachrichten ohne Wissen des Entschlüsselungsschlüssels verstanden. Die Hintertür ist dabei bewusst von dem Entwickler des Verschlüsselungsverfahrens eingebaut worden. 2. Unter einer Hintertür kann auch ein verborgener Kommunikationskanal zwischen Opfer und Angreifer verstanden werden. Sogenannte trojanische Pferde helfen Hintertüren zu installieren.

HTML (Hyper Text Markup Language): Im WWW werden Dokumente in einem bestimmten Format übertragen. Dieses Format wird durch die Hyper Text Markup Language (HTML) definiert. Derzeit befindet sich der XML Standard für die Ablösung von HTML in Entwicklung.

Integrität: Integrität bedeutet, dass der Empfänger überprüfen kann, ob die empfangene Nachricht mit der vom Sender erzeugten Nachricht übereinstimmt.

International Data Encryption Algorithm (IDEA): 1990 schlugen XNEJIA CAI und JAMES MASSEY von der ETH Zürich den „Prosposed Encryption Standard" () vor. Dieser bildete die Urform des heutigen IDEA Verfahrens. IDEA ist wie der DES eine 64-Bit-Blockchiffre, aber mit einer 128 Bit Schlüssellänge.

Glossar

Kerkhoff's Prinzip: Kerkhoffs Prinzip besagt, daß die Sicherheit eines Algorithmus nicht von seiner Geheimhaltung abhängt. Für den Anwender bedeutet dies: Verschlüssele nur mit einem Verfahren, dessen Algorithmus jeder kennt und jeder potentiell beurteilen kann. Der DES ist diesbezüglich ein Grenzfall.

Klartext (Plaintext): Der eigentliche Text bzw. Nachricht, welche unverständlich übertragen werden soll.

Kryptoanalyse: Die Kunst Geheimschriften ohne Schlüssel zu lesen bzw. Kryptosysteme zu brechen.

Kryptographie: Die Methoden der Kryptographie sorgen für die Vertraulichkeit, die Integrität und die Authentizität übertragener bzw. gespeicherter Daten.

Kryptologie: Lehre von den Geheimschriften und ihrer unberufenen Enzifferung. Kryptologie fasst die Disziplinen Kryptoanalyse und Kryptographie zusammen.

Kryptosystem (Chiffriersystem): Ein System, welches den Klartext in den Geheimtext überführt und umgekehrt. Die Arbeitsweise, technischen Details bzw. der Algorithmus von Kryptosystemen sollte immer bekannt bzw. veröffentlicht sein, damit jeder potentiell in der Lage ist, diese auf Sicherheit hin zu überprüfen.

MD4, MD5: Von RON RIVEST vorgestellte Hashfunktion für kryptographische Verfahren. Sie bilden einen beliebig langen Wert (Text) auf einen 128 Bit Wert ab. MD4 [49] ist am schnellsten. Der MD5 wurde auf Sicherheit optimiert, was ihn um 33 % verlangsamt. Beide Verfahren sind für die öffentliche Nutzung freigegen. Das PGP Verfahren, SSL und andere, nutzen MD5 für elektronische Unterschriften.

Nachrichtenkanal: Bezeichnet das Medium, in dem die Nachricht transportiert wird. Es gibt sichere bzw. unsichere Nachrichtenkanäle. Auf unsicheren Nachrichtenkanälen finden Angriffe statt.

Naive Schlüsselverteilung: Naiv ausgetauschte Schlüssel können nicht eindeutig einer Person zugeordnet werden. Fingerabdrücke (siehe Fingerabdruck) naiv ausgetauschter Schlüssel helfen im Nachhinein den wahren Besitzer eines so ausgetauschten Schlüssels zu bestätigen.

National Security Agency (NSA): Die NSA [58] ist der Nachrichtendienst der US-Amerikanischen Regierung und wurde im Jahre 1952 am 4. November von Harry S. Truman ins Leben gerufen. Ein Haupttätigkeitsfeld neben kryptographischer Forschung liegt in der weltweiten Überwachung relevanter Nachrichtenkanäle, vor allem der über Satelliten geleitete Kommunikationsverkehr. Seit Anfang der 80er Jahre setzt die NSA sogar ein verteiltes Netz von 52 Supercomputern für die Entschlüsselung von Nachrichten ein (ECHOLON).

NetBill: Ein Account basiertes online Zahlungssystem.

NetCash: Von der Universität Süd Kaliformien stammt das von GENNADY MEDVINSKY und CLIFFORD NEUMANN entwickelte NetCash und NetCheque System. Zahlungen erfolgen online über elektronische Münzen, indem elektronische Unterschriften des geldausgebenden Servers (Currency Server) die Echtheit garantieren. Die geldausgebenden Server wurden dabei von einem Zentralen Bankserver für eine bestimmte Zeit autorisiert Münzen auszugeben.

Online/offline-Zahlungsmittel: Die Tatsache, dass der Transfer eines Zahlungsmittels online, also zeitgleich zwischen Kunde, Händler und Bank stattfindet, definiert ein online Zahlungssystem. Offline bedeutet, dass der Transfer des Zahlungsmittels zwischen Kunde und Händler zu einem, und der Transfer des Zahlumgsmittels zwischen Händler und Bank, zu einem späteren Zeitpunkt stattfindet.

OTP: Um die Abwicklung des gesamten Geschäftvorgangs Hersteller- und Anbieterunabhängig zu realisieren, schlugen Anfang 1998 verschiedene Firmen in einem Konsortium das **O**pen **T**rade **P**rotokoll (OTP Version 0.9) für

Glossar 221

den offenen Handel über ungesicherte Netzwerke in einer Vorabversion vor. An der Initiative sind Mondex, Masercard, AT&T, HP, IBM, Verifone, CyberCash, SUN Microsystems, Wells Fargo Bank of Canada, Hitachi, Fujitsu, DigiCash u.a. beteiligt.

PIN (Personal identification number): Eine Person benutzt die PIN um sich auszuweisen. Die PIN ist somit nichts anderes als ein persönliches Geheimnis. Im electronic banking spielen meist zwei PIN Nummern eine Rolle. Eine für die Geldkarte, die andere für einen Homebankingzugang.

Praktisch sichere Verschlüsselungsverfahren: Ein Verschlüsselungsverfahren ist dann praktisch sicher, wenn der Angreifer mit allen derzeit verfügbaren Ressourcen keine Nachrichten systematisch entschlüsseln kann. Die Besonderheit dieser Definition lässt zu, dass ein heute als praktisch sicher geltendes Verschlüsselungsverfahren in Zukunft unter Umständen gebrochen werden kann. Die praktische Sicherheit sollte deshalb von der hypothetischen Annahme der derzeitigen und in nächster Zeit verfügbaren Rechnerressourcen ausgehen.

Pretty Good Privacy: („recht gute Privatsphäre") PGP ist eine von PHIL ZIMMERMANN entwickelte Verschlüsselungssoftware. Es benutzt ein hybrides Verschlüsselungverfahren und sieht ein dezentrales Schlüsselmanagment für die Schlüsselverteilung vor.

Primzahl: Eine natürliche Zahl größer eins ist Primzahl, wenn sie nur durch sich selbst und durch eins teilbar ist. Primzahlen sind z.B. $2, 3, 5, 7, 11, \ldots$.

Privatsphäre: Die Privatsphäre gewährleistet die Geheimhaltung bzw. die Unbeobachtbarkeit der Kommunikation gegenüber Dritten. Informationen einer Person dürfen bei Einhaltung der Privatsphäre nicht miteinander in Beziehung gebracht werden können.

Quantisierungsrauschen: In digitalen Messsystemen befindet sich die beobachtete Größe oft zwischen zwei gleich wahrscheinlichen Messwerten. Welcher Messwert genommen wird, unterliegt dem Zufall. Dieser Effekt wird Quantisierungsrauschen genannt.

RSA: Wurde 1978 von den Kryptologen RON RIVEST, ADI SHAMIR und LEONARD ADLEMAN entwickelt und nach ihnen benannt. RSA ist ein asymmetrisches Verschlüsselungsverfahren. In Bezug auf die Sicherheit und Erweiterbarkeit gilt er als die derzeit beste Methode. Die Sicherheit basiert auf der unbewiesenen Annahme, dass es sehr schwer ist, Zahlen in ihre Primfaktoren zu zerlegen und es nicht möglich ist, den diskreten Logarithmus hinreichend effizient zu berechnen.

Schachgroßmeister Angriff: Durch einem Schachgroßmeisterangriff versucht der Angreifer sich unter einer falschen Identität in einem Frage/Antwort-Authentifizierungssystem auszuweisen. Erhält der sich als B ausgebende Angreifer von dem Verifizierenden eine für ihn nicht beantwortbare Frage, leitet er diese an B weiter. Nachdem er von B die Antwort erhielt, überträgt er diese dem Verifizierenden, der sich B gegenüber wähnt. Schachgroßmeisterangriffe sind sehr wirkungsvoll, da sie sehr einfach und ohne kryptographische Berechnungen auskommen. Sicherheitstechniken müssen aus dem Grund zusätzliche Maßnahmen vornehmen.

Schlüsselbesitzer: Derjenige, der den zur Anwendung kommenden privaten Schlüssel kennt. Idealerweise gibt es pro Schlüssel nur einen Schlüsselbesitzer.

Schlüsselraum: Die Gesamtheit aller möglichen Schlüssel einer Verschlüsselungsfunktion bilden den Schlüsselraum.

Schlüsselzertifikate: Schlüsselzertifikate sind digitale Dokumente, die eine Verbindung zwischen einem öffentlichen Schlüssel mit der zugehörigen Identität des Besitzers durch den Zertifizierenden belegt. Sie verhindern, dass sich Falsche unter einer beliebigen Identität in eine Kommunikation einschleichen können.

Secure Hash Standard (SHS): Der SHS definiert eine Hashfunktion SHA und ist als US-Regierungsstandard vom NIST vorgeschlagen. Er ist ein Teil des Capstone Projektes und wird im DSS anwendet. Als Hashfunktion bildet er einen beliebig langen Text auf einen 160-Bit Wert ab. Das Verfahren wurde dem MD4 und MD5 angelehnt ist aber aufgrund höherer Sicherheit (längerer Hashwert) um 25 % langsamer. SHS ist derzeit der einzige Teil des Capstone-Projektes, welcher offiziell als US-Regierungsstandard angenommen wurde.

Server: Server sind Rechner, die Dienste für andere Rechner, die Clients, anbieten.

SSL (Secure Sockets Layer-Protokoll): SSL wurde von der Netscape-Communication-Corporation entwickelt. Es ermöglicht primär die sichere und interaktive Übertragung von Daten online verbundener Rechner im Internet. Daneben unterstützt es moderne Authentifizierungsverfahren.

Steganographie: Die Methoden zielen darauf ab, die bloße Existenz einer Nachricht zu verbergen. Es gibt technische Steganographie, welche die Existenz einer Nachricht verbirgt (z. B. Geheimtinte). Es gibt die linguistische Steganographie, welche eine geheime Nachricht als unverfängliche, offen verständliche Nachricht erscheinen läßt. Heutzutage dienen oft Bilder als „unverfängliche" Nachricht.

Stromchiffre: Die Stromchiffre verschlüsselt jeden Buchstaben beziehungsweise jedes Bit des Klartextes einzeln. Das Vernam Verschlüsselungsverfahren ist ein Stromchiffre.

Symmetrische Verschlüsselung: Beim symmetrischen Verschlüsselungsverfahren müssen Sender und Empfänger den gleichen Schlüssel verwenden, um die Nachricht zu ver- bzw. zu entschlüsseln. Der Vorteil symmetrischer Verschlüsselungsverfahren liegt in der sehr hohen Verschlüsselungsgeschwindigkeit. Ein großer Nachteil besteht im aufwendigen Schlüsselmanagment. Für n miteinander kommunizierende Teilnehmer sind immerhin $\frac{n}{2}(n-1)$ unterschiedliche Schlüssel notwendig. Bei asymmetrischen

Verschlüsselungsverfahren bedarf es lediglich $2 \cdot n$ unterschiedlicher Schlüssel.

TAN (Transaktion number): TAN Nummern sind einmalige Zugangsnummern im Homebanking. Der Nutzer ist nach Eingabe einer Nummer berechtigt eine geldwerte Transaktion zu unternehmen. Sofort nach Nutzung der Nummer wird diese ungültig. Ein Angreifer kann eine passiv abgehörte TAN Nummer nicht missbrauchen.

Theoretisch sichere Verschlüsselungsverfahren: Selbst mit unbegrenzten Zeit- und Materialressourcen gelingt es einem Angreifer nicht, einen verschlüsselten Text zu entschlüsseln.

Trojanische Pferde: Unter trojanischen Pferden werden in der Regel Programme verstanden, die sich unter der Vorgabe von Nützlichkeit in den Rechner des Opfers einschleichen. Einmal dort angekommen, können sie den Rechner auf Geheimnisse hin ausforschen und diese dem Angreifer mitteilen.

Verschlüsselung: Überführung des Klartextes in den Geheimtext. Die Art der Überführung bildet das Verschlüsselungsverfahren.

Vier-Augen-Prinzip: Das Vier-Augen-Prinzip meint lediglich die Anwesenheit zweier Personen während einer Handlung.

Wallet: Elektronisches Portemonnaie. CyberCash, ecash und andere Varianten des elektronischen Bezahlen managen das Bezahlen des Kunden auf seinem Rechner durch eine Software, das Wallet. Es registriert die Ein- und Ausgaben, den Kontostand oder hält Kreditkarteninformation zum Kaufeinsatz bereit.

WWW-Browser: Web-Browsern, auch Internet-Browser genannt, bieten dem Nutzer eine graphische Schnittstelle zu bestimmten Internetdiensten. Daten unterschiedlichster Darstellung sind darin per Verweis (Hyperlinks) mit anderen Daten verbunden.

Glossar

Zahlungsmittel: Unter einem Zahlungsmittel wird ganz allgemein ein abstraktes Tauschmittel im elektronischen Handel verstanden. Es kann sich dabei um eine Geldform, ein Kupon o.ä. handeln.

Zahlungssystem: In einem Zahlungssystem werden Zahlungsmittel getauscht.

Zeitstempeldienst: Um Verträge abschließen zu können, bedarf es korrekter und unmanipulierbarer Zeitangaben. Die manipulationssichere Zeitangabe ist nur durch eine spezielle Hardware realisierbar, welche die Zeit, bezogen auf eine weltweite Standardzeit, korrekt in festgelegten Toleranzen widergibt, unmanipulierbar und immer verfügbar in der Zeitangabe ist und zudem in der Lage ist, eingegebene digitale Daten zu signieren.

Zertifikatrückrufliste (CRL Certificate Revocation List): Jeder öffentliche Schlüssel, der seine Gültigkeit vor Ablauf seiner Gültigkeit verloren hat, wird auf einer für jedem Nutzer öffentlich zugänglichen Liste publiziert. Ein Schlüssel hat z.B. dann seine Gültigkeit verloren, wenn der Geheimschlüssel eines Nutzers bekannt wurde, sich sein Namen, Anschrift o.ä. änderte.

Zertifizierungs Autorität (Certification Authority, CA): Bei der Anwendung asymmetrischer Verschlüsselungsverfahren besteht das Problem der eindeutigen Identifizierung öffentlicher Schlüssel. D.h. ob der vermeintlich öffentliche Schlüssel von A auch wirklich von A stammt. CAs besitzen die Aufgabe durch eine Unterschrift zu bestätigen, dass der öffentliche Schlüssel von A auch wirklich von A stammt. Dazu muss sich A persönlich bei der CA durch ein gültiges Dokument ausweisen. Damit die CA nicht falsche Zertifikate ausstellt, muss diese ihre Richtlinien öffentlich publizieren, die wiederum von übergeordneten CAs auf Einhaltung hin überprüft werden. Auf diese Weise entsteht eine Zertifizierungshirarchie.

Zufallszahlen: Echte Zufallszahlen bilden die Grundlage wirklich sicherer Schlüssel. Zufall kann nicht in Rechnern von selbst erzegt werden, da jeder Zustand, in dem sich ein Rechner gerade von endlich vielen befindet, genau den nächsten Zustand eindeutig definiert. Nur äußerer Einfluss, wie zufällige Tastatureingaben, die Mausspur etc., verhilft zur Zufälligkeit.

Literaturverzeichnis

[1] Patrick Horster: *Kryptologie*, Reihe Informatik/47 Wissenschaftsverlag, Zürich 1985

[2] Informationszentrum der Sparkassenorganisation, Bonn: *HBCI Homebanking-Computer-Interface; Schnittstellenspezifikation*, Version: 2.0 ZKA Entwurf, Stand: 21.05.1997, (die Publikation ist über das Internet erhältlich)

[3] Thomas Heuzeroth: *New York Times für neun Stunden aus dem Internet verschwunden; Hacker knacken das Sicherheitssystem der Zeitung und fordern Freilassung ihres Kollegen*, Die Welt online vom 15. September 1998

[4] : *Internet Open Trading Protocol Part 1: Business Description; Part 2: Specification*, Version 0.9, 12. Januar 1998, Draft for Public Comment

[5] Alan O. Freier, Philip Karlton, Paul C. Kocher: *The SSL Protokol Version 3.0*, März 1996, Internet Draft

[6] : *Prüfstand, digitale Wasserzeichen*, c't magazin für computer technik, 1997, Heft 8, Heinz Heise Verlag

[7] : *NetBus: Hintertür für NT*, c't magazin für computer technik, 1998, Heft 20, Heinz Heise Verlag

[8] : *PGP: US Ermittlungen eingestellt, neue internationale Version*, c't magazin für computer technik, 1996, Heft 3, Heinz Heise Verlag

[9] Steffen Möller, Andreas Pfitzmann, Ingo Stierand: *Rechnergestützte Steganographie*, Datenschutz und Datensicherheit Heft 6 1994

[10] Erich Moechel: *Windows in den Hintern gekrochen*, Erschienen am 26.08.1998 in der online Zeitung „Telepolis" www.ix.de/tp

[11] Electronic Frontier Foundation: *Cracking DES: Secrets of Encryption Research*, O'Reilly and Associates

[12] : , Computer Woche 13, 1998, Seite 26

[13] : *Maßnahmenkatalog für digitale Signaturen - auf Grundlage von SigG und SigV -*, herausgegeben von der Regulierungsbehörde für die Telekommunikation und Post nach Angaben des Bundesamtes für Sicherheit in der Informationstechnik, Stand 18.11.1997, Version 1.0

[14] L. Adleman: *Molecular Computation of Solutions to Combinatorial Problems*, Science, 266 (1994), 1021-1024

[15] R. Lipton, E. Baum: *DNA Based Computers*, DIMACS Vol. 27, Providence, RI: American Mathematical Society, 1996

[16] N. Koblitz: *Elliptic curve cryptosystems*, Mathematics of Computation, number 48, pages 203-209, 1987

[17] V. S. Miller: *Use of elliptic curves in cryptography*, Advances in Cryptology; Proceedings of CRYPTO'85, Springer Verlag Lecture Notes in Computer Science 218, pages 417-426, 1986

[18] R. Anderson, M. Kuhn: *Tamper Resistance - a Cautionary Note*, published by the USENIX Association in *The Second USENIX Workshop on Electronic Commerce Procceedings*, Oakland, California, November 18-21, 1996, pp 1-11

[19] F. L. Bauer: *Kryptologie, Methoden und Maximen*, Springer Verlag, Berlin, Heidelberg, 1993

[20] C. H. Bennet und G. Brassard: *Quantum Cryptography: Public Key Distribution and Coin Tossing*, Proc. IEEE Conf. on Computers, Systems and Signal Processing, Bangalore, Indien (1984), 175-179

[21] Albrecht Beutelspacher: *Kryptologie*, Vieweg, Braunschweig 1987

[22] E. Biham, A. Shamir: *Differential Cryptanalysis of DES-like Cryptosystems*, Advances in Cryptology; Proceedings CRYPTO'90, Springer Verlag 1991

[23] Dan Boneh, Richard A. DeMillo, Richard J. Lipton (Math and Cryptography Research Group, Bellcore, 445 South Street, Morristown NJ 07960): *On the Importance of Checking Cryptographic Protocols for Faults*, Lecture Notes in Computer Science; Advances in Cryptology; Proceedings of EUROCRYPT'97; Springer Verlag, 1997

[24] : *Jugendliche Hacker knacken T-Online*, c't magazin für computer technik, 1998, Heft 7, Seite 62, Heinz Heise Verlag

[25] C. W. Marek alias Kurt W. Marek: *Götter, Gräber und Gelehrte*, Veröffentlicht im Rowohlt Taschenbuch Verlag, Reinbek bei Hamburg, August 1972

[26] D. Chaum: *Zero knowledge undeniable Signatures*, Advance in Cryptology-EUROCRYPT 90, Lecture Notes in Computer Science 473, Springer Verlag,Seite. 458-464

[27] D. Chaum, A. Fiat, M. Noar: *Untraceable electronic cash*, Advances in Cryptology; Proceedings of Crypto'88, Springer Lecture Notes in Computer

[28] D. Chaum: *Blind Signature System*, U.S. Patent #4, 759,063. July 1988

[29] W. Diffie, M. Hellman: *New Directions in Cryptography*, IEEE Transactions on Information Theory, No. 6, S. 644-654, November 1976

[30] S. Dresen: *Datenwirrwar durch Proxy-Manipulation und Spoofing*, i'X MAGAZIN FÜR PROFESSIONELLE INFORMATIONSTECHNIK, 1997, Heft 8, Heinz Heise Verlag

[31] El. Gamal: *A Public Key Cryptosystem and a Signature Scheme Based on Discrete Logarithms*, IEEE Transactions on Information Theory, Vol. IT-31, No. 4, S. 469-472, Juli 1985

[32] J. H. Ellis: *The Possibility of Secure Non-Secret Digital Encryption*, CESG Report, January 1970

[33] Katie Hafner, John Markhoff: *Kevin Mitnick - Der Hacker*, ECON Taschenbuch Verlag, 1995

[34] M. Hellman: *DES will be totally insecure within ten years*, IEEE Spectrum, vol. 16, July 1979, pp. 32-39

[35] : *US-Geheimdienst liest mit*, i'X MAGAZIN FÜR PROFESSIONELLE INFORMATIONSTECHNIK, 1997, Heft 8, Heinz Heise Verlag

[36] S. Kent: *RFC 1422: Privacy Enhancement for Internet Electronic Mail, Part 2: Certificate-Based Key Management.*, Internet Activities Board, February 1993

[37] Paul C. Kocher: *Timing Attacks on Implementations of Diffie-Hellman, RSA, DSS, and Other Systems*, Lecture Notes in Computer Science; Advances in Cryptologie; Proceedings of CRYPTO'96; Springer Verlag, 1996

[38] W. Kozaczuk: *Im Banne der Enigma*, Militärverlag der Deutschen Demokratischen Republik (ins Deutsche übertragen von Otto Mallek); Originaltitel: Wladyslaw Kozaczuk, W kregu Enigmy, Copyright by Robotnicza Spoldzielnia Wydawnicza „Prasa - Ksiazka i Wiedza" Warszawa 1979

[39] Wladyslaw Kozaczuk: *Geheimoperation Wicher, Polnische Mathematiker knacken den deutschen Funkschlüssel*, Bernard & Graefe Verlag, Koblenz 1989

[40] A. K. Lenstra: *Memo on RSA signature generation in the presence of faults*, manuscript, Sept. 28, 1996. Available from the author.

[41] S. H. Low, N. F. Maxemchuk, S.Paul: *Anonymous credit cards*, Proceedings of the 2nd ACM Conference on Computer and Communications Security, November 2-4

[42] : *Meyers Lexikon in drei Bänden*, Bibliographisches Institut & F.A. Brockhaus, Mannheim 1995

[43] : *Meyers Fremdwörterbuch*, Bibliographisches Institut & F.A. Brockhaus, Mannheim 1995

[44] G. L. Miller, B. C. Neuman, J. I.Schiller, J. H. Saltzer: *Section E.2.1:Kerberos Authentication and Authorization System*, MIT Project Athena, Dec 1987

[45] Viktor Mraz, Klaus Weidner: *Falsch verbunden; Gefahr durch DNS Spoofing*, c't magazin für computer technik, 1997, Heft 10, Heinz Heise Verlag

[46] T. Okamoto und K. Ohta: *Universal electronic cash.*, Lecture Notes in Computer science; Advances in Cryptology; Proceedings of CRYPTO'91 Proceedings. Springer Verlag, 1992

[47] W. Rankl, W. Effing: *Handbuch der Chipkarten; Aufbau Funktionsweise Einsatz von Smart Cards*, Carl Hanser Verlag München Wien, 1996

[48] R. L. Rivest, A. Shamir, L. Adleman: *A Method for Obtaining Digital Signatures and Public Key Cryptosystems*, Communications of the ACM, Vol. 21, No. 2, S. 120-126, Februar 1978

[49] R. L. Rivest: *The MD4 message digest algorithm*, Advances in Cryptology; Proceedings of Crypto'90, pp.303-311, Springer Verlag Berlin, 1991

[50] Ron L. Rivest, Adi Shamir: *PayWord and MicroMint*, Veröffentlichung im Internet ({rivest,shamir}@theory.lcs.mit.edu), MIT Laboratory for Computer Science 545 Technology Square,

Cambridge, Mass. 02139, Weizmann Institute of Science Applied Mathematics Department Rehovot, Israel, 1996

[51] Florian Rötzer: *Der Große Bruder hört mit, Einzelheiten über das globale Überwachungssystem Echelon*, erschienen am 12.02.98 in der online Zeitung „Telepolis" www.ix.de/tp

[52] Jörg Sauerbrey: *Langzahl-Modulo-Arithmetik für kryptographische Verfahren - Konzepte zur effizienten Implementierung*, Deutscher Universitätsverlag Gabler·Vieweg·Westdeutscher Verlag 1993

[53] Simon Schlauri, Prof. K. Bauknecht, Prof. P. Forstmoser, Prof. H. Weber, Prof. C. A. Zehnder, C. A. Bernath, B. Lehmann, M. Züst: *Elektronisches Geld, Einsatz und Juristische Beurteilung von elektronischen Zahlungssystemen*, Skript eines Seminars „INFORMATIK UND RECHT" gehalten an der Universität Zürich Sommersemester 1996

[54] Jürgen Schmidt: *Kidnapping im Netz; Cracker Tool entführt Telnet-Verbindungen*, c't magazin für computer technik, 1997, Heft 10, Heinz Heise Verlag

[55] A. Shamir: *How to share a secret*, Communications of the ACM, pp.612-613, November 1979

[56] C. E. Shannon: *Communication theory of secrecy systems*, Bell Syst. Tech. J., vol. 28, pp. 656-715, Oct. 1949

[57] Tsutomu Shimomura: *DATA ZONE, Die Hackerjagd im Internet*, 2. Auflage Januar 1997; Deutscher Taschenbuch Verlag, München; Titel der amerikanischen Originalausgabe: Takedown - the Pursuit and Capture of Kevin Mitnick, America's Most Wanted Computer Outlaw - By the Man Who Did It, Hyperion, New York 1996

[58] : *NSA, Amerikas großes Ohr*, Der Spiegel 8/89, S. 30-49

[59] Jürgen Schmidt: *Höllisch aufgepaßt, Grundlagen der Kerberos Authentisierung*, UNIX^{open} 6/95, S. 110

[60] : , DIE WELT 16.3.1996

LITERATURVERZEICHNIS 233

[61] : *Online-Dienst hängt Rußland vom Netz ab*, DIE WELT 13.1.1997

[62] J. Wiener Michael: *Efficient DES Key Search*, Bell-Northern Research, P.O. Box 3511 Station C, Ottawa, Ontario, K1Y 4H7, Canada

[63] M. V. Wilkes: *Time Sharing Computer Systems*, New York, NY: American Elsevier 1972

[64] I. M. Winogradow: *Elemente der Zahlentheorie*, VEB Deutscher Verlag der Wissenschaften, Berlin, 1955

[65] S. Levy: *Wisecrakers*, Wired 4.03 1997, 1996 Wired Ventures Ltd

[66] A. Young, M. Yung: *The Dark Side of 'Black-Box' Cryptography, or: Should We Trust Capstone?*, Lecture Notes in Computer Science; Advances in Cryptologie; Proceedings CRYPTO'96; Springer Verlag, 1996

[67] Adam Young, Moti Yung: *Kleptography: Using Cryptography Against Cryptography*, Lecture Notes in Computer Science; Advances in Cryptologie; Proceedings of EURO-CRYPT'97; Springer Verlag, 1997

[68] Philip Zimmermann; Deutsche Übersetzung: Abel Deuring, Christopher Creutzig: *PGP Pretty Good Privaacy, Das Verschlüsselungsprogramm für ihre private elektronische Post*, Art d'Ameublement Verlag, Herausgeber: FoeBuD e.V., Bielefeld, 1994

[69] Christian Zimmermann: *Der Hacker: Ein Insider packt aus: „Keiner ist mehr sicher!"; Computerkriminalität - die neue Dimension des Verbrechens*, 2. Auflage - Landsberg a.L. : mvg-verl.,1996

Stichwortverzeichnis

A
Abadi, M. 129
Acquirer 88, 89
acquirer-payment-gateway 116
Adleman, Leonard 14, 222
Angreifer 8, 9, 89, 211
Angriff 181, 211
  aktive
    DNS-spoofing 194
  aktiver 9
  Bauernfängermethoden 202
  brute-force-attack 211
  denial of service attack 203
  denial-of-service-attack 10
  DNS-Spoofing 215
  durch ausgewählte Klartexte 211
  Fehlerangriffe 185, 187, 190
  man in the middle 42
  mit ausgewählten Klartexten 24
  mit roher Gewalt 211
  passiver 9
  Schachgroßmeister- 42, 222
  social engineering 202
  Zeit- 10
anonymen online Zahlungsmitteln 137
Anonymität 12, 78, 100, 212
  der Kommunikationsbeziehung 78
  der Nachricht 79
  des Empfängers 78
  des Senders 78
Authentifizierung 33, 212
  -sverfahren 33
  Ein-Schritt 38
  Frage-Antwort-Schemen 40
  Gegenseitige- 40
Authentisierung 33, 212
Authentizität 213
Authority
  certification 164
  policy-certification 164
  top-level-certification 164
Autorität
  Zertifizierungs 225

B
Banken 89
biometrische Verfahren 43
Blochwitz, Stefan i
Boneh, Dan 187
Borenstein, Nathaniel 86

Borenstein, S. 111

C
Cäsar, Julius 19
CAFE 142, 213
Cai, Xnejia 218
Caronni, Germano 26
CDMF 213
Chaum, David 12, 70, 71, 87, 137, 138, 142, 143, 213, 216
Chiffretext 217
Chipkarte 29, 33, 143
    Bezahlssysteme 142
Chipkarten 213
Ciphertext 217
Clients 214
Computerviren 30
CyberCash 214
CyberCoin 133, 214

D
Danmønd 148
Data Encryption Standard 14
DeMillo, Richard A. 187
DES 185, 214
Diffie, W. 14, 191, 217
diskreter Logarithmus 215
Dreiecksbeziehung 94
DSS 214
Dubletten 215

E
ecash 137, 216
EEPROM 182
Einfachheit 101
elektronisch
    Schleimspur 216
    Wasserzeichen 216
elliptische Kurven 14

eMail 215
Entschlüsselung 217
    Funktion 13
    Schlüssel 13
    Verfahren 13
Entschlusselung 13
EuropayClip 149

F
Fähigkeit 33
Feistel, Horst 185
figure 22, 53, 66, 76, 95, 108, 115, 159, 185, 188, 191
Fingerabdruck 33, 217
First Virtual 111, 217

G
Gautier, P. 129
Geheimdienst 217
Geheimschrift 217
Geheimtext 13
Geld 217
Geldkarte 145
Glassman, S. 129
Goldberg, Ian 28
Grünberg, Frank 25
Grotefred, Georg Friedrich 23

H
Händler 88
Handel
    elektronischer 7, 117
    Internet 98
    präsenz 7
Hashfunktion 30
Hashfunktionen 217
Hashkollision 31
HBCI 32
Hellman, M. 14, 191, 217

STICHWORTVERZEICHNIS 237

Helsingius, Johan 79
Heuser, Ansgar 25
Hill, Barry 11
Hintertür 191, 218
Homebanking 104
    HBCI 90, 105, 218

I
IDEA 185, 218
Ini-Brief 107
Integrität 99, 218
International Data Encryption Algorithm 14
Internetbanking 32, 103
Internetzahlungssysteme 8

K
Kerberos 64
Khoury, Tawfig 111
Klartext 13, 219
    gleichwahrscheinliche 23
Klockenbusch, Reinald i
Koblitz, Neil 14
Kocher, Paul C. 191
Kompressionsverfahren 24
Kreditkarten 96
    anonyme 120
    Systeme 110
Kryptoanalyse 219
Kryptogramm 217
Kryptographie 219
Kryptologie 219
Kryptosystem 219
Kunden 88
Kundendienstleister 88

L
Lastschriften 91
Lenstra, Arjen 188
Lieferant 88

Linux 200
Lipton, Richard J. 187
Low, S. H. 120
Lynch, Daniel 133, 214

M
Maßnahmenkatalog 66
MailTrust 161
Manasse, M. 129
Marktplatz
    Teilnehmer 88
Massey, James 218
Maxemchuk, N. F. 120
Medvinsky, Gennady 132, 220
Melton, William 133, 214
Merkmal
    persönliches 33
micro-payments 98
MicroMint 127
Miller, Victor 14
Millicent 129
Mitnick, Kevin 202
Mix 78, 121
Moede, Gudrun i
Mondex 143

N
Nachrichtenkanal 219
Needham, Roger 36
NetBill 140, 220
NetCash 132, 220
Neumann, Clifford 132, 220
nicht anonymen online Zahlungssystemen 140

O
offline-Verfahren 74
one-time-pad 21
online-Verfahren 73

P
Passwörter 24, 33, 202
Paul, S. 120
PayWord 123
PEM 158
persönliches Merkmal 33
Personalisierung 68
PES 218
PGP 154, 221
PIN 33, 36, 221
PKCS 165
Primzahl 221
Privatspähre 221
Protokoll
    certificate management 114
    OTP 173, 220
    SET 113
    SSL 104, 167, 223
Proton 147

Q
Quantisierungsrauschen 221
Quick 148

R
Rahmenvertrag 34
RAM 182
Rauschgenerator 190
Redundanz 23
Reengineering 182
Rivest, Ron 14, 123, 127, 219, 222
ROM 182
Rose, Marshall 111
RSA 187, 222

S
S/MIME 166
Sanders, Michale K. 26
Scheck
    ähnliche Systeme 137
Scheckkarten 37
Schecks 92
Schlüssel
    Aufbewahrung 29
    Aufteilung 75
    Auswahl 25
    Generierung 67
    Länge 21
    Raum 24, 25
    Tausch 32
    Vernichtung 30
    Verteilung 54
    zufällige 24
Schlüsselraum 222
Schlüsselverteilung
    mit Hashfunktion 55
    mit Schlüsselzertifikaten 56
    naive 54, 220
    Ticket basiert 63
Schlüsselzertifikate
    dezentrale 60
    zentrale 56
Schneier, Bruce 185
Server 223
SETUP 193
Shamir, Adi 14, 75–77, 123, 127, 222
Shannon, Claude 18–20
SHS 222
Sicherheit
    absolute 18
    perfekte 18, 19
    praktische 18, 21
    von Verschlüsselungsverfahren 18
Signaturen
    elektronische 47
Signaturgesetz 35, 64

STICHWORTVERZEICHNIS

Signaturverordnung 65
Sirbu, Marvin 140
Sobalvarro, P. 129
Softwarefehler 203
Stefferud, Einar 86, 111
Steganographie 81, 223
Stein, Lee 111
swap-dateien 204

T
TAN 33, 36, 224
trojanische Pferde 197, 224
Tygar, Doug 140

U
Überweisung 90
Unterschrift
    blinde 71, 213
    elektronische 47
    manuelle 48
    unleugbare 70
Unterschriften
    digitale 214
    elektronische 160

V
Verfügbarkeit 99
Verrechnungssysteme 95, 98
Verschlüsselung 12, 224
    allgemein 13
    asymmetrische 14, 212
    Blockchiffre 213
    hybride 16
    praktische 221
    Schlüssel 13
    schlüssellose 18
    Stromchiffre 223
    symmetrische 13, 223
    System 13
    theoretisch sichere 224
    Verfahren 13

Vertrauensmodell 100
Vertraulichkeit 99
Verzeichnisdienst 58, 68
Viren 197
    Virenscanner 197
virtueller Speicher 204
VisaCash 148

W
Wagner, David 28
Wallet 224
Wasserzeichen
    elektronische 81
Werteinheiten 90, 95
Wiedereinspielbarkeit 73
Wiener, Michael J. 26
Wurzelzertifizierungsinstanz 65
WWW-Browser 224

Y
Young, Adam 193
Yung, Moti 193

Z
Zahlungsmittel 89, 225
    Digitale 93
    offline 220
    online 220
Zahlungssystem 225
Zahlungssystembetreiber 88, 89
Zeitstempel 52
    Dienste 68
Zeitstempeldienst 225
Zertifikat 65
    hierachische 62
    Rückrufliste 225
Zertifikate
    Schlüssel 222
Zertifizierung
    Autoriäten 56

certificate revocation list 58
certification authority 56
Infrastruktur 62
Stelle 65, 66

Zertifizierungsinstanzen 88, 89
Geopolitische 116
Zimmermann, Phil 16, 154, 155, 221
Zufallszahlen 225
zuständige Behörde 65